湛庐CHEERS

与最聪明的人共同进化

HERE COMES EVERYBODY

英雄之旅

THE HERO'S JOURNEY

[美]约瑟夫·坎贝尔 JOSEPH CAMPBELL 著
黄珏苹 译

约瑟夫·坎贝尔
亲述他的生活与工作

约瑟夫·坎贝尔

20世纪伟大的神话学大师

Joseph Campbell

- 让远古神话与现代人再度对话的思想大师
- 拯救人类心灵的哲学家与心理学家
- 西方流行文化的一代宗师

约瑟夫·坎贝尔传奇的一生有如其著作中的探险英雄，在启程——启蒙——考验——归来这样一种仪式性的四阶段之后，完成一种向上的循环，画出了一个首尾相贯的圆。

启程（DEPARTURE）

神话的召唤

约瑟夫·坎贝尔 1904 年生于美国纽约一个生活严谨的天主教家庭，这个距神话时代最为遥远的现代化繁华大都市，却造就了美国当代最著名的神话学家。孩提时代，坎贝尔跟随父亲去参观自然历史博物馆，他在那里看到了林林总总的原始图腾，这使他开始对印第安人的生活与文化产生兴趣。7 岁时，父亲带坎贝尔和他的弟弟去看当时非常流行的“野牛比尔”西部秀，尽管牛仔是演出的主角，但坎贝尔后来在书中写道，他完全“被印第安人的形象迷住了”。10 岁时，坎贝尔读完了当地图书馆儿童区所有关于印第安人的书，并被特许进入成人区阅读。直觉告诉他，了解神话是通往人类心灵奥秘最直接的道路，而这也许是坎贝尔日后对民族学、人类学产生关注与研究的基础。

启蒙（INITIATION）

来自灵性大师的第一次启蒙

19 岁的坎贝尔跟家人一起游历欧洲时，途中经历了一次有趣的人生奇遇。他在甲板上看到三位深棕肤色的人，其中之一就是印度传奇哲学家克里希那穆提。在一位年轻女士的引荐下，坎贝尔认识了这位伟大的东方哲学家。这次经历让他醍醐灌顶，并成为他认识印度和亚洲世界的开始。

大文豪乔伊斯为他引路

在哥伦比亚大学获得文学硕士学位后，1927 年，坎贝尔来到巴黎继续深造。在这里他深受欧洲当代艺术的影响。一次偶然的机会，坎贝尔发现巴黎所有的书店里都有詹姆斯·乔伊斯的著作《尤利西斯》，而这本书在美国是禁书，无处可寻。坎贝尔对乔伊斯的作品非常着迷，甚至在他新婚期间，乔伊斯和妻子都占有同样的分量。坎贝尔经常一手挽着太太，一手拿着乔伊斯的作品《芬尼根的守灵夜》。乔伊斯的出现，引导坎贝尔走向了“大发现”的世界，而在这之前，他一直走在一条狭窄笔直的学术道路上。

与荣格等心理学大师共事

坎贝尔结束在巴黎的学习后，前往慕尼黑大学重拾对中世纪文学的研究。在这段时间里，他结识了众多现代主义大师，这些人都是当时在美国闻所未闻的大人物：心理学大师弗洛伊德、荣格，法国雕塑家安托万·布德尔，著名画家毕加索，以及德国大文豪、诺贝尔文学奖得主托马斯·曼。弗洛伊德和荣格让坎贝尔认识到神话与心理学的关联，并让他发现神话能够激发和活化人们的心灵。而与荣格的缘分，也一直延续到坎贝尔的花甲之年。

考验
(TRIALS)

历经考验铸就《千面英雄》

1929 年，坎贝尔从欧洲返回纽约后，立刻向他的导师和朋友们分享了神话的潜能和魅力，但没有人能够真正理解他，这让他放弃了博士项目。他曾尝试创作小说，取得了一定的成功，但最终也放弃了。

坎贝尔唯一没有舍弃的就是阅读，几年之内，他涉猎了大量美国现代文学、哲学和心理学作品，也搜集了各种文化下的神话传说。5 年后，坎贝尔被萨拉·劳伦斯学院（Sarah Lawrence College）聘为教授，他的课程因为引入了自己的神话学研究而大受欢迎。

抱着教会人们如何阅读神话的目的，坎贝尔耗时 5 年，写下了奠定自己神话学权威地位的巨著《千面英雄》。这本书于 1949 年一经出版，便广受读者追捧，销量一路领先，很难相信，它曾经被两家出版社拒之门外。

坎贝尔在萨拉·劳伦斯学院执教了 38 年，当时，该学院还是一所只招收女性的高校。执教生涯里，坎贝尔一直在向学生们讲授神话学。同时，他也告诉学生，关于神话，他讲授的一切都是男性所说和经历的，女性应当从自己的角度告诉世界，女性未来的可能性是什么。坎贝尔十分有先见之明地预言：世界尚未真正认识到女性的力量，这种力量一定会呈现出来，我们只需拭目以待。

每个人都拥有自己的蕴藏强大能量的梦中万神殿。英雄必须一次又一次地通过艰难的障碍。

——坎贝尔

归来
（RETURN）

乔治·卢卡斯终生追随的精神导师

好莱坞导演乔治·卢卡斯读到坎贝尔的《千面英雄》后大为震惊，他发现坎贝尔在书中表达出的很多想法都和自己不谋而合，卢卡斯也因此迷上了对神话历程的分析。后来,《千面英雄》成为《星球大战》的重要灵感来源，坎贝尔也成了卢卡斯终生追随的精神导师。卢卡斯称坎贝尔是“一位了不起的学者，一位了不起的人”，并将坎贝尔视为自己的精神导师。坎贝尔的作品亦是无数好莱坞大片成功的基础，被好莱坞众人列为必读书目。

影响奥巴马、乔布斯的当代神话学巨擘

20 世纪 60 年代，坎贝尔成为嬉皮士创作灵感的重要源泉，“苹果教父”史蒂夫·乔布斯也深受其浸染。除了乔布斯，美国总统奥巴马及其母亲都是坎贝尔的忠实粉丝，“哈利·波特系列”图书的作者 J.K. 罗琳也多次提到坎贝尔及其作品，坦陈自己的小说创作深受坎贝尔的影响。美国前总统肯尼迪的夫人杰奎琳更是担当坎贝尔《神话的力量》一书的编辑，并将其视为最引以为傲的成就。

结 语

20 世纪 80 年代，“坎贝尔热”席卷全美，“感恩而死”摇滚乐队不断从中发现音乐创作的灵感，更有无数的艺术家，甚至游戏编程人员对他顶礼膜拜。1985 年，坎贝尔被授予美国国家艺术协会文学创作荣誉金奖。在颁奖典礼上，知名心理学家、荣格学派代表人物詹姆斯·希尔曼说：“在这个世纪里，没有人能像坎贝尔一样，将世界及神话人物角色的深邃意义，带回到我们的意识中。”约瑟夫·坎贝尔在 1987 年因癌症去世。《新闻周刊》上悼曰：“英雄已去，信念长存。”

他就是约瑟夫·坎贝尔，是当代神话学巨擘，才华横溢的心理学家，思维独特的哲学家和作家，极具启发性的心灵导师、演说家和思想家，是影响西方流行文化的一代宗师。

坎贝尔神话系列作品

《千面英雄》

- 神话学大师坎贝尔享誉世界的代表作
- 现代人寻求内在觉醒的“圣经”

《千面女神》

- 坎贝尔致敬女性之作
- 女性如何孕育整个人类的精神家园

《指引生命的神话》

- 坎贝尔自选集，献给迷茫时代的答案之书
- 用永恒的神话智慧应对当下和未来

《追随直觉之路》

- 献给每一位生命旅者的灵性觉醒之书
- 书写属于你自己的神话，追随喜悦、发现自我、完善人格

《生命的狂喜》

- 坎贝尔遗世之作，献给舞蹈家妻子的一封情书
- 将生活当作一场舞蹈，调动内心潜藏的力量

《梦境的象征》

- 坎贝尔辉映《梦的解析》之作
- 揭示神话意象与梦境的关系

《解读乔伊斯的艺术》

- 坎贝尔关于乔伊斯文学研究的毕生成果结集
- 全景式解读乔伊斯的创作理念与脉络，揭示关于人类普遍经验的寓言

《英雄之旅》

- 坎贝尔亲述他的生活与工作
- 与世界各领域精英的灵魂对话

《神话的力量》

- 坎贝尔写给大众的心灵启蒙之作
- 在诸神与英雄的世界中发现自我

《坎贝尔生活美学》

- 神话学大师坎贝尔箴言录
- 用超世俗的精神指引现世生活

《众神的面具》系列（共 4 卷）

- 坎贝尔传世巨作，十年磨一剑的宏篇巨著
- 人类古今神话的全面考察与阐述，理解了面具，就理解了神话

《心灵的宇宙》

- 坎贝尔哲思精华之作
- 参透天人合一的“心学”，在神话中探索自我心灵的深邃与浩瀚

《光之世界》

- 坎贝尔本人挚爱之作，献给东方的一份礼物
- 探寻东方神话中的智慧与奥义

《解读 < 芬尼根的守灵夜 >》

- 坎贝尔锋芒初露的处女作
- 一把解读天书的钥匙，用神话攀登后现代文学的极峰

序一

《英雄之旅》诞生记

激情会让大多数精神病学家都感到紧张。“你对约瑟夫·坎贝尔的需要，听起来就像把他当成了弥赛亚的替代者。”很早之前，当我想把坎贝尔最好的方面记录在电影和电视中时，一位杰出的分析师朋友这样对我说过。1987 年，一部时长一小时的影片《英雄之旅》将那个梦想变成了现实。你手中的这本书就源自那部影片。

钟情于体育运动和教会之外的事务，会让大多数的中西部长老会信徒紧张不安。如果我对坎贝尔的兴趣能够得到当地教会的支持，或被我对医学活动和经济前途的关注所取代，我年迈的父母显然会更安心。

由于不听老师和父母的话是一种不礼貌和缺乏判断力的行为，因此在与约瑟夫·坎贝尔长期而复杂的关系之初，我尽量不把他视作崇拜的对象，而且有一些不盲从的好朋友确保我始终保持独立的思考和感受。

但是当我如实地看待那些岁月时，所有的经历感觉起来更像是爱。这种爱并不是特别针对坎贝尔的，而是其他人看到和听到他时所产生的情感。他们的愉悦和成长支持了我为这个项目工作十几年。意识到别人在遇到坎贝尔时会发生什么始于我自己的经历。

1972 年，39 岁的我用大学的休假时间完成了一项有关他杀的研究项目。我把自己关在图书馆里，发现最早有关暴力的文献与神话有关。令我吃惊的是，古代神话中描写的家庭暴力的动态模式与现代美国家庭暴力的模式有着惊人的相似。于是我开始阅读约瑟夫·坎贝尔的四卷作品《众神的面具》。读完后我意识到坎贝尔与人类的象征、心理、灵性和艺术传统有着不同寻常的联系，这种联系方式正是达尔文之后的大批科学家为了认识生物模式而一直在做的。在这个过程中，坎贝尔的书给予了我智慧以外的某些东西。当读完这些书时，我对自己和世界的感知改变了，我感觉轻松自在。我想更多地了解坎贝尔的观点，像很多其他人一样，我对这个人本身充满好奇。他的作品读得越多，我越不断受到强烈愿望的推动，我想了解坎贝尔广泛的学识和能力，他如何运用这些学识和能力将世界各地的神话混合在一起，使学术界之外的读者也能读懂。

> 他们认为一群人一起进去是丢脸的事，每个人从自己选择的地点进入森林，那里非常黑，没有路。即使有路，那也是别人的路，每个人类都是独一无二的杰出个体。

约瑟夫·坎贝尔，《千面女神》

我自己不是电视领域的专业人士，因此，我找来现已辞世的格雷格·斯帕林（Greg Sparlin）进行合作。但是，一开始坎贝尔拒绝了我们将他的作品转为电视媒介的建议，他认为印刷品才是恰当的媒介。经过我们多次会面对他进行劝说，我们最终得到了他的承诺。当时我确信，我们可以让他人感受到坎贝尔的学识和活力，让他们感受到自己的灵魂在升华。当时几乎没有人认同这个想法，但我并不在意。

就像很多富有创意的项目一样，我们一开始犯了很多错误。到 1981 年末，我越来越担心坎贝尔的健康，在 6 个月里他患了两次严重的肺炎。虽然他看上去还好，说起话像以前一样谈笑风生，但我的直觉在替他担心。坎贝尔将近 80 岁了，世人对他和他的作品的拍摄记录依然不够充分。是的，他出版了很多著作，正如乔治・卢卡斯后来所说的，坎贝尔具有一股自然流露的“生命力”，促使他的读者积极主动地开启他们自己的精神冒险。随着紧迫感的增加，我加倍付出努力。

1982 年 1月，在加州大苏尔的伊莎兰学院，《英雄之旅》正式开始拍摄。在制片人比尔・弗里（Bill Free）的帮助下，我找来一群形形色色的人与坎贝尔交谈，从坎贝尔亲密的诗人朋友罗伯特・布莱、诺贝尔奖获得者罗歇・吉耶曼，到以前从未听说过他的年轻女性。我希望各行各业的人、导演戴维・肯纳德的技巧、美丽与传统的环境以及约瑟夫・坎贝尔非凡的人生与活力能够为我们的影片提供丰富的素材。你在本书中看到的很多内容便来自在伊莎兰学院拍摄的那些对话。

大约四五个月后，当我们正在剪辑影片并仔细阅读剧本转写本时，我开始发现内心有一个声音一直困扰着我。即使内心的声音在告诉我“追随你内心的极乐”，这依然是我不习惯的事情。然而内心的声音不停地对我说：“把坎贝尔下一次全国系列讲学录下来，因为那将是他最后一次讲学。”令人难过的是，竟一语成谶。

有些人在放松的、非正式的环境中能达到最佳状态。我们剪辑的第一部影片采用了大量这样的镜头。然而我们做得越多，就越能发现当坎贝尔选择了重要的主题，使用在几十年讲学中不断被完善的素材时，他的状态会达到最好。

从 1982 年到 1985 年初，一位制作人员跟随坎贝尔周游全国，录制他最后一次重要的巡回讲学。我们在新墨西哥州陶斯市录制“精神与象征”，在圣达菲录制“穿越时间的神话转变”，在纽约坎贝尔妻子珍·厄尔德曼（Jean Erdman）的大开眼界剧场（Theater of the Open Eye）录制“长青哲学：印度教与佛教”，在旧金山艺术宫剧院（Palace of Fine Arts Theater）录制“西方方式：亚瑟王传奇”和“寻找圣杯”，在旧金山加州历史学会（California Historical Society）录制“当代神话学：詹姆斯·乔伊斯和托马斯·曼”。现在我们拥有长达 50 小时的坎贝尔最有影响力的讲学录像，它们会被永远保存下去。自此，我没有再听到内心的那个声音。

作为制作人员，我跟随坎贝尔在全国各地巡回讲学。在每次讲学和研讨班结束后，人们都会走过来问我：“坎贝尔是谁？他是怎么成为这样一个人的？”听众普遍对他充满了好奇，对他的观点很着迷。正是这些问题激励我们完成了第一部影片，并最终有了这本书。

我们制作影片的最终策略是让观看者一边观看坎贝尔的故事，一边无意识地加工他们自己的生活。在我们拍摄的花絮、故事、独白和对话中，人们会发现他们自己的人生大事，认识到自己与大自然结合的重要性，以及选择自己的道路的必要性。约瑟夫·坎贝尔活出的人生轨迹充满魅力地展示在他广博的学识中。对我来说，影片最精彩的部分是 1985 年在纽约国家艺术俱乐部举行的颁奖晚宴，坎贝尔因对文学的杰出贡献被授予奖项。因为片长的限制，我们的影片只节选了乔治·卢卡斯、理查德·亚当斯、詹姆斯·希尔曼（James Hillman）等人的见证和赞誉。令我们非常难过的是，我们还不得不缩减坎贝尔的获奖感言。幸好这本书使我们可以更全面地回顾那个令人难忘的夜晚，同时也纳入了因为片长限制而没有收录在影片中的精彩的原始材料。

坎贝尔总觉得自己的观点比他这个人更重要。在影片中，在这本书的设计中，我们尽量确保像他希望的那样——观点的表达格外清晰，达到最佳的清晰程度。

电影版《英雄之旅》1987 年春天在美国东海岸的纽约现代艺术博物馆（Museum of Modern Art）和西海岸的导演工会剧院（Directors Guild Theater）首映。本书包括他在西海岸首映式上最后一次公开露面的演讲摘录，尽管那次他接近了他自己所说的“死神”，却仍然向听众提供着新信息和内容综述。看着坎贝尔最后一次接受听众起立鼓掌欢呼，我被深深地打动了。四个月后他离开了人世。

在多次审核我们的剧本转写本和剪余片（从很多被废弃的电影胶片中选取的片段）后，我让副制片人菲尔·柯西诺（Phil Cousineau）完成这本书，他和联合制片人詹妮尔·拜尔尼可（Janelle Balnicke）一起写了影片的解说词。菲尔·柯西诺对影片各个方面富有创意的重要贡献以及他对坎贝尔夫妇与日俱增的挚爱令我印象深刻。我知道他们不仅认可并欣赏坎贝尔在神话与人生知识方面的广博，还欣赏他的才华的深度。

1988 年，公共广播公司在全国播放了《英雄之旅》和比尔·莫耶斯的六集电视访谈节目《神话的力量》（*the Power of Myth*）①，它们引发了广泛而爆炸性的反应。在我看来，大众兴趣的迸发证明了一个事实：约瑟夫·坎贝尔对所有人都具有吸引力。

斯图尔特·布朗

① 节目同名图书记录了坎贝尔和比尔之间机智、犀利与睿智的精彩问答，曾在《纽约时报》畅销书排行榜上盘踞一年之久。该书已由湛庐文化策划，浙江人民出版社出版。——编者注

序二

神话的新生命

——纪念约瑟夫·坎贝尔百年诞辰

1987 年春天的一个深夜，我和约瑟夫·坎贝尔坐在他位于夏威夷火奴鲁鲁的公寓的门廊上，远眺太平洋海面。坎贝尔的状态非常好，讲了几个古老的爱尔兰笑话，罗列了他接下来要写的五本书的计划，欢快地一次又一次地谈论《英雄之旅》。那时他和妻子珍·厄尔德曼第一次看到这部影片。我和执行制片人斯图尔特·布朗把片子带到夏威夷，给他们播放，在正式发行前获得他们最后的认可。

“真了不起，太了不起了。”我记得他这样说。月光在海面上闪烁跳跃，温暖的轻风摇动着棕榈叶。我问他是否为影片得到电影制片人乔治·卢卡斯、心理学家詹姆斯·希尔曼以及小说家理查德·亚当斯等人的称赞而感到吃惊。

“我开心得很，”他说，“你知道，我的书不是写给评论家和学者的，而是写给学生和艺术家的。当听说我的作品对他们那么有意义时，我无法表达这让我有多高兴。那意味着我研究的神话在新一代人中还保持着生命力。你知道那正是艺术家的作用，他们重新解读古老的故事，让它们在诗歌、绘画和电影中复活。”

坎贝尔停顿了一下，呷了一口杯子里的格伦利物威士忌，然后以一种我永远无法忘记的方式，一边和我碰杯，一边直言：“正因为这个原因，坚持你正在做的事情并把它视为己任对你来说很重要。”

这正是我们多年来对我和其他剧作家（比如托马斯·施莱辛格［Thomas Schlesinger］、基思·坎宁安［Keith Cunningham］、克里斯托弗·沃格勒［Christopher Vogler］和理查德·贝班［Richard Beban］）联合教授的课程进行不断探讨的内容，课程的名称是“神话、梦与电影”。我的朋友和我受到《英雄之旅》的启发，更好地理解了电影原始的、梦一般的结构。应该承认，第一次分享我就神话和电影中的英雄之旅的“巨轮”所写的随笔和所画的画作令我紧张，但坎贝尔给予我很多热情鼓励。就像所有伟大的导师一样，他立即给了我继续从事工作的信心，无论它会有怎样的发展。

“哦，我认为这棒极了，”他说，“这是我的全部诉求——帮助学生和艺术家把神话看成是一次壮丽的人生冒险的反映，然后向其中注入新的生命。”

就在那一年，1987 年的 10 月，坎贝尔逝世，享年 83 岁。不久之后，他的书和录像带的销量飞涨，他的名字成了神话学的同义词。我们的影片《英雄之旅》广受好评，美国和欧洲几十个地方邀请我去放映这部影片。一天夜晚，我在纽约开放中心（Open Center）放映这部影片，观众爆满。我和坎贝尔的妻子珍坐在前排。之后，我问她觉得坎贝尔在得知自己突然受到大众文化的欢迎后会说什么。珍的眼睛闪闪发光，说道：“我确信他会说我们应该搬到博拉博拉岛去，因为电话和信件会干扰他的工作。”

自从本书 1990 年第一次出版以来，我收到了来自全世界，来自可以想象得到的各行各业的读者来信。如果他们之间有什么共同之处的话，那就是渴望表达对约瑟夫·坎贝尔的谢意，感谢他帮助他们发现了自己的人生之旅。密歇根的一位房屋油漆工在信中写道，英雄之旅的模型促使他将每个新项目都看成是一次冒险。一位来自纽约的雕塑家写信告诉我，这本书让他想起了“神话形式的永恒光辉”。加州福尔瑟姆监狱的一名男子写信来说，在“人生之旅的迷宫中”他不再感到那么孤单。一位前全国橄榄球联盟的球员参加了我的一次工作坊。这位前运动员说英雄之旅的模型让他相信，如果你知道如何改变你的故事，那么在不断变化的人生中便不止有一种旅程。硅谷的一位顾问寄给我他绘制的一张图表，将英雄之旅根据商业人士进行了修改，说这样有助于他们看到每一笔交易的开始、中间和结尾。巴西圣保罗的一位医生发来电子邮件，说他反复读了这本书，因为这帮助他找到了在贫民区从事工作的意义。

还有无数知名人士曾联系我，比如忧郁布鲁斯乐队（The Moody Blues）的创始人麦克·平德（Mike Pinder）。他说坎贝尔的作品说服他把余生奉献给将神话与音乐带给年轻人的工作上。再比如具有传奇色彩的巴黎面包师里欧奈·普瓦兰（Lionel Poilane），他告诉我在阅读了坎贝尔的作品后，他认识到了在采访中强调面包起源的重要性。在加州大学洛杉矶分校的一次讲演后，已故作家亚历克斯·哈里（Alex Haley）的妻子默默地走过来，告诉我坎贝尔的作品是她丈夫之所以乘船远赴非洲寻根的主要原因。建筑师安东尼·劳勒（Anthony Lawlor）写信给我说，坎贝尔的作品让他回忆起自己对设计的热爱，在我们迷茫时，这种热情会成为新的避难所。宇宙学家布雷恩·斯威姆（Brian Swimme）告诉我，他认为坎贝尔的作品：“等同于精神领域的基因工程……每一个思考者都应该认真对待这个惊人的事实：现在我们拥有了所有远古的深奥的编码。我们将如何利用这种非凡的力量？”阿伦群岛的一位前牧师达拉·马洛伊（Dara Malloy）对我说，坎贝尔的作品推动他消除了他所继承的基督教的神话色彩。他基于古代凯尔特人的教义提出了更适合我们这个时代的神话。田纳西州诺克斯维尔市的作曲家 R.B. 莫里斯（R. B. Morris）私底下告诉我，坎贝尔的作品使他相信不应该放弃自己生命早期的伟大神话，从阿巴拉契亚的故事到詹姆斯·艾吉（James Agee），应该让它们在他的音乐中成长。很有影响力的温尼贝戈族巫医鲁宾·斯内克（Reuben Snake）告诉我，现在很多印第安人学校中的长者采用坎贝尔的书和影片教学，借此复兴人们对印第安神话学的兴趣。

这些回应一定会让约瑟夫·坎贝尔的内心感到暖暖的，2004 年为纪念他的百年诞辰而再次发行《英雄之旅》也是如此。如果真的像诗人约翰·邓恩所说的，“死亡是升入更好的图书馆”，我相信坎贝尔正读着无穷无尽的神话图书，安享永恒。

菲尔·柯西诺

旧金山

2003 年 3 月

1957 年，约瑟夫·坎贝尔在华盛顿外事学院（Foreign Service Institute）给外交官们带来的一场热情洋溢的演讲

1985 年，81 岁的约瑟夫·坎贝尔在纽约国家艺术俱乐部接受文学荣誉金质奖章，电影制片人菲尔·柯西诺与他在一起

前 言

约瑟夫·坎贝尔在古代神话海洋中漫长而奇幻的旅行既是精神上的追求，也是学术上的追求。通过大量的阅读、写作、游历以及与同时代很多最有影响力的人物进行会面，他发现了世界神话学遗产中惊人的相似性，这加强了他从学生时代起就抱持的信念：大自然的核心存在着根本性的大同。

“真理只有一个，而圣人以各种不同的名字来称呼它。”他常常引用《吠陀经》中的这句话。综合历史中恒定的真理成了他人生的燃点，用神话永恒的纽带在科学与宗教、心灵与肉体、东方与西方之间架起沟通的桥梁成了他工作中的重心。

在《千面英雄》的前言中他写道：“我希望这种比较对目前可能还不太令人绝望的统一事业有所帮助，不是以某些基督教会或政治大国的名义进行的统一，而是在人类相互理解意义上的统一。”

与传统的学者强调文化差异不同，坎贝尔把注意力集中在相似性上，对神话学、宗教和文学采用了比较历史方法。他相信神话故事与意象中共同的主题或原型超越了千变万化的形式和文化表现。而且他相信通过回顾神话中这类原始意象，比如英雄、死亡与重生、童贞女得子和应许之地，即灵魂的普遍方面，我们能够揭示出共同的心理根源。正如在下文中将要看到的，它们甚至能揭示出灵魂如何看待它自己。

他写道:“神话是‘神的面具’，透过它世界各地的人可以将自己与存在的奇迹联系起来。”他相信认识到这些意象的永恒性会令我们感到震惊（从原始文化到最现代的文化），这不仅能够阐释我们的内在生活，也能阐释从中产生所有人类生命的深层精神根基。

就像爱因斯坦探求解释外部世界能量的统一场理论一样，约瑟夫·坎贝尔致力于创造出同样非凡的、有关内在世界能量的统一场理论，被我们称为“神”的内在世界能量的化身。坎贝尔将物理学家所说的“真实世界的脉络”称为“宝石的网络”，这是源自印度人的宇宙观的一个绝妙隐喻，也反映了约瑟夫·坎贝尔对神话、宗教、科学和艺术的独特整合。他总结道，曾教授他这些学科的老师们本质上在说相同的事情：在整个历史中存在着唤起人类灵性的原型冲力系统，也就是“同一首壮丽的歌”。

作为学者、教师和作家，他所走的打破传统的道路与他在大量神话中发现的“左手道路”[①]并没有什么不同:《奥义书》称之为“像剃刀刀锋一样锋利的桥”，佛教徒称之为“中道”，或者寻找圣杯时进入的黑暗森林，“那里没有道路”。他本能地遵循着自己的学术之道，超越了传统学术的神殿，从神话学的角度来看待灵性与心理，它包含了圣人和萨满所说的、能够被直接体验到的超越物质世界的现实。这种直接感知神秘主义者所说的宇宙意识的形式不亚于亲身遇到众神。这就是在混乱表象下看到秩序，在黑暗核心中捕捉到肯定生命的美丽。如果像田纳西·威廉斯（Tennessee Williams）所说“人类存在的最大诀窍在于在短暂中抓住永恒”，那些能够从坎贝尔富有挑战性的观点中体验到永恒的人便成了我们的魔术师、我们的精神向导。

坎贝尔经常开玩笑说，非传统的职业使他不能享有其他学者可以享有的一些特权。但是对了解他的人来说，他显然对成为特立独行者、“业余爱好者”

---

① 源自西方神秘主义的术语，与“右手道路”相对，“右手道路”指遵循特定伦理守则并采纳社会约定的群体，“左手道路”则支持打破禁忌与道德的约束。——编者注

和他那研究印度学的导师海因里希·齐默尔（Heinrich Zimmer）所说的“引以为乐的人”感到非常骄傲。他承受得起那些特权的流失。在职业生涯早期，在莎拉·劳伦斯学院（Sarah Lawrence），他的热情——他充满神的存在，为他赢得了学生们的心，随后又为他赢得了许多艺术家的心。他对“伟大的神话元素”的痴迷使得思考变成了冒险，知识变成了智慧，为读者和听众揭示出神话学的个人意义。对他们来说，坎贝尔早已超越了学科普及者的身份，在法语中他会被优雅地称为“赋予生命者”。他是充满魅力的老师，不仅让复杂的内容变得活泼生动，还能够激起弗拉基米尔·纳博科夫（Vladimir Nabokov）所说的“战栗”，即认识到自己生命的真相而引发的颤抖。只是因为这个原因，他便足以成为我们这个时代最受爱戴的老师。

在 50 多年的教学与 20 多部作品的写作之后，坎贝尔觉得他的贡献仅仅是给予人们“探索缪斯之境的钥匙”，那是人们难以轻易看到的奇异世界，由此产生的想象与灵感能够指导我们对人生的塑造。从这个角度来说，坎贝尔是现代的“秘法师”，是指引我们参悟高深莫测的古代典籍中的秘密向导，这些典籍包括《贝奥武夫》（*Beowulf*）、《吉尔伽美什》（*Gilgamesh*）、《西藏度亡经》（*Tibetan Book of the Dead*）、埃及的神秘故事、《伊利亚特》（*Iliad*）、《奥德赛》（*Odyssey*）、亚瑟王的传奇、美国印第安人神话、印度教、佛教和基督教的经典，还包括现代神话创作者的作品，比如詹姆斯·乔伊斯、托马斯·曼和毕加索的创作。在对这些壮丽的叙述和意象的解读中，他教给我们“如何阅读神话”（《千面英雄》最初的书名）：一种象征性的、隐喻的、充满感情的诗人的阅读方式。

但是除了解读“隐喻”的天赋之外，即他能参透变了形的生死之谜，坎贝尔还能对经典进行个人化的解读，在他之前还没有学者这样做。为了补充严格的学术方法，他复兴了解释学的艺术——本着赫尔墨斯的精神，独出心裁地进行解释，并将它们与眼睛闪闪发光的聪明的爱尔兰说书人的技艺融合在一起。

由此，他为古老的传说注入了新生命，就像阿尔贝·加缪（Albert Camus）认为每一代人都必须做的那样。在亚瑟王传奇研讨班结束时，他用自己最喜欢的故事——帕西法尔传说发出挑战：他问道，它将追寻圣杯，还是成为不毛之地？你将进行富有创造性的灵魂探索，还是将追求只是给予你安全感的生活？你是否会追随自己的热情？你打算靠神话而活，还是被动地受神话牵制？

因此心醉神迷的学者再次出现，自科学理性主义时代以来，这类思想家被认为早已灭绝了。他常常提醒听众，“不是探究中的痛苦，而是获得启示时的狂喜”给予了“内心深处的狂喜”这种老说法以新的意义。而且他会补充说，“生命不是需要解决的问题，而是应该加以实践的奥迹。”

但是这怎么可能？除了等待偶遇，我们还能做什么？在这个去神话的时代，我们如何逆转逃离神秘事物的趋势？而其中的首要问题是，世间不再有神圣的东西了吗？我们如何区分伪善与崇高？

对于现代生活中的幻灭，约瑟夫·坎贝尔独特的反应是：找到你生命中真正的激情，追随它，沿着不是路的路前行，也就是“追随你内心的极乐”。当你毫无疑问地经历过“啊哈”的时刻时，你便知道自己在驾驭秘密。

坎贝尔有着不可遏制的强烈愿望，希望追求本质性的知识，探求神话、传奇、童话、民间故事、诗歌、文学和艺术构成的梦幻世界中隐藏的和谐，这就是他内心的极乐。这让人回想起约翰·济慈（John Keats）的描写，他采用了莎士比亚“灵魂的环球旅行”的说法。19 世纪的精神唯物论漠视灵魂，西格蒙德·弗洛伊德和卡尔·荣格通过研究深层心理将其拯救出来；坎贝尔的跨文化探究以及其他许多现代宗教史学家和人类学家，比如米尔恰·伊利亚德（Mircea Eliade）和克劳德·列维 - 斯特劳斯（Claude Lévi-Strauss）的研究，使存在于古老故事和灵魂象征中奄奄一息的神话恢复了活力。他们共同或独自

“梦想着神话向前发展”，就像荣格建议的那样，重新编织古老的故事网络。

坎贝尔旅居国外的经历不可避免地让他接触到了长青哲学。他发现古代印度学者、古代中国学者、伊斯兰教苏菲派信徒、基督教神秘主义者，以及从沃尔特·惠特曼（Walt Whitman）到阿道司·赫胥黎（Aldous Huxley）那个时代的诗人和哲学家都探究过这个崇高的主题。它存在于人类灵魂的深处，是反映神圣现实的一面镜子。诚如上下文所言：这个主题就是你。神的王国在我们心中，就在此时此地。突然意识到本我所在的神秘领域与终极的自然力量是一体的，这种醒悟是人类生命的秘密，是具有蜕变效应的生命之旅。“你就是你一直在探求的秘密。”坎贝尔说。

坎贝尔认为这种灵性的观点不仅超越时间，而且超越学科领域。他不仅非常尊重萨满和古代圣贤的智慧，对当代艺术家和科学家富有创造力的想象也充满敬意。因此像其他许多长青哲学家一样，坎贝尔对个人的或选民的神话即使不蔑视，也没有什么耐心。这类神话不允许其他人获得神圣的启示，或者宣称拥有独占的知识，而坎贝尔坚决认为这些知识是所有人类的基本真理，是神圣的永恒事物。“每个人都是选民”，他坚持道。每个神祇都是秘密的终极基础、超越物质世界的宇宙能量之源的隐喻和面具，它们也是你自己的以及其他每个人的生命的神秘本源。

鉴于此，在被人们热切追问了很多年人生的终极答案之后，坎贝尔意识到“当人们说他们在寻找人生的意义时，他们真正寻找的是对人生的深刻体验”。

作为对生命持有形而上学观点的神话学家，作为超越事物表象的医生，坎贝尔一生致力于描绘这些深刻的体验，也就是灵魂本身的旅程。

正如他所描绘的，内在世界或深层世界的地形图显示了需要我们凭借勇敢之心进行穿越的危险地域，虚弱的心智无济于事。他推断如果神话产生于心灵，就像梦从心灵中浮现那样，神话也能带领我们回归心灵。出去的路就是进来的路。这是超越信念与习俗已知边界的移动，是在寻找重要的事情，探索通往命运、个体性和原始体验的道路，寻求锻造意识本身的范式：总之，这就是英雄之旅：

> 英雄从日常世界冒险进入超自然的神奇地域：在那里会遇到神话般的力量，赢得决定性的胜利。英雄从不可思议的冒险中归来，带着可以赐福于同胞的力量。

这种“单一神话”是约瑟夫·坎贝尔坚定信念的核心，他坚信存在一个普适的神话。就像希腊神话中半狮半鹫的怪兽，单一神话是一个复合体，它一点点逐渐形成。坎贝尔富有创意地将大师们的重要观点组合在一起，这些大师包括乔伊斯、曼、荣格、齐默尔、恩德希尔（Underhill）、库马拉斯瓦米（Coomaraswamy）和奥特加·伊·加塞特（Ortega y Gasset）。坎贝尔曾在一段很有影响力的文字中写道：“决心成为自己就是一种英雄行为。”

单一神话其实就是“元神话”（metamyth），是对人类灵性历史一致性的哲学表达，是超越故事的故事。用古代日本公案来解释就是，单一神话是一个神话拍手的声音：对自我蜕变的共同追求。英雄之旅关系到探寻深层自我的勇气，探寻创造性重生的象征和我们内在永恒的转化循环，还涉及探寻者本身竟然就是他力求了解的秘密的惊奇发现。从词语最初的意义来看，英雄之旅是将两种相去甚远的观点结合起来的象征，一种是古人的精神追求，另一种是现代人对同一性的探寻。“尽管形式不断变化，我们找到的是一成不变的故事。”

约瑟夫·坎贝尔的人生从传奇人物“水牛比尔”时代跨越到《星球大战》

时代，他的研究对象从希腊太阳神发展到“阿波罗号”宇宙飞船。他的人生故事确实千般百态。斯图尔特·布朗记录这个千变万化的故事的梦想本身就是一段想象之旅。

坎贝尔多年来一直回避影片制作人员。为了转移人们对他的盲目崇拜，他提醒说，“那不是我，那是神话”。对于读者渴望看他的传记，他坚持说：“我用了一生的时间想避开这些东西。”毫无疑问，荷马史诗中奥德修斯对自己“谁也不是”的生动讲述，是坎贝尔的自我意象的一个要素，就像寻找圣杯或《芬尼根的守灵夜》的梦境系列。除了几次深度采访之外，他本能地过着德国诗人玛利亚·里尔克（Maria Rilke）所写的富有创造力的生活，“真正的艺术来自匿名的自我”。

不过在我们为期三年的拍摄中，他处处都有选择的机会，比如在图书馆里进行的零星采访中，在我们与他随意的交谈中，我们谈到在穿行于他自己的人生迷宫时，他如何识别出英雄之旅的各个阶段：历险的召唤、导师和协助者、阈限守护者、黑暗森林、将恩赐带回社会。

有一次，拍摄团队决定去他火奴鲁鲁的家里进行采访，以补充最初在伊莎兰学院拍摄的内容。我被要求向他解释：我们对影片拍摄已经有想法了，现在只是在寻找它们之间的联系。我告诉他，为了让纪录片具有鲜明的结构，如果能记录他的学习过程的本质，整个故事会更加引人注目。例如，他怎么发现了研究工作的主题？他为什么将纳瓦霍人的素材与印度人的素材联系起来？最早在什么时候他认识到凯尔特人的暮光神话与乔伊斯的暗夜世界小说是一致的？

直到所有拍摄完成，我们聚集在剪辑室里的时候，英雄之旅的主题才成了引导我们穿过电影胶片迷宫的阿里阿德涅（Ariadne）之线。虽然谈话和采访有时错综复杂——从《奥义书》到康德，从《诺斯替福音书》（*Gnostic*

Gospels）到黑麋鹿（Black Elk），但现在我们有了线索[①]，那就是引导坎贝尔走出他自己的迷宫，将他的工作与生活关联起来的蜿蜒曲线，由此也可以理解他所提出的一些晦涩难懂的关联。他生活中突出的同步性时刻（“然后整个世界呈现出来”）证实了他的如下信念：献身于探索自己的内心是照亮前路的光束。我们一再发现他以叔本华的方式回想过去，将对生活的回顾写得如小说般精彩。坎贝尔对初遇的朋友，比如吉杜·克里希那穆提（Jiddu Krishnamurti）、约翰·斯坦贝克（John Steinbeck）、艾德·里基茨（Ed Ricketts）、艾伦·沃茨（Alan Watts）和妻子珍·厄尔德曼的回顾，更像是在描述顿悟或重大事件，而不是描述奇闻逸事。至于对富有创意的艺术家的巨大影响，他似乎对自己的人生故事能有这样的结尾充满感激。

1987年2月，斯图尔特·布朗历时八年的爱之结晶《英雄之旅》在纽约现代艺术博物馆首映。7个月后约瑟夫·坎贝尔在火奴鲁鲁的家中平静离开人世，享年83岁。从布朗梦想着推广坎贝尔的观点（当时几乎没有人想了解神话学）到我们的影片最终发行的大约10年间，发生了一个令人震惊的转变。坎贝尔的名声从他的学生和热心读者扩展到了大众文化领域。电影制作人，比如乔治·卢卡斯和乔治·米勒，雕塑家野口勇（Isamu Noguchi），摇滚明星戴维·伯恩（David Byrne）和感恩而死乐队（Grateful Dead），牧师、诗人、心理学家，甚至喜剧演员都公开表达了对坎贝尔的崇拜，承认坎贝尔给他们的启发。

在接下来的那个夏天，公共广播公司播放了《英雄之旅》、比尔·莫耶斯对约瑟夫·坎贝尔的访谈节目《神话的力量》。随后发生的“坎贝尔热”让每个人都感到吃惊。谁会相信美国公众有兴趣听一位学者和一个记者探讨七个小

① 杀死牛怪的英雄提修斯（Theseus）用阿里阿德涅的线团走出了迷宫，这就是线索这个词的起源。——作者注

时的宗教问题？然而坎贝尔的录音带和书的销量猛增，从教室、治疗师的办公室、教堂的地下室、禅宗中心到好莱坞的剧本讨论室，到处都有有关坎贝尔的讨论。

坎贝尔的吸引力远远超越了社会精英对人类学扩散理论和平行理论的争论，也超越了对卡米洛城和特洛伊城的传奇化。相反，令全国人民着迷的是一位激情四溢的讲故事的人，是转变为哲学家和作家的强壮运动员兼音乐家，是坎贝尔将普遍的人文主义与非宗教的灵性进行的令人激动的结合。这里有世界的背景音乐，有打开艺术、文学和宗教世界的大门的万能钥匙。最重要的是，他说“神话与你的生活方式息息相关”。

在被怀疑主义和焦虑情绪所破坏的时代，出现了一个坚持要找到“激发我们的心灵、给它带来活力并唤醒我们”的人。公众在约瑟夫·坎贝尔身上看到了诗人叶芝所说的“老鹰的心灵”，这位睿智的老人是青春永驻之地上最罕见的原型。

坎贝尔认为神话很重要的观点刺激了长期蛰伏的有关灵性生活和美学生活的文化探讨。1986 年冬天，在旧金山召开了“从仪式到狂喜”的会议，主角是约瑟夫·坎贝尔、心理学家约翰·佩里（John Perry）和感恩而死乐队。感恩而死乐队的杰里·加西亚（Jerry Garcia）在舞台上向这位年迈的神话学家承认，他认为古代的神秘节日与摇滚音乐会存在相似之处，这赢得了满堂欢呼与鼓掌。“他们不知道他们在说什么，我们不知道我们在说什么，但我们认为我们在说同一件事。”

不是每个人都能在一夜之间理解神话，但古老的“共同语言的梦境”突然被人们回想起来了。

《英雄之旅》的影片首次在电视上播放后，我把它带到全美和欧洲各地，在电影院、在大学礼堂、在电影节上放映。每个地方的观众在放映结束后都会留下来，参加长时间的问答环节。当我在自己的“神话与电影”研讨会上播放特别选出的剪余片，并且依然获得了令人高兴的反馈时，我认识到我们拥有一个资料的宝库。我跟布朗先生商量将数小时的剪余片从默默无闻的储藏室中拯救出来，将它们组织成书，满足大众海啸般的兴趣。他很慷慨，不仅允许我使用电影胶片，还让我使用坎贝尔数小时的讲学录像带，并鼓励我创作出一本与电影配套的书。我对此深表感激。

激发我整理原始文字记录的还有强烈的好奇心。我想找出近 1 500 页杂乱且令人费解的对话、采访、演讲与坎贝尔的个人经历，以及与其作品变迁之间有趣的关系。他如何使数量惊人的知识积累达到和谐一致的境界？这些知识如何秉持着肯定生命的宗旨，毫不畏缩地洞察人类状况的黑暗面？在迷宫的中心一个表面上的矛盾之处正昂起它的弥诺陶洛斯之首：如果像坎贝尔所说，旧神已死，传统的神话已经过时，那么为什么还要研究它们，更不用说去狂热地探讨它们了？

只希望以下所引用的对话、采访、演讲和书籍的集合能够使人回想起坎贝尔动人的回答：我们正处于希腊人所说的“众神变形”的时代。新神的形象、富有创意的新神话以及全球性想象不是被重新创造出来，而是产生于被唤醒的人类心灵中。在那里有根据不同时代进行重塑的各种隐喻，它们表达的是永恒的真理。我们在那里可以找到勇气，“快乐地参与人世的悲苦”。坎贝尔在佛教教义中发现了这种肯定生命与慈悲为怀的不朽教诲，这使他有勇气坚持自己的信念。我相信这是他最大的遗产。

我仔细查看了在伊莎兰学院、国家艺术俱乐部以及最后在坎贝尔位于火奴鲁鲁家中拍摄的原始素材，最终将剧本转写本打造成书的形式。我还非常幸运地可以在约瑟夫·坎贝尔的各种录像带中挑选一些片段。这些录像带包括主题为“长青哲学”“詹姆斯·乔伊斯和托马斯·曼”“心灵与象征”的演讲，还包括他最后一次正式的巡回讲学（因为布朗先生的远见和勇气，才有了1982—1983年的这些录像带）以及1987年5月在洛杉矶导演工会放映《英雄之旅》之后的小组讨论。

电影必须经过大量的编辑才能重现坎贝尔的人生和工作的发展变化。在需要重新构建的地方（由于影片中声音太小或对话发生重叠，会出现不可避免的令人气恼的中断），我可以借助在坎贝尔研讨会、工作坊和个人对话中记录的笔记来完善。在全部电影胶片中，约瑟夫·坎贝尔自己的旁白是最精彩的部分。以这些旁白为主线，故事一章一章慢慢展开，好似他经历过的那样。其他故事和再现会以这个故事为指引，它们或许涉及的面更广，不够概括，但它们就像讲述者在火堆旁讲述故事。故事中呈现出来的自我统合可能是坎贝尔最后一个精彩的隐喻，它隐隐约约地体现了当今所有人面临的任务。

1987年暮春，我在旧金山克里福特酒店的红木房酒吧最后一次见到约瑟夫·坎贝尔。那天晚上，我们像以前一样聊了很长时间，我们叫它哲学家“长谈”——那是久以离开但依然存在和尚未出现的心灵对话。我们畅聊了两个我们最喜欢的主题：乔伊斯和巴黎以及艺术家与城市之间苦乐参半的关系。

喝着最后一杯格伦利物威士忌酒，我向他吐露了自己最喜欢的一个故事。几年前，我骑着摩托车在全国漫游，就像《一千零一夜》里任性不羁的旅行者被藏在黑暗森林树根下面的金块绊倒一样，我发现了一个不可思议的景象，就好像我来到了英雄之旅的核心。

冲击我的心灵的是亚利桑那州靴山公墓（Boothill Cemetery）里的一块破败墓碑上的碑文，这是一位老枪手的墓碑，上面写着：“做你自己，因为如果不做自己，你就不是你自己。”

如今坎贝尔爽朗的笑声、酒杯碰撞时发出的叮咚声、深夜红木房酒吧里抚慰心灵的爵士乐钢琴声犹在耳边。

“就是这样！”他眼睛里闪烁着永恒的惊奇神情，大声说道，“那就是所有的真谛：英雄之旅的秘密。太了不起了！”

“怎样才能让它再次发生？‘做你自己……’”

菲尔·柯西诺

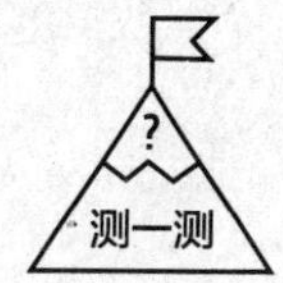

你了解坎贝尔的创作之路吗?

扫码鉴别正版图书
获取您的专属福利

- 神话大师约瑟夫・坎贝尔的著作影响了很多从事文学、电影和音乐创作的艺术家，其中还包括拍摄《星球大战》的著名导演乔治・卢卡斯。这是真的吗？

  A. 真

  B. 假

扫码获取全部测试题及答案，
一起了解神话大师坎贝尔

- 最初引发神话学家约瑟夫・坎贝尔对神话产生兴趣的是美国印第安文化。这是真的吗?

  A. 真

  B. 假

- 凭借着对神话学多年的研究，约瑟夫・坎贝尔仅用一年时间就完成了《千面英雄》的创作。这是真的吗?

  A. 真

  B. 假

扫描左侧二维码查看本书更多测试题

THE HERO'S JOURNEY

目 录

THE HERO'S JOURNEY

JOSEPH CAMPBELL ON HIS LIFE AND WORK

01

历险的召唤

THE HERO'S

JOURNEY

JOSEPH
CAMPBELL ON
HIS LIFE
AND WORK

历险的召唤标志着命运对英雄发出了召唤，将他精神的重心从英雄所处的暗淡无力的社会转向了未知的区域。表现这个充满珍宝与危险的决定性区域的方式各不相同，可能是一片遥远的土地、一片森林、一个地下的、水下的或天空中的王国、一个神秘的岛屿、高高的山顶或深沉的梦境，但那始终是这样一个奇异的地方，有着多种形态的流动的存在、无法想象的折磨与痛苦、超人类的行为和终极的喜悦。

约瑟夫·坎贝尔,《千面英雄》

1904年3月26日约瑟夫·坎贝尔出生于纽约市，他的父母是查尔斯·坎贝尔和约瑟芬·坎贝尔。还是个小男孩的时候，他爸爸带着他和他弟弟查理去麦迪逊广场花园看“水牛比尔”的狂野西部秀，还参观了自然历史博物馆，他对那里的印第安图腾柱非常着迷，由此爱上了神话。12岁时他如饥似渴地阅读关于美洲印第安人的书籍，很快意识到了这些故事与自己信奉的罗马天主教的故事有相似之处。这个发现激发了他在接下来的人生中对晦涩难懂的神话学的跨文化研究。

1904年，13周大的约瑟夫·坎贝尔和父母查尔斯·坎贝尔、约瑟芬·坎贝尔

在康涅狄格州新米尔福德读大学预科时，他最喜欢的科目是生物和数学。1921年他进入达特茅斯学院继续学习生物学和数学，但日益感到“完全迷失了方向”，甚至考虑过辍学经商。

1922年夏天，父母的一位朋友送给坎贝尔一本达·芬奇的传记，这本书促使他转学到了哥伦比亚大学，“我的兴趣从科学转向了文化史和人文学”。

斯图尔特·布朗：你能给我们讲讲你的祖父母、外祖父母和你的爱尔兰背景吗？

斯图尔特·布朗

精神病学家，影片《英雄之旅》制作人。

约瑟夫·坎贝尔：我并不太了解我的祖父母和外祖父母。我的爷爷在爱尔兰马铃薯大饥荒的末期来到美国。他是个农民，后来在马萨诸塞州沃尔瑟姆的一个庄园里做园丁。我父亲在那里长大。我奶奶也来自爱尔兰。我父亲年少时在一家超市谋得了一份工作，后来成为他们重要的销售人员之一。他们派我父亲到纽约开设纽约分公司。因此我出生在纽约。

1908年左右，大约4岁的坎贝尔（右）和弟弟查理，在后来几年里，坎贝尔因为一个家庭传说而洋洋得意，一次他、弟弟、外祖母和还是婴儿的妹妹沿着纽约市河滨大道漫步，一位女士挡住他们说：“你们两个小男孩长得真可爱。”约瑟夫勇敢地回答道：“我有印第安人血统。”然后他弟弟插话说：“我有狗的血统。”

我记得很小的时候去看望爷爷。他有一大把白色络腮胡，就像老爷爷应该有的样子。那就是我对他的全部记忆，那是很久很久以前的事情了。我只见过我的姥爷一次。我妈妈是个纽约女孩，不过她的妈妈来自苏格兰，是个漂亮、可爱的女人，她把我们照顾得非常好。我妈妈有一个帅气的兄弟，他非常擅长游泳。大约21岁时他死于糖尿病。我还记得小时候和他一起去游泳的日子。如果说哪位家人对塑造我的理想和理想主义产生过影响的话，那就只有他了。

在读大学之前，我从来没有认真思考过凯尔特时期的爱尔兰人。上大学时我开始真正理解了什么是凯尔特意识，认识到它源自那个充满奇妙幻想的地方是多么幸运。整个欧洲的奇幻世界都源自爱尔兰。

后来在读研究生时，我对亚瑟王的传奇产生了兴趣，它完全属于凯尔特文化。我逐渐意识到我与他们的思想有联系。

水牛比尔·科迪（Bill Cody）是前线侦查员、廉价小说里的英雄，被视为神话的美国西部故事里的主要力量，一次表演后他在帐篷里享受雪茄和报纸

布朗：你的童年是怎样的？你是一个非常好学的学生吗？

坎贝尔：从大约四五岁时起，我就对美国印第安文化很感兴趣，那成了我真正的学习。上学后功课对我来说就是小菜一碟，但我热爱的是美国印第安神话这个不合常规的领域。那些年我家住在新罗谢尔市，隔壁就是公共图书馆。大约 11 岁时我阅读了儿童图书室里所有与印第安人有关的图书，并被允许进入成人图书室。我记得我会从图书馆带一大摞书回家。我认为那就是我学者生涯的开端。我知道确实如此。

我读了美国民族学局的所有报告，弗兰克·库欣（Frank H.Cushing）和法兰兹·鲍亚士（Franz Boas）的作品，以及其他大量书籍。到 13 岁时，我对美国印第安人的了解不比后来我认识的很多人类学家少。他们知道如何从社会学的角度来解释为什么印第安人是他们现在或曾经的那个样子，但他们不是很了解印第安人，而我了解。

布朗：小时候你是否有崇拜的英雄？是否有哪位名人成了你人生早期的导师？

1917年左右，坎贝尔家位于宾夕法尼亚州派克县的小木屋

1910年左右，水牛比尔的狂野西部秀。这张照片是坎贝尔的父亲拍摄的，当时坎贝尔一家去观看水牛比尔·科迪和他惊人的骑兵队、神枪手和印第安战士，表演点燃了年幼的坎贝尔对美国印第安人的强烈兴趣，这种兴趣维持了一生

坎贝尔：嗯，1917 年左右我父母在宾夕法尼亚州的波科诺山里发现了一处可爱的地方，附近刚好住着一个作家，我一直在读他写的关于印第安人的书。因此他成了我的第一位导师或老师。他叫埃尔默·格雷戈尔（Elmer Gregor），写作与印第安人有关的书籍，他曾在印第安人保留地生活过。在 1912—1915 年，美国政府与印第安人的战争还在继续，当时流传着诸如“只有死去的印第安人才是善良的印第安人”这样的说法。因此尽管我们在东部，但感觉好像印第安人无处不在。

正是这个美丽的地方使我真正发现了大自然。在关于神话的写作中，我会强调生物学、大自然和身体。这个特点便源自那个时候。这种结合就来自格雷戈尔，他是一位博物学家，同时也是一位研究印第安人的学者。他把我领上了这条路。在我的记忆中，格雷戈尔是位大师。我们常常用印第安人的手语在餐厅里隔空交流，还会做类似的各种事情。

我的神话学家职业几乎就是在看水牛比尔在麦迪逊广场花园的狂野西部秀时开始的（1910 年）。两三年后他就去世了，替代他的表演团队是“101 农场”（101 Ranch）。穿插表演中有一个叫“铁辫子”（Irontail）的印第安人，他的头像曾出现在五美分上。他侧面冲着人坐着，人们列队从他旁边走过去，掏出口袋里的五美分看看，鞠个躬，然后继续走。

约瑟夫·坎贝尔，《时尚先生》杂志，1977 年 9 月

布朗：听起来你对印第安人的兴趣一部分来自你自己，一部分来自家人对你的直接鼓励。

坎贝尔：我父母非常支持我自己发现这个兴趣，他们帮助我继续追随它。虽然他们是生意人，没有太多学识，但他们结识了一些能帮我找到需要的书的

人，这对我确实帮助很大。

在学校里我必须尽学生的本分，学习老师要求我们学的东西，我喜欢所有的科目。但是真正感兴趣的还是印第安人。

布朗：我从来没有听你说过你的罗马天主教背景，包括教会和仪式。

坎贝尔：我就读的是纽约一所女修道院的日间学校。天哪，大约在15岁之前我一直和修女们待在一起。出生在爱尔兰裔天主教家庭和环境中，童年与修女们一起度过，而且在弥撒中当助祭（我是举行弥撒时协助神父的侍者），这意味着我始终怀着坚定的信念学习天主教的教义。我认为任何不是我这样的实质性的天主教徒不会意识到他们生活在其中的宗教氛围。它非常有影响力，有支撑生命的力度，它是美好的。天主教是诗一般的宗教。每个月份都有诗性与灵性的价值。啊，它让我着迷。我确信我对神话学的兴趣源于此。

在阅读学者、艺术家或小说家的作品时，我注意到如果他们把神话看成是构建生命的事物，不只是幻想，而是深刻的、意义重大的幻想，那么他们十有八九是天主教徒。我曾经对人们离开他们信仰的宗教后会发生什么很感兴趣。新教徒和犹太教徒成了心理学家和社会学家，天主教徒变成了……诗人。

你知道，这千真万确！

1920年，坎贝尔（右）与朋友约翰·麦克菲在坎特伯雷中学（Canterbury School）

布朗：你上过教区学校或公立小学吗？

坎贝尔：我上过康涅狄格州的坎特伯

雷中学，那是一所很好的天主教预科学校，对我而言也是个新的开端。坎特伯雷中学有两位很特别的老师。一位是校长纳尔逊·休谟（Nelson Hume），他创办了这所学校，也是教会我写作的人。他是一位非常了不起的老师。学校刚成立不久时，只有 50 个男生。我所在的班有 6 个孩子，我们每个人都能得到相应的关注。每天我们必须写当天发生的新鲜事。休谟走进教室，大声读这些关于新事件的文章，提出批评和修改意见。每天都要写、写、写。当时我还学习了生物学和数学，那是我最喜欢的两门课程。

当然我们还要学习语言，在第一次世界大战结束后的那些年里，我们依然不能学德语，必须学西班牙语和法语（我甚至不能得德国麻疹，我得的是自由麻疹）。我们的语言课老师是一位杰出的学者，正是通过他，我第一次了解到梵文这种东西的存在。他是一位语言学家。通过他与校长，我发现了我们所说的学术世界，尽管我是靠自己发现了对印第安人的兴趣。

布朗：据说高中时你给自己班的同学们上过生物课，这是真的吗？

坎贝尔：是的，休谟校长希望我能成为他学校里的大师。他给我提供了两次给同学上课的机会，不过从来没有提供给过其他学生。第一次我给同学们讲了美洲印第安人的历史，第二次讲的是生物学和血液的循环系统。那是非常大的成就——我最早的讲学经历。

❧

坎贝尔：神话学的重要问题之一是使个体与自然相调和的问题。原始人类所生活的世界被编写成了神话。我们的传统存在的问题之一是，圣地位于其他某个地方。因此我们完全失去了与大自然的和谐感。如果圣地不是这里，那它哪儿也不是。

安杰利斯·阿里恩（Angeles Arrien）：美洲印第

安杰利斯·阿里恩

巴斯克神秘主义者，人类学家兼教师，著有《塔罗牌手册：古老视觉象征的实际应用》。

1925年，坎贝尔在华盛顿州亚基马市印第安人的竞技表演现场与一位年轻的雅吉瓦女性合影

安人的神话确实可以使人们敬畏大自然。

坎贝尔：我非常喜欢约翰·内哈特（John Neihardt）的书《黑麋鹿如是说》（*Black Elk Speaks*）中黑麋鹿所说的话，在书中他谈到了自己的幻想。他说他发现自己位于世界中心的山上。那是南达科他州的哈尼峰。他说："可是任何地方都是世界的中心。"

这是基本的神话学问题：进入那片土地，找到其中的神圣性。然后你自然会与这片土地的美丽自然相匹配。这是最初的根本性适应。现在如果像我们的传统所认为的那样，如果你认为大自然是腐坏的（大自然中的某些事物应该不会腐坏），那么你就无法使自己与大自然和谐相处。相反，如果你总会思考对与错、善与恶、魔鬼与上帝，当你站在道德立场时，顺从大自然就变得很困难。

当你与大自然是和谐的，大自然将展现出它的慷慨……永恒穿越时间而闪耀的地方就是神圣的地方。

约瑟夫·坎贝尔，《神话 III：西方传统的形成》（*Mythos III: The Shaping of the Western Tradition*）

阿里恩：但是我们的生命包含四个季节，它们始终如一地反映了我们的发展过程。每个人都有春天、夏天和冬天。

坎贝尔：一般来说，诗人和艺术家认识到了这一点。为了找到内在根基，他们让自己与之和谐一致。

爱德华·德雷森（Edward Dreessen）：那么你是在说神话是一种永恒的重生，是对人生发展过程的认同吗？

爱德华·德雷森

合气道大师，目前住在北加州。

坎贝尔：正是如此。当你来到神圣的地方，你会感觉到神圣性。这真的很神奇。在我们现在所处的加州大苏尔的伊莎兰，有一条小溪，那里便存在着一点儿神圣性，埃塞伦族印第安人认为它是神圣的。

对于住在松树岭保留地（黑麋鹿在那里度过了他人生的最后几年）附近的白人来说，黑麋鹿只是一个“讲道者”，但对他的族人——奥格拉拉苏族人（Oglala Sioux）来说，他是一位圣人或萨满。坎贝尔强烈地感觉到，约翰·内哈特在《黑麋鹿如是说》中讲述的故事就是我们“精神历史”的一部分

我记得在冰岛时，当地一位神话作家带我妻子和我参观那里所有圣地。有一个地方叫辛格韦德利（Thingvellir），每年他们在那里举行盛大的仪式。你会感到那是个有魔力的地方。在法国拉斯科洞穴里时，我也产生了相同的感受。你不想离开那些地方，它们抓住了你内心深处的某个东西，那是非常深奥、非常重要的东西。

我永远不会忘记访问希腊德尔斐神庙的经历。神庙虽然遭受过基督徒的故意破坏，但它们仍伫立在那里，你能看到希腊人对肉体之美的认识。正是在神庙里，传神谕者（也就是女先知）从来自地狱的烟雾中获得神的灵感，做出预言，解读命数。

接下来你会看到另一个层次的美丽，神庙的背后是一片壮丽的山谷，它与大自然是和谐的，将大自然与人类自然的最高成就结合起来。这就是希腊。再爬得更高一些，你就来到了竞技场。据我所知，只有希腊文化将灵性、宗教、美学和身体结合在同一幅图景上。希腊的年轻人可以参加这些体育比赛，这就是个体和个人追求的理念。

任何像这样美丽的地方都是力量之点，因为它们有助于让你与自然达到和谐一致。艺术也被认为具有这样的作用。塞尚说：“艺术是与大自然相和谐的对应物。”

阿里恩：这真美好。

坎贝尔：在古老的青铜器时代的神话中，基本理念是时代的循环、年份的

1972年，坎贝尔与冰岛神话作家艾纳·帕尔森（Einar Pálsson）在冰岛辛格韦德利圣地

循环和一生的循环，所有的循环都相同。想一想：循环、循环、再循环，没有什么事情是从未发生过的。除了顺应这些循环，你什么也做不了。

阿里恩：比如《道德经》，它充分体现了尊重大自然的神话主题，把大自然看作自我的一面镜子。

坎贝尔：是的。波斯和印度在这一点上有着截然不同的观点。波斯预言家琐罗亚斯德（Zoroaster）攻击印度瑜伽的理念，瑜伽的观点是让自己与宇宙保持和谐一致。你明白了吗？

这是两种完全不同的神话，差异巨大。科学家不能告诉我们这世界是好还是坏，甚至不会这样尝试，那不是科学的任务。但是，他们对神话的态度建立起了欧洲与自然的关系。

现在这种事情正在流行起来，至少美国人通过重新认识美洲印第安人的文

化又重新发现了自然。还是个孩子的时候，我对此就有所了解。当其他人都不在意有关印第安人的资料时，我阅读了很多相关书籍。现在到处都是《黑麋鹿如是说》中巫医黑麋鹿这样的人物形象。《黑麋鹿如是说》的作者内哈特是位作家，而不是人类学家，尽管如此哈内特获得了内心的启示。《黑麋鹿如是说》真不愧是一部了不起的作品。

位于伊拉克萨迈拉的清真寺尖塔，“登山是象征精神追求和提升的常见的隐喻。”

当你看着自然世界，它会变成一个标志，一个诉说世界起源的神圣写照。几乎每个关于水的神话都表现了生命自水而生的起源。令人吃惊的是，这正是事实。有趣的是，生命源自水的观念首先在神话里显现，然后出现在科学中，神话与科学发现了相同的事实。

我记得在1931—1932年间，我和潮间带生物学家艾德·里基茨相处过很长时间。潮间带中存在着各种奇怪的生物，比如鸬鹚和各式各样的小虫子。我的天哪，这些生物在进行一场大战，它们你吃我我吃你，每个生物都在学习如何吃掉对方，这就是全部秘密，然后它们从那里爬上陆地。在神话中，整个宇宙通常产生自海洋，印度人称之为乳汁海洋。

德雷森：可以长生不老的乳汁甘露。

坎贝尔：是的，可以长生不老的乳汁甘露。

阿里恩：那里是水，这里是巨大的岩石，所以这也是神话的主题。

坎贝尔：嗯，是的。树和岩石也是主题：这些岩石是不朽的象征，树是生命的象征。詹姆斯·乔伊斯在《芬尼根的守灵夜》中使用了这些象征，其中他提到“树石”特里斯坦，他是富有的人、永恒的岩石和不断成长的生命。

德雷森：当你从海滩上捡起一块似乎与你有联系的石头，你会产生连接感。

坎贝尔：沿着海滩漫步的小孩会很自然地捡起埋藏的宝贝、石头和贝壳等东西。他们把贝壳、海螺当作喇叭，这一定与海洋的声音、与海洋对人们发出的召唤有关。

阿里恩：就像女海妖塞壬。

坎贝尔：其实从心理角度来看，海洋是潜意识的对应物，意识的太阳坠入潜意识里，又从其中升起。

阿里恩：看着眼前的山丘，我想到了勒内·多马尔（René Daumal）的书《相似的山》（*Mount Analogue*），想到了山是内向追求的象征。

坎贝尔：当云层降低时，天国的力量好似降落凡间。在早期的神话中，比如古代苏美尔神话，最早从海中出现的生命有着山的形式。山既是男性也是女性。上半部分是男性，下半部分是女性。然后它分开了，上半部分变成了天空，女神就成了山。下降的云成为天空与大地的连接物，它连接着生命的现象的一面和灵性的一面，以及两者的接合点。

这就是为什么登山是灵性追求与提升的典型象征。摩西来到山顶，上帝交给他十诫。山的主题永远没有终结。

尽管耶稣被钉的十字架并不位于高山上，但依然是在一座小山丘上。在艺术作品中，耶稣受难地屡屡被描绘为在高山上。

德雷森：奥德修斯诞生于水中，之后来到陆地，最后登上高山。你如何从神话学的角度来解释它？

坎贝尔：在希腊神话中，从水中出现是一个很常见的主题，比如骑着海豚的男孩建立了德尔斐城。生命从水中诞生，进入固体环境的世界。世界的尽头，也就是时间周期的尽头结束在水中。那就是洪水的主题，它出现在所有末日神话中。

现在你可以看到这样的主题，一切从完美中诞生，然后随着熵逐渐增加失去张力。生命依赖于张力，一旦极性开始消解，我们会进入雌雄同体的状态。然后一切回归到人类学的汤碗中，此时世界是时候重新开始了。因此循环始于海洋，海洋是万物的混合，然后形成各种形式的景观和生命，再逐渐回归海洋。这是全部的循环：黄金时代、白银时代、青铜器时代、铁器时代、创世之前的混沌，然后重新开始。

阿里恩：因此英雄之旅很大程度上等同于登山的追求？

坎贝尔：是的，确实如此。英雄之旅的一部分神话主题就是顺从。例如我在走向死亡，就像所有人一样。那也是顺从。英雄就是知道何时该顺从以及应该顺从于什么的人。重要的是你的观点应该顺从于生命的动态。现在的生命动态是这种生命形式吃掉那种生命形式。

那就是鱼类世界发生的情况。印度教称之为“鱼类法则”，大鱼吃小鱼，小鱼为了长大，必须够聪明。

阿里恩：炼金术士说我们是各种元素——土、火、水和空气的编织者。当我们说某人“身处他的元素中”或“不在他的元素中”时，这些说法真正的含义是什么？

坎贝尔：嗯，你身处其中的元素涉及四个方位的定向仪式，就像印第安人仪式中神圣的长烟斗。

烟斗是一种方便携带的祭坛，印第安人点燃它时不是为了享受吸烟的乐趣，而是把它作为一种神圣的行为。当烟斗被点燃，烟会飘向天空。当烟斗被举起来，太阳会最先吸到烟，然后把它敬给四个方位，这样你就知道你在哪儿了：位于中心的山就在这里，它无处不在。主持仪式的人吸口烟，然后烟斗被四下传送。我猜有人会说，对方位的确定是高等文化中基本的神话形式：中心和四个方位。无论你去什么地方，都要找到中心。确立神圣的点，也就是最高点所在的位置，然后你就得到了四个方位。

我们靠杀戮生存，即使在吃葡萄时你也在杀戮。生命以其他生命为生。这就像有很多嘴的生物在吃它自己。这是一个不可思议的秘密。蛇咬住自己的尾巴，吃自己象征的就是这个含义。

相关神话和与你的环境有关的灵性生活的全部秘密就是冰岛人所说的“土地命名”，你会通过命名所占土地来宣称对土地的权利，并把自己所生活的土地称为圣地。

约瑟夫·坎贝尔，《神话Ⅲ：西方传统的形成》

生活的本质是靠杀戮和吞食为生。这是神话必须涉及的伟大秘密。靠杀戮为生的原始人[①]不得不在心理上调和这件事，因为对他们来说，动物是神圣力量的表现形式。不仅如此，他们穿着兽皮，住在由兽皮缝制的帐篷里，始终以死亡为伴，生活在鲜血的海洋中。典型的神话是人类世界与动物世界之间的一种盟约，在神话中这种情况被理解为大自然的运行方式，动物心甘情愿成为人类的牺牲品。它们知道感恩仪式将把它们的生命归还给生命之源，这样第二年

---

① 此处坎贝尔使用了“primitive”一词，在职业生涯的后期，他采用了更现代的说法。在《神话学的历史地图集》（*Historical Atlas of Mythology*）和他最后的一些讲学中，坎贝尔提到了贾玛克·亥瓦特（Jamake Highwater）所使用的“原始”（primal）文化一词。——原书编者注

就会有另一群相同种类的动物可以被吃掉。因此它们心甘情愿地奉献了自己。对于人类来说，动物是神圣力量的表现形式。

你想了解一点有关这个主题的神话吗？

从前有个印第安部落遇到了一个绝望的冬天，他们的粮食都吃光了。每到这个时候，他们都会杀死整群野牛，这样部落可以靠这些野牛肉过冬。他们的方法是把野牛赶到悬崖上。野牛落下悬崖，摔得奄奄一息，然后印第安人把它们杀死。但是这一年当人们把野牛赶到悬崖边时，野牛拐向了四周，没有一只跳下悬崖。这对印第安部落来说是非常糟糕的。

一天早上一个年轻女孩起床后为家人去取水。站在圆锥形的帐篷外，她看到野牛就高高地立在悬崖边。她说："哦，如果你们过来，为我的族人提供过冬的食物，我就嫁给你们中的一个。"说完野牛马上开始往这边走。

这真令人吃惊，更令人吃惊的是，其中一只野牛走过来说："好吧，姑娘，我们下来了。"

"哦，不要。"她说。

他说："看，你做出承诺，我们按你的要求做了，事情已经发生了。"

于是他抓住女孩的胳膊（很难理解野牛怎么抓着你的胳膊，反正他是这样做的）。他把女孩带走了，爬过小山，来到平原。

当女孩的家人醒来时，他们四下张望着问："明尼荷花（Minnehaha）去哪儿了？"

女孩的爸爸走出帐篷，作为一个印第安人，他知道如何从脚印辨认出发生了什么事情。他看了看说："她和野牛跑掉了。"然后穿上鹿皮鞋（北美印第安人穿的无跟软皮鞋），拿上弓和箭，出发去寻找野牛群中的女儿。

他跟着那些脚印，走了很远的路，来到一个泥坑前，野牛喜欢在泥坑里翻滚，除掉身上的虱子。他坐下来想，我该怎么办呢？

这时他看到一只漂亮的喜鹊。在有关狩猎的神话中，某些动物被认为非常聪明，比如喜鹊、狐狸、蓝冠鸦和乌鸦。它们是动物中的萨满。喜鹊飞下来，在地上啄来啄去。这位父亲说："美丽的鸟儿，我女儿和一只野牛私奔了。你有没有看到一个和野牛在一起的女孩？"

喜鹊说："看到了，在那边就有一个和野牛群在一起的女孩。"

于是这位父亲说："哦，你能不能告诉她，她的爸爸在这里？"

喜鹊飞过去，女孩就在那里。我不确定女孩在做什么，无非是在编织或做着其他类似的事情。在她身后，所有野牛都在打盹。就在她的身后有一头很扎眼的大野牛。喜鹊飞过来，一边啄食一边说："你爸爸在泥坑那儿。"

"哦，天哪，"她说，"这很危险，这太可怕了。告诉他等一等，我会处理这件事。"

这时野牛醒了，女孩身后的大野牛取下他的一只牛角说："给我打些水来。"她拿着牛角，来到泥坑边，她爸爸就在那里。她爸爸一把抓住她说："你来了。"

"不，不，这很危险。让我来解决这件事。"于是她打了些水，回到野牛那里。野牛拿过水，吸了吸鼻子说："哇呀呀，我闻到了印第安人的血的味道。"

女孩说："没有，没有。"

野牛说："有。"他咆哮着，所有野牛都站起来，他们扬起尾巴，跳跃着，咆哮着，向泥坑冲去，把女孩爸爸踩死了，踩踏得了无痕迹。他再也不存在了。女孩害死了自己的父亲。

女孩开始哭泣，野牛说："你在哭，出什么事了？"

“那是我爸爸。”

他说：“是啊，你失去了爸爸，但为了喂养你的族人，我们失去了妻子、叔叔、伯父、孩子和一切。”

“好吧，”她说，“但是，我爸爸不在了！”

野牛有点同情她，说：“如果你能让你爸爸复活，我就放你走。”于是女孩叫来喜鹊：“你可以不可以在周围啄一啄，看看是否能找到爸爸的一点遗骸？”喜鹊啄起来。他发现了一点脊骨。

“我找到了一些东西。”他说。

“很好，”她说，“这就行了。”她把脊骨放在地上，拿起自己的长袍，盖在那块骨头上，并开始吟唱。她吟唱的是一首有魔力的歌。这时你可以看到长袍下出现一个人形。她向下看，是的，她爸爸安然无恙。不过她还需要再唱一会儿。

她继续吟唱，不久她爸爸站了起来。野牛对此感到非常激动。他们说：“太好了，为什么你不为我们这样做？在你们杀戮了我们之后，为什么不让我们复活？现在我们给你演示我们的野牛之舞，告诉你怎么做。当你们杀戮了很多我们的子民时，你跳这个舞蹈，唱你的歌，让我们复活吧。我们便会每年都来为你的族人提供食物。”

这是黑脚族印第安人起源的一个传说。小时候我在乔治·格林内尔（George Bird Grinnell）的书里读到了它，书名叫《黑脚族民间故事》（*Blackfoot Lodge Tales*）。格林内尔是一位特别了不起的作家，也是印第安人资料的杰出收集者。

在把目光从一个民族移到另一个民族，看过一个又一个诸如此类讲述人与动物之间的盟约的故事后，你会发现所有故事告诉我们，这种生命吃掉那种生命是自然界的一部分。当然他们吃的时候不会感谢上帝赐予了他们动物。他们应感谢动物，这是非常恰当的做法。例如美国西北部印第安人的盛大仪式是为了感谢鲑鱼，感谢它们这一年又来到这里。

这是一个美好的概念，生命表面上看是不持久的，它是一种狂暴残忍的事物。叔本华在状态最好的一个时期说过，“生命是一件本不该发生的事情。”如果它不是本不该发生的事情，而是本来就应该发生的事情，那么你应该接受它，对它说“是的”。如此而已。

当尼采读到叔本华的这句话时，他对生命吃生命的观点采取了另一种态度。他说，是的，不仅如它已有的样子，而且如它应有的样子。不可能再有其他。心肠软的人会把这称为暴力，但大自然就是如此。你常常会看到让你反思的事情。去年的《国家地理》杂志中有一张令我毛骨悚然的照片，三只猎豹在吃一只瞪羚。你能看到三只猎豹在吃瞪羚的腹部，瞪羚还活着。它的头抬着，好像在恳求同情或怜悯。

现在你能对生命说“是”了吗？你应该这样做，你必须怀有命运之爱。接受这一切真的需要很大的勇气。

生命以生命为生。这就是生命。你会说在有些传统中，吃人是圣礼的一部分。但当你对作为食物的生物进行那样的拟人化时，你会有不同的思考。

你必须意识到在狩猎和采集部落中，吃动物与吃人是类似的，因为动物同样是它们自己生命的主宰。它们教给人生命之道。重要的仪式一定与答谢被吃掉的动物有关。在仪式中，他们认为自己参与了自然之道，参与了杀戮、进食，参与了享受，使自己得到安慰。

布朗：他们不内疚吗？

坎贝尔：不，没有什么可内疚的。因为当你与大自然和谐一致时，自然会给予丰厚的馈赠。随着生态运动的兴起，我们意识到破坏我们赖以生存的环境就是切断我们自己的生命之源和能量。这就是和谐一致的含义，以恰当的方式建立与这个世界的关系，人们便能够延长环境的生命力。

坎贝尔：美洲印第安人部落的巨大灾难之一是：他们的整个宗教以野牛为中心，主要食物就是野牛。当野牛被杀光时，生命就失去了魔力。在 19 世纪 70 年代和 80 年代，征服西部最大的项目之一就是消灭野牛群。看一看画家乔治·卡特林（George Catlin）所画的野牛大平原，那里有数量多到不可思议的野牛。你没法在这片土地上铺设铁路，没法种植小麦。因此不仅要清理这片土地，而且要减轻印第安人对他们的食物供给依赖。印第安人必须搬到保留地，接受政府的施舍，野牛则遭到了大屠杀。

这与印第安人杀死野牛的方式和情感完全相反。印第安人只在需要的范围内杀死野牛，野牛会受到礼遇和尊重，其中怀有感恩的成分。重大的节日都是纪念野牛的节日。这再一次关系到与自然界的和谐一致。

THE HERO'S JOURNEY

JOSEPH CAMPBELL ON HIS LIFE AND WORK

02

考验之路

THE HERO'S
JOURNEY
JOSEPH
CAMPBELL ON
HIS LIFE
AND WORK

一旦穿越了阈限，英雄便进入了变幻不定、难以捉摸的梦一样的地方，在这里他必须经受住一系列的考验。

约瑟夫·坎贝尔，《千面英雄》

从1922年到1927年，约瑟夫·坎贝尔过着不受拘束的生活，他既是学生，也是运动员和旅行者。在哥伦比亚大学，他师从雷蒙德·韦弗（Raymond Weaver），1926年获得了中世纪文学硕士学位；他在大学爵士乐队里演奏萨克斯；代表哥伦比亚田径队和纽约运动员俱乐部参加世界级的800米赛跑。夏天他和家人在美国中部和欧洲各处旅行。1924年在乘船去欧洲的旅行中，他遇到了神智学老师吉杜·克里希那穆提，开始对东方研究产生了朦朦胧胧的兴趣。

坎贝尔的毕业论文的题目是"忧伤的笔触"（The Dolorous Stroke）。1926年获得硕士学位后，他接受了哥伦比亚大学的旅行奖学金，来到巴黎大学研究亚瑟王传奇，并学习古法语和普罗旺斯语。来到巴黎后他发现自己正处于放荡不羁的艺术家的"疯狂年代"之中。正如他后来喜欢的说法，当迎头撞上毕加索、布朗库西（Brancusi）、保罗·克利（Paul Klee）的艺术以及乔伊斯、叶芝和艾略特的文学时，"整个世界打开了"。

在奖学金延期后，1928年他转学到慕尼黑大学，继续从事中世纪文学研究，不过这次研究的是德国文学。他的兴趣再次发生偏离，从印欧哲学转向梵文，从中世纪文学转向印度教和佛教，还转向了弗洛伊德、荣格和托马斯·曼的作品。在欧洲做博士后研究的那些年是他主要兴趣的汇聚点：神话、梦、艺术、心理学、文学和人类学。

1921—1922 年，坎贝尔（右三）感情充沛地在哥伦比亚大学爵士乐队演奏萨克斯

1925 年全美 1600 米接力锦标赛：约瑟夫·坎贝尔、约翰·霍尔登、艾伦·赫尔弗里希和乔·特尼参加旧金山的业余运动员联合会锦标赛，对于参加跑步比赛，坎贝尔说："我认为我从中对生活，对成功的必要条件和失败的必要条件有了更多领悟。"

布朗：你在预科学校参加体育运动吗？

坎贝尔：哦，我们必须参加。后来在学校里教书的头一年，我明白了为什么必须进行体育运动。如果你教的是一群男孩，你就一定要让他们筋疲力尽，让他们参加体育运动。只要把他们带到运动场，他们就会在那里互相扭打。在原始社会，十几岁的年轻人会遭遇大量暴力，这是在驯化他们。年轻的雄性动物天生具有暴力倾向，你要整合那种倾向。

人们总说寻找生命的意义，你真正在寻找的是生命的体验。一场令人满意的战斗就是这样一种体验。我记得有这样一个古老的爱尔兰问题："这是一场私人战斗还是每个人都可以加入的战斗？"在酣畅淋漓的战斗中，你能更真切地感觉到自己还活着。这就是体育运动的优点，体育运动是有组织的暴力，对每个人都是有益的。那些连摆动手指的力气都没有的人至少还可以坐着观看体育比赛，从别人的扭打中获得某种满足。

我玩过橄榄球，打过曲棍球，因为不喜欢棒球，所以从不打棒球。打曲棍球时我是守门员，在橄榄球比赛里我是后卫。小时候我体重高达 81 公斤，所以我是很棒的后卫。

后来我上了达特茅斯学院。第一年我是前锋。再后来我去了哥伦比亚大学，在那里我打边锋。我在哥伦比亚大学的经历非常有趣，因为我没有赶上训练季，所以被安排做了边锋。在第一次并列争球时，大概是第二次传球吧，球从四分卫的头上飞过，我接住球，跑过球场，触地得分。所以他们把我换到第一小队。不过我从来不是一个很好的橄榄球选手，我认为这种运动不适合我。

后来我出乎意料地参加了田径运动。

我争强好胜，不想有人在我前面。我们必须上体育课，在体育课上我们在室内跑 10 圈，也就是 1 600 米。当我们开始跑的时候，已经有人在我们前面了，不管我怎么追，他们总在我前面。当我们跑完后，负责的人（他碰巧是田径教练）把我叫过去说：“你有没有考虑过参加跑步比赛？”我说：“没有。”他说：“在学校里你跑 800 米的速度是最快的，为什么不来练田径？”

于是我开始了田径训练。事实上这是我最棒的人生经历之一。

布朗：你的田径生涯非常出色，参加竞赛的那些岁月对你有什么教益？

THE NEW YORK TELEGRAM.

Columbia Has New Athletic Star

JOE CAMPBELL NEW LION HERO

Half Miler's Fine Running at Penn Relays Puts Columbia on Map in Track Athletics.

By H. V. Valentine.

SPRINT MEDLEY BIG THRILL, SAYS ROBBIE

Last Leg of Relay Won by Columbia Bright Spot of Day, Writes Penn Coach

EXPECTS NEW 880 RECORD

By LAWSON ROBERTSON
Penn Track Coach

Columbia Comes Through

CINDER STAR

JOE CAMPBELL

“田径比赛选手”剪贴簿中的简报，这个剪贴簿是坎贝尔从哥伦比亚大学毕业时他爸爸送给他的礼物

坎贝尔：参加田径比赛的那些年轻人以及他们对待彼此的态度非常美好，体现了男子气概。

你知道，进去时我的水平已经很高了。我跑800米的速度不输给当时世界上的任何人。我参加跑步比赛的时间正好在1924年和1928年奥林匹克运动会之间。我只跑了三年，因为最后一年我要回学校取得我的研究生学位。

那是一段非常美好的时期。在纽约整个冬天都会举行室内田径比赛。在1924年奥林匹克运动会中获胜的运动员之后来到纽约参赛，帕沃·鲁米（Paavo Nurmi）就是其中之一。我看过鲁米赛跑，真是太精彩了。对我来说，田径比大学期间的任何事情都更有意义。我觉得那个时候我所获得的对生活、对成败的必要条件的认识比其他任何时候都更多。

理查德·塔纳斯（Richard Tarnas）：如今似乎很多人正在进行身体和灵性修炼，比如慢走或者依循迈克尔·墨菲（Michael Murphy）提出的观点：以不同的状态、更高的知觉跑步。采用不同修炼方法的人似乎都会得到类似的结果。

理查德·塔纳斯
作家、占星家兼教师。

坎贝尔：我在各地都看到了这种情况。

塔纳斯：我们如何能在自己的文化中获得极乐，生活在那种层面的方法是什么？

坎贝尔：那是我们的问题。在西方，生活不同的部分彼此分开，因此你失去了整体性的方法。你谈到了正在流行的慢跑。人们开始意识到当身体非常劳累时，就会出现一种神秘的极乐。上大学时和大学毕业后的几年里，在跑步过程中我会体会到那种感觉。现在回想起来，在跑800米锦标赛最后70多米时，你知道……有几次你会产生欣快感。如果有人问我，我在什么时候获得过巅峰体验，也就是充满了活力与生气的时刻，我会回答是在赛跑的时候。赛跑比我人生中任何其他事情更能带来巅峰体验。

如今西方发生的这些事情是因东方武术和亚洲的修炼方法进入西方引起的。在格斗或竞争中对身体的操纵是心理上摆出的姿势。选手的内心一定要有一片净土，动作必须围绕着这片净土。我输过两场对我来说非常重要的比赛，因为我失去了净土。那是两场特别重要的比赛，我一心都想着赢，而不是好好跑。然后一切都搞砸了。

这就是在与动作的关系中呈现你自己、发现你自己的方法。我的妻子珍是一位舞蹈家，与体育运动相比，舞蹈显得更复杂。但是，其全部奥义也在于确定中心。欣赏一位知道自己的净土在哪里的舞者的表演与欣赏一位只是无心地比画四肢的舞者的表演非常不同。这真是奇妙，我想这种情况的出现是源自东方老师的影响。

塔纳斯：有些方式和修炼看起来非常像昆达里尼苏醒（Kundalini Awakening），在修炼时人们沉浸在内心的净土中。然后内在的某些事物开始涌出，也许是一种极乐感很高的能量。这与印度人修炼了几千年的瑜伽非常相似。但是，现在我们以自己的方式达到了这种状态。

坎贝尔：昆达里尼瑜伽中存在一种超心理转化的可能性系统。三个层次中第一个层次是骨盆的脉轮，它代表了从黏性到生命，到性爱，到侵略性的常见转化。在心脏的层次，出现的是向着灵性意识的转化。这是童贞女得子的场所。它是莲花中心的象征，是男根—女阴的象征，是超越物质世界的新生命的象征。然后上层的脉轮将这些能量转化为灵性状态。

如果存在昆达里尼转化，那么它当然是类似的。这毫无疑问。

德雷森：在合气道传统和修炼中，我们会经历一些关键阶段：让你自己存在于此时此地，向它敞开，让它发生。这非常微妙，也非常困难。我认为习武的目的是为了放下担忧。活在当下会产生一种释放机制，使你在内心深处接纳自己。哇，就这样发生了。

布朗：例如想象跑赢和想象赛跑之间存在着差异。如果你不是为了赢而跑，但在跑的时候你看到自己赢了——想象跑赢时的情形，这种过程与你谈到的昆达里尼现象学有什么关系吗？

坎贝尔：这是将重点从这里转移到了那里，转移到了东方人所称的“气”。这种能量来自下层的中心，那是智慧鞘的中心，是身体意向、自然意向的鞘，你在那里、在你的表现形式中安顿下来，就像树的生长。赢得比赛体现了身体能量和力量的潜能。一旦你开始与其他力量发生联系，这里就会发生堵塞，你很快会迷失你的中心，失去能量。

布朗：我听你在讲学和研讨班中说过，做准备时的感觉就好像……

坎贝尔：就好像那是一场田径比赛。嗯，确实如此（大笑起来）。我告诉你两个小时的讲学就是一场田径比赛。

菲尔·柯西诺：说到田径，你是怎么和参加奥林匹克运动会的赛跑选手杰克逊·肖尔茨（Jackson Scholz）成为朋友的？

菲尔·柯西诺
《英雄之旅》副制片人。

坎贝尔：杰克逊·肖尔茨是一位杰出的短跑选手，有着稳定的跑步风格，专攻 100 米和 200 米短跑。在两次重大赛事中我和他住同一个房间。1925 年我代表纽约运动员俱乐部在旧金山参加美国运动员联合会锦标赛，肖尔茨是我的室友。前一年肖尔茨在巴黎奥运会上获得 200 米冠军，和其他几个运动员在世界各地参加比赛。他和我谈论的所有话题都与夏威夷有关。当时从纽约到旧金山要坐四天半火车，我和肖尔茨一路聊着夏威夷。我想为什么不脱离队伍，去夏威夷看看呢。他说：“走吧。”

就这样我第一次踏上夏威夷的土地。肖尔茨在夏威夷时结识了卡哈纳莫库（Kahanamoku）一家人。他帮了我一个大忙。他写信给当地人，让他们来接我。经过四天半的航行，船停在码头外的水面上，等着检疫人员完成检疫工作。我站在甲板上，感受着这个海岛的气息，其中有花香，还有其他各种气味。天哪，我被它迷住了。船驶入码头，夏威夷皇家乐队在那里演奏“阿罗哈”（Aloha）。人群上方飘动着一面三角旗，上面写着“阿罗哈，乔[①]·坎贝尔”。

1925年夏天，约瑟夫·坎贝尔（最下方）和朋友们在威基基海滩。在那里时，坎贝尔跟着“冲浪之父”，具有传奇色彩的杜克·卡哈纳莫库学会了冲浪

我想，好吧，我们在旧金山的比赛中大获全胜，这种接待方式也算恰当。拿着细长三角旗来迎接我的是个小伙子。我上了岸，见到了肖尔茨的朋友，他把我带到科特兰酒店。多年后我才知道这里距离珍的住所只有一个街区。那时她还是个小女孩，她上草裙舞课的地方就在我下榻的酒店里。

那年夏天我所做的事情就是等着前往威基基海滩的有轨电车，然后在杜克·卡哈纳莫库的冲浪板上度过一天。现在那块冲浪板被收藏在毕夏普博物馆（Bishop Museum）里。它是用寇阿相思树的木头制成的，它的高度相当于我向上伸手臂，手指能够够到的高度。我是一名田径运动员，所以甚至没法在水里推进冲浪板。那是戴维·卡哈纳莫库送给我的冲浪板，我用力把它拖下水，爬上冲浪板，游到波浪翻涌的地方，在这天剩

① 乔（Joe）是对约瑟夫（Joseph）的爱称，显示了当地人的亲切。——编者注

下的时间里我努力地尝试冲浪。

一个晴朗的日子，戴维划着冲浪板来到我身边对我说："你没有赶上浪。"我说："我没法让冲浪板前进。"他说："好吧，我来稍微推你一把。"于是戴维推了我一下，我学会了冲浪。我可以告诉你站在冲浪板上就像乘坐伊丽莎白二世女王号邮轮。那次冲浪的感觉妙极了。

1927 年，我去欧洲读研究生。下一届奥运会将于 1928 年在阿姆斯特丹举行，当时杰克逊·肖尔茨正在那里。刚读研时我和他一起在巴黎住了几个星期。在他参加完奥运会后，我们有了更多见面的机会。

过了几年回头看时，你会意识到某人在你的人生中发挥了出人意料的作用，这很有趣。我认为肖尔茨就是这样的人之一。有时只是小小的推动就促使你走上这条路，而非那条路。

从那之后我再也没有见到他。他是很优秀的人。

柯西诺：你曾说过，年轻时你想成为达·芬奇和道格拉斯·费尔班克斯（Douglas Fairbanks）的综合体。他们是继水牛比尔之后的偶像吗？

坎贝尔：当我还是个孩子时，道格拉斯·费尔班克斯是一位了不起的演员，他很英俊，做过一些异想天开的事情。在一次精彩的演出中，费尔班克斯饰演海盗，有人在追他，他爬上桅杆，那人也追上桅杆。然后他拿出刀，把刀插入船帆里，然后就这样顺着船帆一路滑下来。我永远忘不了这场戏！他是从哪里学会这招的？能做出这种事的人……

至于学术世界，我对细小的、专门化的研究不感兴趣。我认为这些研究会使你丧失人性。达·芬奇以令人惊叹的方式将一切转化为人类价值，对我来说，他代表了我的探寻和追求。

在预科学校读书时，我热爱生物学和数学，在达特茅斯学院上大一时也是如此。但在大一和大二之间的假期，有人送给我一本德米特里·梅列日科夫斯基（Dimitri Merejkowski）写的《达·芬奇传奇》（*The Romance of Leonardo da Vinci*）。这本书激发了我的兴趣。我的天，我发现自己对艺术、文化和文明一无所知。我了解美国印第安人，但不懂艺术和文明。我的整个世界随着那本书发生了改变。

柯西诺：你说过对凯尔特人的亚瑟王传奇的研究使你对自己的爱尔兰天主教背景有了新的理解，这是什么意思呢？

坎贝尔：亚瑟王的传奇源自凯尔特人的世界。它们将凯尔特英雄转变为中世纪的骑士。其中每一个骑士都具有凯尔特文化的背景。我确信这些故事之所以能引起我的共鸣源于我的文化背景。后来詹姆斯·乔伊斯的作品深深地吸引了我。你知道，奇幻世界中的精彩生活存在于亚瑟王传奇中，也存在于乔伊斯的作品中，也存在于我的生活中。

20岁的詹姆斯·乔伊斯在都柏林。1927年，坎贝尔在巴黎读到了乔伊斯突破性的小说《尤利西斯》，当时他的年龄和乔伊斯的年龄相仿（23岁），“他的问题正是我的问题。问题是当你成了教会体系的一部分时，你就在失去你的信仰。这一点儿都不好玩。”

柯西诺：你是否发现自己很认同斯蒂芬·迪达勒斯（Stephen Dedalus），也就是乔伊斯的书《一个青年艺术家的画像》（*A Portrait of the Artist as a Young Man*）所描绘的那个年轻、浪漫的反叛者，他生活在“沉默、放逐和狡黠”中。

坎贝尔：他的问题正是我的问题。问题是当你成了教会体系的一部分时，你就在失去你的信仰。这一点儿都不好玩。我在学习生物学时，这个问题开始出现。人类、动物和植物的生物进化与你在《创世记》中看到的完全没有关系。在那个时候我们被要求相信公元前一千年、两千年、三千年和四千年的愚蠢文献。你怎么能带着那样的观念度过一生？

无论如何我做不到。

然而这些观念已经被根植到头脑中。问题是如何克服它们，同时又不丧失象征物。乔伊斯帮助我解脱，我开始理解这些象征物的普遍意义和深奥的人性意义。这些象征物在逸事和历史中对意义的象征作用并没有体现在基督教传统中，而是体现在艺术领域，体现在涉及这些象征物的神话中。

你会说，乔伊斯因此让自己获得解脱，离开了错综复杂的爱尔兰政治和教会，前往巴黎。在那里他成了 20 世纪 20 年代以巴黎为代表的那场运动的重要成员之一，当时我也在巴黎。

印度教的《奥义书》拯救了我，在书中你会看到相同的神话，但它们得到了智慧的解释。也就是说，早在公元前 9 世纪，印度人已经意识到所有神祇都是心理力量的投射，他们就存在于你的内心，而非以某种神秘的方式存在于外部，他们真正所在的位置在这里（指着心的位置）。天哪，这让我彻底得到了解救。

布朗：你最初获得这个领悟是什么时候？

坎贝尔：1924 年，我大约 19 岁的时候。获得领悟的方式很有趣，当时我和家人乘船去欧洲旅行。我们通常乘坐比较慢的船，不是那种 5 天左右就能穿越海洋的大船，而是需要航行 10 天的船，因为乘坐“哈定总统号”这类一流轮船是很有趣的体验。

1924 年在从欧洲返回的航程中，有三个皮肤黝黑的年轻人坐在甲板的折叠帆布躺椅上，我注意到有一个年轻女士认识他们。我以前从来没有见过这样的人，因为当时从来没有人见过印度人。印度人都去了英国，从来不来美国。

1935 年，吉杜·克里希那穆提

碰巧其中一个人是吉杜·克里希那穆提，另外两位是他的兄弟尼提安南达（Nityananda）和秘书拉加歌帕（Rajagopal）。由此我开始对印度有了了解。介绍我认识他们的那位年轻女士给了我一本埃德温·阿诺德（Edwin Arnold）写的《亚洲之光》（*The Light of Asia*），书中描述了佛陀的一生。这本书使我获得启发，就像光一般不断照耀着我。

当我到欧洲学习文学、哲学、骑士文学，然后去德国开始学习梵语时，这些内容再次出现。但一切都始于我从这本关于佛陀的小书中获得的启发。

像这样的涉猎使得一切都改变了，真是不可思议。

更早的改变始于《达·芬奇传奇》。我的整个世界因那本书而发生了改变，后来这本关于佛陀的小书增加了另一个维度。

布朗：在欧洲的学习经历对你有怎样的影响？

坎贝尔：我先去的巴黎，后去的慕尼黑，在每个地方都待了一年，整个世界由此打开。那时是 20 世纪 20 年代末，差不多是 27 年、28 年、29 年那时候。你可能会有些吃惊（大笑）。我的意思是现在的美国人对世界上其他地方发生的事情很了解，你意识不到我年轻时的情况是怎样的。在巴黎时我发现了现代艺术。

我永远忘不了走进布洛涅森林那座宏伟的美术馆时的情形。那里有为“独立艺术家”或“不调和艺术家”修建的巨大展区。官方美术馆不会展示这些艺术家的作品。这些艺术家碰巧包括毕加索、马蒂斯（Matisse）、米罗（Miró）和布朗库西等人。

我还记得看布朗库西的《空中飞鸟》(*Bird in Flight*)第一次展出时的情形，雷蒙德·邓肯（Raymond Duncan）穿得像个德国人一样在周围走来走去。当时我是一个来自美国的乡巴佬，这个先锋的、玩世不恭的世界对我来说是全新的。就是在那里我开始接触艺术世界，它开始与我的生活发生关系。

坎贝尔：所有这些发现都是在巴黎大学读书时发生的。我曾走过笔直狭窄的学术道路。当时我住在斯塔尔街的一间小房子里，这条街通往蒙帕纳斯大道的另一端。从我住的小屋到巴黎大学必然会经过哪里？我会经过蒙帕纳斯大道和拉斯帕伊大道的交叉口，当时那里有圆顶餐厅和多摩咖啡馆等各种奇奇怪怪的地方。我刚从美国来到这里，我亲爱的朋友，之前我从来没有见过类似的东西。我们对现代艺术一无所知。此外，所有的书店里都会卖一本蓝色的大厚书《尤利西斯》。当时的美国没人读这本书，我不得不走私一本回美国。

1928年，约瑟夫·坎贝尔和他的妹妹艾丽斯在法国沙特尔，他把这个教区视为自己的灵性家园

1933年，罗马尼亚雕塑师康斯坦丁·布朗库西在工作室里给自己拍的照片，画家亨利·卢梭曾对布朗库西说："老兄，你把古代人变成现代人了。"

我走进一家书店问道："你们卖《尤利西斯》吗？"

"当然有，先生。"

当我翻到第三章时，看到书上写着"可视之物无可避免的形式：至少是对可视之物，通过我的眼睛可以认知。我在这里辨认的是各种事物的标记。"我想，天哪，这是什么？我已经获得了大学学位，但我看不懂他在说什么。

于是我来到奥德翁广场，那里有西尔薇娅·毕奇（Sylvia Beach）开的莎士比亚书店。作为一个年轻学者，我愤愤不平地走进去问道："这算哪门子写作？"毕奇告诉我这属于什么类型的写作，而且给我推荐了很多书。我的职业生涯因此而改变。

当把《尤利西斯》读过三四遍之后，你会有所领悟。这非常令人兴奋，因为书里的内容都是蛋白质，没有脂肪和碳水化合物。你获得的是一种纯粹的体验，一遍一遍地反复阅读能带给你愉悦。其他任何作者都未曾让我有过这样的体验。1927年我在巴黎买了这本书，从那之后一直在读它，每次读都是一件乐事。

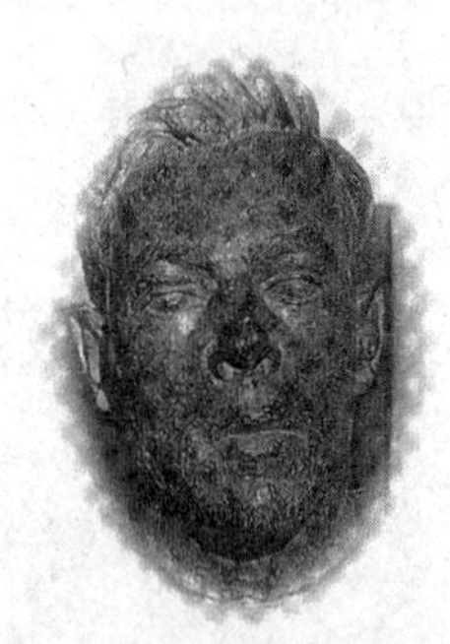

1927年，安吉拉·格雷戈里（Angela Gregory）为23岁的约瑟夫·坎贝尔塑的半身像

不久之后我结识了来自新奥尔良的年轻女雕塑家安吉拉·格雷戈里，她和安托万·布德尔（Antoine

Bourdelle）一起工作。你应该知道雕塑家是怎么回事。他们总是要求别人摆姿势，这样他们就可以进行雕塑了。因此她问我是否能坐下来，允许她为我塑个头像。

法国雕塑家安托万·布德尔在他重要的作品《拉弓的赫拉克勒斯》(Hercules)旁，布德尔认为艺术家通过运用原型对世界进行着再创造，他说："艺术的秘密是爱，艺术能描绘出大自然的壮观形态。"

“哦，当然可以。”我说。于是我来到他们的工作室，在那里见到了传奇的安托万·布德尔。那时他大约八十五六岁。我听他谈论艺术及艺术是什么。他的一句话打动了我，从那之后便成了我的指导原则：“艺术能描绘出大自然的壮观形态。”这也是神话的真谛。

> 艺术的秘密是爱……
>
> 艺术能描绘出大自然的壮观形态。
>
> 安托万·布德尔

就这样，我坐在巴黎大学里，钻研普罗旺斯语、古法语和凯尔特文化对亚瑟王传奇的影响。我想，天哪，我在这里学着这些东西，却一点都不知道怎么在餐馆里点一份像样的法国餐。这真令人尴尬。终于有一天在大学附近的克鲁尼花园里，一个念头突然闪过，它将我带出了笔直狭窄的学术道路，进入森林之中。我不知道自己要去哪里，但我知道那里有乔伊斯。

后来我从西尔薇娅·毕奇那里买了些《过渡》杂志（*transition*），其中刊登了《芬尼根的守灵夜》较早的版本，出现在标题“创作中的作品”的下方。从以下的比较中你可以看出版本之间的差别，《过渡》杂志上的版本的第一句是：“奔涌的河流将我们带回霍斯城堡（Howth Castle）和郊外”。多年后我买到的《芬尼根的守灵夜》的开篇是：“长河沉寂地流向前去，流过夏娃和亚当的教堂，从弯弯的河岸流进，流经大弧形的海湾，沿着宽敞的大道，把我们带回霍斯城堡和郊外。”这就是 20 年里乔伊斯发生的改变。

古法语在当时看起来非常枯燥乏味。这是一个转化和学习的世界，因为没有人比詹姆斯·乔伊斯更了解我试图寻找的东西。在我看来，把知识和信息转化为体验才是文学和艺术的功能。正是因为持有这个想法，所以我没有试图成为艺术家，而是设法在我研究的材料中找到相应的体验。当然乔伊斯对我帮助很大。

在我看来,《芬尼根的守灵夜》中的一句话概括了乔伊斯的全部观点。他说:“哦，主啊，你施加给我们成堆的苦难，但又让我们在劳苦中交织着欢笑。”这也是佛教中菩萨的智慧：苦中作乐，愉悦地参与世间的苦难。

约瑟夫·坎贝尔,《解读乔伊斯的艺术》(*Wings of Art*)

第二年（1928年）我去了慕尼黑。在那里我发现了当时美国人还不知道的事物：我发现了弗洛伊德、荣格、托马斯·曼，并开始学习梵文。从哥伦比亚大学出来，然后进入这个被我的一位教授称作“德国学术城堡”的地方，并开始接触梵文，是一件美妙的事，对我来说具有你们无法想象的唤醒作用。就是在那里，我发现了一直在研究的亚瑟王传奇、我自小就喜爱的凯尔特文化，以及具有相同主题的美洲印第安神话所构成的丰富世界中的深奥哲理。

当我还是个对印第安人很感兴趣的孩子时，当我在宾夕法尼亚州波克诺山美丽的丛林中时，我懂得了神话以及印第安传说的作用是让人类与大自然和谐一致。而艺术的作用是描绘出大自然的壮观形态。这就是我发现的一首宏大而壮丽的歌。

柯西诺：你在欧洲求学期间，语言学习发挥了什么样的作用？

坎贝尔：我很想谈一谈这些事情。我认为，我们的教育系统，至少是我上学时的教育系统很糟糕。我们花了很多时间学习法语和西班牙语，但从来不听不说。教你语言的老师也不会说这门语言！你在学习“我是，你是，这是，那是，它是，他们是，他是，她是”这类东西，但这根本不是运用语言。

从上幼儿园开始直到去欧洲求学前，我一直在学法语（但没有真正掌握这

1928 年，年轻的约瑟夫·坎贝尔，在巴黎大学求学时拍摄

门语言）。我来到巴黎的法国文化协会，花三个月里说法语、读法语，终于掌握了它。我从来没有学过德语，但当我得知欧洲所有真正的学问都在德国时，我写信给哥伦比亚大学，问他们是否能给我奖学金，让我第二年去德国。他们回复道："可以，去吧。"这样我又不得不去学习德语。三个月后我就可以阅读德文读物，用德语交谈了。当你完全沉浸在某种语言环境中，这种语言就融入了你的生命旋律里，你就学会了这门语言。从预科学校毕业时我就在想，上帝啊，我永远不想再学外语了。但当你更深地沉浸到语言世界中，就会感到欣喜若狂。每种语言都承载着它特有的完整体验。

不久前我遇到了一件有趣的事情，我的几本书被翻译成德文出版。其中一本非常受欢迎，是比较容易读的《指引生命的神话》（*Myths to Live By*）[①]。一个月前我读了这本书的德语版。天哪，那完全不是同一本书！《指引生命的神话》中的很多观点来自德文资料，因此它们应该很容易被还原为德文。但是，译成德文的书产生了一些不同的意义。德语是神秘的、诗一样的语言，英语则是实用性的语言。两种语言各具非常不同的维度。突然之间，我的书在表达着我曾经真正想表达的思想，而之前我没有意识到那是我想表达的。我反复读英文版的书和德文版的书，词汇的联系和含义令我激动。这个发现是我人生中一件重要的事情。德语如诗一般的壮美让我着迷，我爱德语。

我到法国去研究中世纪哲学、古法语、普罗旺斯语、亚瑟王传奇和游吟诗歌。天哪，一切事物在各个方向上延展。然后我在德国遇到梵文和德国学术思想那迷人的哲学背景，世界上没有什么能够与其相比。德国人最先发现了梵文作品中的哲学意义。150 年前歌德便已经开始研读梵文，浪漫派大约也在那个时期"投身其中"（这是他们现在的说法）。不过我们现在拥有的资料比那时的

---

① 这是坎贝尔的一部重要著作，他在书中剖析了科学对神话的影响，纵论人类的发展历史和东西方文化的邂逅和碰撞，探寻人们内心的回归旅程。该书已由湛庐文化策划，浙江人民出版社出版。——编者注

多得多。

在德国学习时，形而上学的部分使我深受启发。我一直在以西方学者的方式研究神话，特别是中世纪神话。那个时候，我接触到了歌德、托马斯·曼和荣格的作品，我突然意识到这些作品的神话维度不仅仅属于学术范畴。因此，我对这个国家怀有非常深厚的感情。

坎贝尔: 1936 年发生了一件非常有趣的事。托马斯·曼被邀请在纪念弗洛伊德 80 岁诞辰的聚会上发表演讲。当时有谁能想到一位艺术家能谈论除了他自己以外的其他人，反正我无法想象。这真是很好玩。

托马斯·曼开场便说，他不明白自己为什么会被邀请来做这个演讲，因为他是一个艺术家、作家，而不是科学家、精神分析师。然后他说，或许人们希望在这个夜晚纵情狂欢，颠覆庸常客体的人变成了主体的人，演讲不再基于实用科学，诸如此类。你们知道，在纵情狂欢时，一切都是颠倒的。奴隶命令他们的主人，小丑成为城市的法官，等等。总之一切都颠倒了。这是一个警告，说明曼的演讲会让人不太好接受。

我有幸见过曼三次，在其中一次会面中我们相处了很长一段时间。他是一个讲究形式的人，举止很合礼仪，但不会让你觉得不自在。就像十四行诗或日本茶道，你必须知道形式，掌握形式，才能应对自如。这是艺术的一个要点，没有一个艺术家是不通晓技艺的。

约瑟夫·坎贝尔，《神话 III：西方传统的形成》

这篇演讲后来以“弗洛伊德与未来”（Freud and the Future）为题发表了。它几乎与弗洛伊德毫无关系。曼一开始说弗洛伊德真正的成就是通过研究，把

19 世纪德国浪漫派哲学家的发现重新用医学词汇表达了一遍，尽管他并没有读过这些哲学家的作品。曼说弗洛伊德不知道叔本华，不知道尼采，也不知道克尔凯郭尔（Kierkegaard）。出于无知，他用自己的词汇复述了这一套观点。

然后他说，如果你不介意我谈一谈我自己，我会告诉你早在听说弗洛伊德之前，我就已经在我的作品中采用了这种模式。然后，他谈到了他早期的短篇小说《矮个子弗里德曼先生》（*Little Mr. Friedmann*）。这篇小说发表于 1896 年或 1897 年，比弗洛伊德的《梦的解析》还要早三四年。在这篇小说中，你确实可以看到大量弗洛伊德学派的信息，也可以说是用另一种语言表述的弗洛伊德学派的信息，而且持有完全不同的态度。

大约演讲进行到一半时，曼提到一个不该提的名字——荣格，以及荣格对他正在创作的作品，即小说《约瑟夫和他的兄弟们》四部曲具有怎样的启发作用。当时他刚刚完成第三部。

我无法想象在他发表这样的演讲时房间里会怎样的情况。现在我之所以提起此事，是因为这对于 20 世纪上半叶无意识研究的整体背景是一个很好的导入。对艺术来说，那是一个非常辉煌的时期。乔伊斯和曼彼此完全不认识对方，他们同时经历小说与写作的转变，从 19 世纪所谓的自然主义发展为在作品中突出心理特点，最后发展到神话中的突破。

20世纪50年代初，托马斯·曼

第一次世界大战爆发后（1914—1918 年），那些具有划时代意义的作品纷纷出版。乔伊斯的《尤利西斯》出版于 1922 年，曼的《魔山》（*The Magic Mountain*）出版于 1924 年。他们后期的伟大作品都不自觉地涉及了神话，比如曼的《约瑟夫和他的兄弟们》、乔伊斯的《芬尼根的守灵夜》。

乔伊斯与曼的对比很有意思。乔伊斯是爱尔兰天主教徒，托马斯·曼是德国新教徒。只要认真地对待宗教，你的生活就会与神话有着直接的关系。接下来的问题是将你在世界中的经历与这种神话基础联系起来，以你自小就接受的框架来看这个世界。

托马斯·曼的道路正好相反。我想说新教的特点之一是拒绝仪式，拒绝宗教中的神话解释和特征。因此，曼是逐渐承认神话的深刻及其奥义的。这花费了很长时间。乔伊斯在这方面具有优势，他从婴儿时就接受了神话的思维，是这方面的专家；而曼则是逐渐接受神话思维的。这使得他们成了特别有趣的一对。

坎贝尔：在《魔山》中，托马斯·曼会不断地解释他的神话含义。他提出一个观念，然后以这种或那种方式给你解释。乔伊斯的做法不是这样的，他“砰”地把观念直接提出来，让你自己慢慢琢磨。在我自己的阅读和思考中，总会发现这两个人以特别有趣的方式互相补充。他们对待艺术的态度也很有趣。

他们的背景意识都出自 19 世纪的德国哲学家。当然，瓦格纳（Wagner）在他们的成长过程中发挥着重要作用，两人都吸取了瓦格纳的一些主题。瓦格纳使用的音乐技巧之一是主旋律的技巧，也就是重复与某个意义主体相关的旋律。每次出现时，主体的全部意义会在新的关系中再次回归。对托马斯·曼来说，这是一种策略。任何读过曼的《布登勃洛克一家》（*Buddenbrooks*）或其早期短篇小说的人都会发现这种写作策略。当他提到一个人物时，总会提及之前对这个人物使用的一些形容词或对这个人物做出的一些评论。因此这些描述作为主旋律会反复出现。乔伊斯非常喜欢音乐，也会使用像反复出现的副歌那样的音乐技巧（他人生中的一大遗憾是没能在都柏林的歌唱比赛中获胜，当时的获胜者是约翰·麦科马克［John McCormack］）。

艺术家的诀窍是在呈现作品时不把它们孤立起来，不与读者有隔膜。在欣赏真正打动人的艺术作品时，你会惊叹“它说的就是我”。我就是这幅画递给我的光辉和能量。用纯粹实证的说法来说，这被称为参与，但又不只如此。它是认同。

在曼开始关注神话学后，他尝试依据《圣经》中隐含的与种族相关的基本观点来重新解读《创世记》。这是非常重要的工作，它是将犹太教与基督教共有的文化遗产转化为整个人类的文化遗产的唯一方法（而不是某个群体的文化遗产）。

你明白了吗？这是一个大工程。它是曼、荣格和乔伊斯为之努力的事情，所有致力于保存这些遗产中的积极价值的人也在为之努力，与此同时他们还在努力进入生命的全球化时期。此时，我们不会把自己孤立起来，不会说其他人都敬拜魔鬼。

现在我们必须来探究乔伊斯、曼和艺术家们是如何进行突破、呈现这个秘密的。一种方法是通过他们的文字韵律。这是诗歌需要面对的问题。诗人帮助你超越意象、超越文字，这样事物便能超越它们自己。这在很大程度上都与韵律有关。

我碰巧认识负责把曼一家带到这里的女士尤金·迈耶（Eugene Meyer）夫人。她是当时《华盛顿邮报》老板的妻子。当我发现汉斯·卡斯托尔普（Hans Castorp）的梦其实是重复了尼采《悲剧的诞生》的最后一段时，我问迈耶夫人，她是否注意到了这一点，曼是否跟她谈起过这个问题。她说：“下次见到托马斯时我会问问他。”大约三周后，我收到她的来信，信上写：“我问他了，他很震惊。他没有意识到自己写的和《悲剧的诞生》最后一段如此相似。”

这被认为是潜在记忆。大脑没有忘记什么，但你的注意力已经远离了那件你将忘记的事情，但它还在那里。如果你读一读《悲剧的诞生》的最后一段，也会感到震惊。

约瑟夫·坎贝尔，《神话 III：西方传统的形成》

这就是托马斯·曼的艺术秘密：他有绝对无情的眼睛，其精确的文字就像射出的箭能直指错误，而箭上涂抹的是爱的油膏。他将这称为“情色的讽刺”或“塑料的讽刺”。这就是托马斯·曼的艺术秘密。

正如莎士比亚所说，“艺术是大自然的镜子”，这就是艺术的功能。你也许会说，艺术是大自然的全息镜子，你在里面看到的是总体，而每个个体都反映了总体。这些就是艺术家处理人物的模式。

叔本华首先将东方的术语引入了康德的思想体系。19 世纪初，我们看到了这两种哲学的综合体。之后像曼和乔伊斯这样的作家便有可能吸收东方超然思想的全部精华，领会人格的虚幻面。人格是以时空的镜像为基础的幻觉，他们用纯粹的西方词汇表现了这种思想。

这种理念被称为心理形态学或精神形态学，它影响了上述作家的作品。叶芝的思考与写作中也存在相同的情况；叔本华则开启了对潜意识的描述；弗洛伊德随后将其转化为医学术语。

这是一个非常伟大的时期。

塔纳斯：这让我想起我最喜欢的一种说法，“对超越者透明化”。

坎贝尔：几年前我听说一位伟大的德国心理学家卡尔弗立德·格拉夫·杜尔克海姆（Karlfried Graf Dürckheim）在黑森林开设了一家中心，离弗赖堡不远。于是去年 9 月（1981 年），在离开德国 52 年后（真是一场赌博）我回到德国。我和这位 85 岁的老人愉快地相处了一个小时。他说生命的全部问题是变得“对超越者透明化”：这样你会意识到你是这种状态的表现形式。你在活出神话，活出内在的神圣生活。你自己是一种载体，是意识与生命的载体，不是最终表达。这就是我在那里获得的重要观点。

当“对超越者透明化”进入我的词汇表之后，它似乎成了唯一必要的词汇。现在我对神话的定义是：对超然具有透明性的隐喻。

杜尔克海姆是我的北极星。

塔纳斯：你能说一说“对超越者透明化”究竟是什么意思？

坎贝尔：神话开启了世界。这样，无法言喻和描述的事物，即所谓的超越者就透明了。

卡尔弗立德·格拉夫·杜尔克海姆，德国精神病学家兼作家，“他是我的北极星。”

如果隐喻把自己封闭起来并说：“我就是超越者，超越者指的就是我或这件事。”那么它已经终结了超越者，不再是神话，而是扭曲，是病态。

产生自亚原子粒子的宇宙能量和生命能量是有影响力的，正如科学告诉我们的。它们来来去去。它们来自哪里？往哪里去？是否存在这样一个地方？

存在的终极基础超越了定义，超越了我们的知识。当你开始探求终极性时，你其实在探求超越了所有思想类别、所有存在与非存在类别的事物。正如康德在《纯粹理性批判》中指出的，“真”和“假”会跟随我们的体验模式而改变。所有生命都必然通过时间与空间的审美形式走近我们，逻辑类别的逻辑形式被呈现出来，因此我们的思考处于框架之中。

但是超出之外的是什么？即使“超越”这个词也暗示着一种思维类别。因此超越者是实际的超越，超越了我们所有的认知。公元前 7 世纪的《奥义书》非常明确地写道，“那是语言和思想达不到的。”我们无法用语言来说出它的名称，那样做是对它的玷污。那就是超越的意思。神话意象总是指向超越，让你感觉好像这个秘密在载着你。在合气道或赛跑中，你驾驭着那个秘密。那就是体育运动的神秘论。驾驭着爱的神秘论是两者——它们其实是一体的，只是看起来是两个。这种体验是对真理的体验，是忽视空间与时间的直觉性体验。

叔本华写过一篇精彩的文章，他称之为“道德的基础”。他在文章中问道，人类怎么会如此在意另一个人的安危，以至于忘了自我保护，自发地对他施以援救？既然大自然最重要的法则是自我保护，那么该如何解释这种行为呢？

他的解答是这是超自然的冲动，它是比别人与我的分别更深刻的体验。你意识到你和其他人是一体的。在时间与空间界定的领域内，区分你我的体验会随着我们体验方式的改变而改变。这是神话所采用的领域，是作为基本参照的领域，它根本不是领域。当禅宗大师谈论这个层次的事情时，他们说：“是也不是。”他们对文字采取边说边擦去的方法。佛教所说的空并非空，而是丰盛、充实，是超越了二元对立的境界。

在正常生活的领域中，我们不必操心这些事情。但是当你真的面临抗争时，也就是出现人生重大危机时，你最好采取那种态度，否则你将无法渡过难关。

我的朋友海因里希·齐默尔常说，最好的事情都是无法言表的。这就是其中之一。次好的事情是误解，那是因为次好的事情用时间和空间的客体来指向超越者。人们总是从时间和空间的角度来解释它们，由此产生了误解。第三好的事情是对话。为了谈论最好的和其次好的事物，我们需要使用第三好的事物。

阿里恩：我想到了一个巴斯克人有关美人鱼的神话。有一条美人鱼，她只能在被太阳照亮的水域里游泳。渐渐地，太阳爱上了她。他伸出自己的舌头，也就是美丽的彩虹，把美人鱼拉向自己。当他们结合时，产生了七滴快乐的眼泪。然后他把美人鱼吐了出来，美人鱼变成了一颗巨大的流星。流星变得越来越大，最后变成了空中的月亮。

在暮色和曙光中，你既看不到太阳，也看不到月亮，因为他们又一次结合了。但是你可以看见他们的孩子，也就是星星。

坎贝尔：那是个爱情故事（笑声）。

阿里恩：那是超越。

坎贝尔：很美丽的神话，它来自什么地方？

阿里恩：西班牙巴斯克地区。

坎贝尔：巴斯克人的神话？他们是很奇妙的民族。像这样的短篇神话不是很美妙吗？我以前从来没有听过这个故事，但是一听就知道它是神话。你本来可能在其他三四种文化中听说过类似的神话，但你没有。它来自某个想象和象征中心，而不是来自刻意的虚构，这个中心具有神话的性质。它是用某种隐喻的方式来讲述一个美丽的人生真理。

听众：你谈到对超越性保持透明，但我认为问题是有些人并不把自己看成是透明的。他们认为自己是不透明的，那就是自我膨胀。这就是让他们感到困惑的地方，也是问题所在。

坎贝尔：我常常从别人那里获得启示，这就是一个很好的启示。是的，你的说法很可爱。“我不是那么透明。”这句话中“我”就是“谁”。印度教导师会教导你，只要你指称的“我”是现象的我，你就不能说真我（ā tman），即透明的自我。这样说是不虔诚的。

因此你会说犹太教和基督教是受欢迎的宗教。对于还没有准备好承认自己内在超越性的人来说犹太教和基督教是受欢迎的。如果对超越性打开大门，人们对它们的接受程度会降低。

布朗：心理学在当代神话中具有什么作用？神话对精神病医生或寻求治疗

的人有怎样的帮助？

坎贝尔： 心理学家对人类精神结构的发现与神话有着重要的关系。因为神话关系到将心理结构与当今世界客观生活的情况联系起来。这就给了你一条线索：神话是信号系统。神话意象不是事实，而是隐喻，它们指向超越性。它们利用生活中的事实与精神世界联系起来。你如何称呼这种双重关系？虚空？充实？丰盛？这些词语所指向的是超出我们思想之外的领域。它们提出了这样一个观点，我们现在所知的令人惊叹的宇宙和数十亿个星系都存在于虚空之上。

没有人知道那些微小的亚原子来自何方或去往何处，它们只是屏幕上的闪光点。生命同样来来去去，它们存在于因果关系中，是时空场里的灵魂。那就是我们的发现。

神话必然涉及当今的宇宙学，如果基于过时的宇宙学，那么它是无益的。这是我们众多问题中的一个。我看不出科学与宗教之间有任何冲突。宗教必须接纳当今的科学，将它渗透到宗教教义中。公元前 2 000 年的科学与公元 2 000 年的科学存在着冲突，那是我们从《圣经》中领悟到的，《圣经》源于苏美尔人的神话。

戴维·肯纳德： 完全没有神话的民族会发生什么？

坎贝尔： 那不是一个民族，而是毫不相干的人聚集在一起，甚至都算不上一种文明。

肯纳德： 如今是否有这样的民族？

坎贝尔： 我不是社会学家。我不了解最新发生的事情。我回答不了你的问题。

戴维·肯纳德

英国纪录片制片人，曾参与 BBC 纪录片《文明的纽带》《中华大地》制作，影片《英雄之旅》在伊莎兰的外景导演。

&

布朗：你认为弗洛伊德和荣格对潜意识的看法有什么不同？

坎贝尔：当弗洛伊德从荣格那里了解到神话与心理学之间存在关系时（你可以从他们已出版的信件中了解到这个情况），弗洛伊德开始站在心理学的立场上研究神话学。弗洛伊德理论中的潜意识就像一个废料篮子，里面装的是你无法忍受，不知道如何同化的被压抑的经历。因此对弗洛伊德来说，潜意识是你个人经历的函数，你看出来了吗？潜意识是你的经历的因变量，而且你甚至不知道自己有这些经历。我们没有相同的象征系统。

荣格理论中的潜意识则基于生物学观点。使身体充满活力的能量也是使梦充满活力的能量。但是我们的个人经历改变了这些梦。荣格把弗洛伊德理论中的潜意识称为个人无意识，本质上是传记性的，而不是生物性的。因此弗洛伊德是从以前经历的危机的角度来解释神话形式的总体，例如《图腾与禁忌》（*Totem and Taboo*）中的弑父。换言之，他用历史性的、传记性的事件来解释象征体系。

荣格认为那是心理的一个方面，但另一个方面是所有人都拥有的器官的能量，它驱使着我们，那就是我们所说的集体无意识，是每个人共享的潜意识。神话象征源自集体无意识的深度，而不是个人深度。当然每个神话都是面向历史情境的，它来自这个或那个民族，来自这个或那个省份，因此为了适应当地的情况会发生一些改变，而发生变化的是全体本我的深层能量。

&

坎贝尔：德国人类学家阿道夫·巴斯蒂安（Adolf Bastian）的重要观点对我影响很大。他大约在 1925 年辞世。这些源自集体无意识的共同主题被他称为基始观念（elementary ideas）。在具体的社会环境中这些观念会发生历史性的、地域性的改变。他将这些差异称为民族或民俗观念（folk ideas）。在你年幼的时候，民俗观念引导你进入社会，让你知道该如何生活。但是当生活抛弃你时，民俗观念会脱去外壳，露出基始观念，引导你回归。

在印度，艺术评论界认识到了意象的这两个方面。民俗观念必然关系到故事中的人和事，其中的时间和空间被称为“德西”（deśi），意思是当地的、大众的。另一方面，在表征神时，基本观念会被称为“玛加”（mārga），即道路。玛加源自词根“mrg”，意思是你所追踪的动物留下的足迹。你在努力追踪的动物就是你的精神自我。这就是神话意象中所暗示的道路。跟随动物的足迹，你会找到动物的巢穴。动物是什么？动物就是人类的精神和灵魂。它的家园在什么地方？在你的心里。因此跟随着基始观念，你会被引领到自己内心最深处的精神本源。

荣格问自己，他依照什么神话生活，发现自己回答不出来。于是他说，“我把找出我赖以生活的神话作为人生任务中任务。”

约瑟夫·坎贝尔，伊莎兰，1982

“德西”，即民俗观念，给你日常生活中的指引，而“玛加”，即基始观念，将你引向自己内在的生活。神话服务于这两个目的。

基始观念不会发生改变。它们来自哪里？来自灵魂。它的起源是人类的灵魂，即“玛加”。

关键是不要与它们失去联系。当另一种结构出现，因此与某种社会秩序和结构相关的民俗观念不再适用于那个结构时，我们的心理就会出现混乱。这是当今的问题之一。

如今的社会系统、社会理想和物质环境在快速地发生改变，以至于没有形成荟萃和结晶的机会。在我自己的一生中，伦理道德和对人们行为的预期都发生了惊人的改变。

Ꮭ

坎贝尔：当我还是个小男孩的时候，一天下午我叔叔来到我们位于98街和河滨大道交界处的家里，对我说："约瑟夫，我带你去看飞机，有一个人会驾飞机从奥尔巴尼飞到巴特里。"那是当时最长距离的飞行。格伦·柯蒂斯（Glenn Curtiss）曾驾驶一种飞行自行车沿哈德逊河而下。

我记得我们和很多人一起站在街边的建筑物上，当时太阳落山，正值黄昏，然后一架飞机飞过来了，每个人都在大叫："他在那儿，他在那儿！"

当时我还是个小男孩，就在我离开哥伦比亚大学，前往法国和德国求学的那年（1927年），林德伯格（Lindbergh）驾驶"圣路易斯精神号"飞越了大西洋。你可以在圣路易斯机场里看到那架飞机。[①]

现在人类已经登上了月球。我的天啊！这不仅是机械学方面的壮举，而且还使意识的概念、人类与宇宙关系的概念因此而发生了改变。

我们正处于巨大的变革之中。

Ꮭ

坎贝尔：很多年以前（1945年）我妻子和我有幸受到邀请，和荣格先生及夫人一起喝茶。荣格住在苏黎世郊外，一个被称为波林根的地方，那里位于苏黎世湖的远端。后来波林根基金会就因此而得名。

我们先在当地一家可爱的小旅馆里住下，观赏了这个地区的一些景区。到荣格家喝茶的那天，我们开着自己的车寻找波林根。我开了几公里，然后问路边的一个农夫："请问，波林根怎么走？"

"沿着这个方向走就是波林根。"

① 此处作者记忆有误，飞机现藏于史密森学会。——编者注

卡尔·荣格在自己瑞士古斯纳特的家的雕花门前，大门上方的石头上刻着伊拉斯谟（Erasmus）的拉丁文铭文："被召唤或不被召唤，神始终在那里。"

在这条路开了一会儿，我看到另一个农夫，问他说："请问，波林根怎么走？"

"沿着这个方向走就是波林根。"

就这样我最后终于到了波林根。那里有一条小路，我们掉头穿过那条小路，穿过铁轨。现在瑞士的火车既安静又快速，当我们刚穿过铁路时，一列火车从我们身后呼啸而过。我对珍说："我们闯过了撞岩，闯过了玻璃岩，现在终于到了圣地。"

我们开到荣格的小城堡所在的位置，这座石头城堡是他亲手建造的，是他在寻找自己的神话的过程中完成的部分作品。我们把车开到那里，下了车，开始走路。这条路被很多人走过，以至于路面破损低洼，比门低了很多，我不知道该怎么进去。

珍知道该怎么办，她最后找到了门铃，按响了它。我们进入城堡，问候荣格先生和夫人。我们在那里喝茶，他表现得更像一位亲切的主人，而不是“教授大人”。我们交流起来没什么困难，因为在此之前我已经编辑出版了海因里希·齐默尔的四部作品。齐默尔是荣格的朋友，荣格编辑出版过一本齐默尔的德语作品。因此，你可以说我们是海因里希·齐默尔的共同编辑。

当时我将要前往印度，因此荣格说：“既然你要去印度，那么让我们聊聊‘唵’的含义。”

我想，好吧……

他说：“我在非洲时，我们一群人去散步，结果迷路了。我们很快发现我们周围有一队年轻的武士，他们一条腿站着，手握长矛，鼻子上穿着东西。我们不知道他们是什么人。他们也不知道我们是什么人。没人能讲对方的语言。”

荣格说：“经过相当尴尬、令人烦恼的一段时间后，我们都坐下来。我们互相看着，当听到一种声音时，我们都放心了，觉得不会有事。我听到了什么声音？我听到‘唵，唵，唵’。”

他说：“两年后我和一群科学家到了印度。如果说我们很难对什么人产生敬畏感，那就是这群人了。”

“我们来到大吉岭，前往虎山。为此你不得不在黎明前就出发，乘坐交通工具上山。你不知道会看到什么，天还很黑。后来太阳出来了，白雪覆盖的喜马拉雅山峰闪耀出彩虹的颜色。我听到科学家们发出了什么声音？唵，唵，唵。”

然后荣格说：“唵是大自然与自己相和谐时发出的声音。”

我想，确实如此。于是我去了印度。我能说的就是，荣格是个很好相处的人。

阿里恩：你谈到关于青春的神话就是迈向世界的神话。但是如果你在年轻时的选择与你 35 岁时的选择不同，你会回到过去再选一次吗？你会坚持你最初的选择吗？你会转向探索内心世界吗？

坎贝尔：是否有一个适用于每个人的规则（笑声）？如果有，这个问题就很容易回答了。关键在于每个个体在中年或晚年，都会遇到非常个人的问题，这些问题与他一直在做的事情有关。他在这件事上投入有多深？他有任何其他兴趣吗？这些兴趣是什么？这些问题都是很个人的问题。

在荣格的人生中，有这样一个关键时刻，当时他刚完成了他的第一部著作《象征与转变》（*Symbols and Transformation*），弗洛伊德不认可这本书。这一定与书中描述的一个重度女精神病患者的想象有关。他开始意识到这个女病人的幻觉与基本的神话想象很相似。荣格说当他写完这本书时，他明白了有神话的生活和没神话的生活是什么意思。他问自己，他赖以生活的神话是什么，发现自己答不出来。于是他说："我把找出我赖以生活的神话作为人生任务中的任务。"

他是如何做的？他试着回想自己还是个小男孩的时候，什么游戏最让他着迷，以至于时间不知不觉地流逝。

如果你能找到那个点，你就能找到进行重建的起始点。回忆过去，找到让你真正着迷的事情。

于是荣格回想起童年时，他非常喜欢玩石头，用石头搭建村庄。然后他给自己买了一片地产，开始亲手修建这个苏黎世湖边、位于波林根的可爱小城堡。

现在每个人必须以自己的方式找到真正让自己着迷的事情。如果一个人拒绝去做这事情，他就不会找到。没人能替他做这件事。

你必须学会如何认识你自己的内心深处。

THE HERO'S

JOURNEY

JOSEPH
CAMPBELL ON
HIS LIFE
AND WORK

03

探索幻境

THE HERO'S
JOURNEY
JOSEPH
CAMPBELL ON
HIS LIFE
AND WORK

我们追寻的是什么？我们所追寻的，是我们每个人内在潜能的圆满实现。追寻它并不是一段满足自我之旅，而是将你给这个世界的礼物，也就是你自己，达成圆满的历险之旅。

约瑟夫·坎贝尔，《追随直觉之路》

（*Pathways to Bliss*）

1929 年 10 月，坎贝尔回到纽约的两周之后，发生了华尔街股灾。他找不到工作，也不愿意继续攻读哥伦比亚大学的博士项目，25 岁的约瑟夫·坎贝尔和妹妹艾丽斯、俄罗斯雕塑家亚历山大·阿契本科（Alexander Archipenko）的学生一起在朋友位于纽约伍德斯托克的小木屋里隐居。他在那里读书，尝试写小说。他称自己为“乳臭未干的年轻作家”。在接下来的几年里，他阅读了大量书籍，但写作并不成功（他的短篇小说集《神话想象》[*Mythic Imagination*] 在他去世后终于出版）。

1931 年，他开着福特家用 T 型车前往加州找工作，通过年轻的营养学家阿德尔·戴维斯（Adelle Davis）认识了约翰·斯坦贝克（John Steinbeck）和生物学家爱德·里克茨（Ed Ricketts）。爱德·里克茨重新点燃了他对神话学与生物学之间关系的兴趣。他和里克茨一起沿着内航道乘船来到西海岸的阿拉斯加州。里克茨在那里收集潮间带动物，坎贝尔和俄罗斯淘金者演奏俄式三弦琴。

1933 年，他接受了坎特伯雷预科学校老校长的邀请担任教师工作，但在学期末就辞职了，“回到大萧条中”。非常意外的是，他的一篇短篇小说卖出去了，这篇遗失多年的作品叫《严格的柏拉图式恋爱》。这篇小说让他获得了 300 美元的意外收获，他回到伍德斯托克又过了两年自我放逐的生活，深入研究在欧洲时激起他强烈兴趣的作家：乔伊斯、斯宾格勒（Spengler）、曼、弗洛伊德、荣格、弗雷泽（Frazer）和弗罗贝尼乌斯（Frobenius）。1934 年春天，莎拉·劳伦斯学院发出了一份工作邀请，他立即接受了。他在那里一待就是 38 年，教授比较文学和神话学，他的课非常受学生欢迎。

坎贝尔：我认为从欧洲回国后的那段时期是我学术和研究中最重要的一段时期。在华尔街股灾发生前的大约两周，我回到了美国。当时根本找不到工作。我回到哥伦比亚大学，准备继续攻读博士学位。我对他们说："整个世界已经开放了。"

"哦，不，"他们说，"你不要跟风，你待的地方和你去欧洲前没什么两样。"

然后我说："见鬼去吧。"

我爸爸的钱都亏了，我在学生时期常随爵士乐队演出，在那几年里攒了一些钱。在这些钱的支撑下，我隐退到树林小屋里。我来到伍德斯托克，大量地阅读，这样过了 5 年。没有工作，没有钱。后来我发现作为年轻人，如果没有沉浸在某件事中，也没有能力去支持这件事，你就不需要什么钱。

在大萧条期间我给自己制定了日程安排。在没有工作或没有人告诉你该做什么的时候，你要自己找到该做的事情。我把一天分成四个时段，每个时段四个小时。我会在其中三个时段中看书，另外一个时段自由活动。

我每天早上 8 点起床，9 点坐下来开始看书。那意味着我用起床后的第一个小时做早餐，整理房间。然后用第一个四小时时段中剩余的三个小时看书。

接下来用一个小时吃午饭，另外三个小时看书。接下来是可以选择的部分。通常情况我用三个小时看书，用一个小时外出吃饭，然后是三个小时的自由时间，再用一个小时收拾上床睡觉。所以我每天大概 12 点睡觉。

如果有人邀请我出去喝鸡尾酒或有其他类似的事情，我会把读书的时间安排在晚上，把娱乐安排在下午。

这个日程安排运转得很好。我每天都能有 9 个小时的阅读时间。这样的生活持续了 9 年。在那段时间里我读了很多书。在莎拉·劳伦斯学院工作时，我在开始写作之前依然会在周末保持这种日程安排。

我的方法是阅读自己想读的书，然后这本书会引出你想读的下一本书。我给我的很多学生提出这样的建议：当你发现一位作者特别吸引你时，你应该读他的所有作品，这样比东读一点西读一点的收获更大，理解也更深入。然后看影响这位作者或与他有关的其他作者的书，这样你会以系统的方式构建起你惊人的知识世界。大学和学校里教授的东西只是一些作家所写作品的取样器，它们会让你对叶芝十四行诗的出版日期比诗的内容更感兴趣。

在莎拉·劳伦斯学院女学生们的帮助下，我彻底改变了教授这些科目的学院派方法。

那是非常重要的经历，当时我有一点紧张。我记得那时我在自己抽屉的最上层放了一美元，我知道只要那一美元还在，我就不会饿死。那时发生了各种各样的事情。在去莎拉·劳伦斯学院教书前的那一年，我帮别人照顾一只狗。狗的主人在伍德斯托克建了一栋漂亮的小房子。那只狗叫弗里茨，个头很大，是警犬和杜宾犬的混种。我和弗里茨相处了一年，了解到很多有关狗的事情。这条狗爱上了路上的一只猫，我试图约束它的本能反应，不让它跑到猫那里去。当然，它总能想办法过去。

这是一种没有钱的生活方式。

塔纳斯： 我想听你说说没有博士学位有什么好处（笑声）。

坎贝尔：嗯，我并不是说没有博士学位是有好处的，而是说不去攻读博士学位是有好处的。因为当你的头脑正对新思想、新事物开放时，它们会让你进入学术的狭缝里，让某位有着自己的研究兴趣的教授监督你，即使他有过非常感兴趣的课题，那也是几十年前的课题了。现在他主要的兴趣在于你是否处理好了课题书中的脚注。你知道这很可怕。

因此我得出一条理论，在某些领域中拥有博士学位挺好，但在文化和人文科学领域，拥有博士学位是无能的表现（笑声）。

我是认真的。当你应该探索自己的思想，应该保持开放态度，应该对各种内容感到兴奋，但教授们会严格地抑制你。

20 世纪 60 年代的莎拉·劳伦斯学院，"创办这所女子学院的基本理念是女生不需要学习或不想学习男子学院的课程，这些针对男性的课程不适合女性学生。"

我还记得哥伦比亚大学有一位杰出教授，他叫雷蒙德·韦弗。他在 20 世纪 20 年代重新发现了梅尔维尔[①]的价值，重新编辑了他的作品。他没有博士

① 赫尔曼·梅尔维尔（Herman Melville），19 世纪美国最伟大的小说家、散文家和诗人之一。——编者注

学位。当我决定继续读博士时，他说："好吧，你要小心，因为读博会让你变得平庸。"当我正读博士时，有人邀请我去中西部的学校当老师。当我把这个消息告诉韦弗时，他说："如果读博没有让你变得平庸，那么这样一份工作会的。"

我始终牢记这位非常有教养、有文化的老师给予学习者的重要提示。

坎贝尔：于是我放弃了读博，因为导师们不想了解梵文，不想了解现代艺术，他们想了解的是凯尔特神话与亚瑟王传奇的关系。我已经结束了这方面的探究。

我记得完全没有人告诉我该读什么，于是我开始广泛涉猎。在那些年里我读了奥斯瓦尔德·斯宾格勒的《西方的没落》和莱奥·弗罗贝尼乌斯（Leo Frobenius）的杰作，看他们探讨历史形态，看他们的作品如何与荣格、弗洛伊德、曼和乔伊斯的作品殊途同归。后来我在加州发现了罗宾逊·杰弗斯（Robinson Jeffers）的作品。这些书带给我很多启发。我不必写论文，我不必写任何东西。我所要做的就是在有价值的句子下面划线、记笔记。这很有意思，我大约做了40年笔记，我有满满14抽屉笔记。现在我不再为他们烦恼了。我的阅读就这样开始了。

当你没有工作，自己进行阅读时，你会冒出一些复杂的心理问题，就像小男孩的内心一样复杂。我认为我不想有工作。当莎拉·劳伦斯学院给我发来工作邀请时，当我看到那些可爱的女学生时，我说，是的，我想工作啦。当我得到工作时，一件有趣的事发生了——我所有的心理问题都消失了。

布朗：你是否预感到自己将来会当老师？

坎贝尔：我心里想的是我很享受阅读和做我想做的事情，除了阅读带给我的更多想读的书之外，没有其他目标。我在欧洲的发现开始以一种现在我能理解的方式聚合在一起。我不认为我想要工作或其他这类东西。一天邮箱里出现了一封来自莎拉·劳伦斯学院的信，他们邀请我去工作。我在哥伦比亚大学读书时的劳伦斯（W. W. Lawrence）教授在三年前推荐了我，说我可能是合适的人选。

由于我平生从来没有挣过工资，所以当他们问我“坎贝尔先生，你对工资有什么要求”时，我说：“哦，我不知道。2 000 美元怎么样？”

当时学院的院长康斯坦斯·沃伦说：“我们的工资不会那么低。”他们付给我 2 200 美元。当听说如今刚踏出校门的毕业生对薪水的吓人要求时，我会觉得自己那个时候真的是很天真。

20 世纪 60 年代，坎贝尔教授在莎拉·劳伦斯学院教书，“那是什么，是《千面英雄》。这是什么，是我在莎拉·劳伦斯学院上的第一堂课。”

莎拉·劳伦斯学院的优点以及我接受这份工作的原因在于这所学院几年前才成立，是一所女子学院。因为这所学院刚成立，所以我不必去适应已有的狭缝，不会有人告诉你应该教这个或者应该教那个。创办这所女子学院的基本理念是女生不需要学习或不想学习男子学院的课程，这些针对男性的课程不适合女性学生。

因此学院的理念是我们的课程应该满足学生的兴趣。那是一个非常有趣的时期。很多学术人才从中欧来到美国，因为希特勒在中欧，因此学院的教师队伍非常优秀。学院必须有一些有经验的老师来配合学生的兴趣，能够带领学生走出他们自己的一时兴趣，进入人文科学的主流。我们就是那样做的。

很快富有创造力的艺术系建立了起来。在当时的男子大学里，如果你想学艺术，你学习的是艺术史。我们有工作室。玛莎・葛兰姆（Martha Graham）在莎拉・劳伦斯学院教授舞蹈。我想说的是我们的学校棒极了。来到莎拉・劳伦斯学院后，我可以把五年读书的收获教给学生们，而且知道这些内容能够满足年轻人的需要。这真是一种殊荣，莫大的殊荣。

我接受了这份工作，一干就是 38 年。工作对我来说变得越来越有益。我不得不缩减教学范围，只针对大四学生。我不得不挑选学生，因为我只能教一定数量的孩子——我们从来没有大班。因为我每 14 天要和我的每个学生面谈一次，所以教的学生数不能超过 20。我可以看得出这丰富了她们对学业的理解。

作为一个研究神话学的男性，我有我自己的兴趣。在莎拉・劳伦斯学院，我们不仅使课程符合学生的兴趣，而且也发现了这些兴趣是什么。在和每个学生 30 分钟到 45 分钟的面谈中，我逐渐了解到她们掌握了什么以及她们想学习什么。我不得不从女性的角度来思考教学内容。这个角度必须涉及以下问题：这些内容对生活有什么意义？它们对我有什么意义？我在意这个神话为什么发生在那里，而不是发生在这里？它对我有什么意义？

在教学的时候，我的学生几乎一半是基督徒，一半是犹太教徒，偶尔会有佛教徒、索罗亚斯德教教徒和信仰其他宗教的信徒。我最初的想法是让她们从她们自己的宗教中解脱出来。但是，很快我发现结果正相反。之前她们对宗教

20世纪50年代，坎贝尔博士（左）在一次教师会议上

的认识通常是“神在那里”，但突然之间宗教有了新的含义。我从40年前开始教书，现在我的学生都是孩子妈妈了。她们一次又一次地告诉我，这些启示的价值是什么。你没有失去你的宗教信仰，但是你现在能够看到宗教原始的含义了，这是被神职人员掩盖了的含义。

谈到我决定自己思想的方向，我必须把功劳给予我的学生。她们使我一直保持着正确的方向，使我的研究主题始终充满生命力。

我认为现在男女同校这种情况很糟糕。差异化对人类生活非常重要，男性和女性的差异被抹杀了。所有的差异都被抹杀了。现在甚至不允许有俱乐部。任何类似差异化的事物都会被称为“精英主义”，会受到批评。

但经过五年闭门读书，以及在接下来的38年里将这门充满活力的学科教给年轻女性，我通过自己的实践发现，差异化非常棒。

阿里恩：我在想经过这么多年的教学，你对女性有多少了解……

坎贝尔：虽然我教了她们38年，但我依然不能说我很了解她们。

阿里恩：这个世界上没有多少人只教女学生，而且教了38年。在我们的文化里有多少人能这么说？

坎贝尔：我学到的比我传授的更多，但不是关于女性。

阿里恩：那是关于什么？

坎贝尔：关于教学。学生的看法与我的看法非常不同。如果我的作品被广泛地认为是重要的、有益的，那也是因为那些年轻的女性。我知道这是一个巨大的优势。

布朗：是否有学生对你表示爱慕？

20 世纪 50 年代，学生们全神贯注地听着坎贝尔教授讲课，“我不得不从女性的角度来思考教学内容。这个角度必须涉及以下问题：这些内容对生活有什么意义？它们对我有什么意义？”

坎贝尔：我知道那种爱慕是什么，它与我、与她们无关，它只是正在发生的事情。一开始我总是称呼她们的姓，直到我开始觉得自己像一位祖父了，我才会称呼她们的名字。这样做可以保持冷静的态度。

我有四个像玛丽莲·梦露一样漂亮的女生，电影明星般的美丽，她们觉得没有人能打动她们的芳心。当她们走进办公室的时候，我必须把心思放在工作上，才能和她们得体地交谈。你知道你面对的是近乎神圣的事物。作为老师，那对你没有好处，而是诅咒。

布朗：约瑟夫，我知道你曾经的一个学生发誓说她爱你胜过爱其他任何男人，尽管她现在已经 40 多岁了，结过三次婚。

坎贝尔：嗯，她真好心。

布朗：她告诉我每次遇到非常合适的男性，她总会想到约瑟夫·坎贝尔。你对此怎么看？

坎贝尔：这是教女生所面临的一个挑战，我不能从各种学术的角度来教神话学，她们总希望教学内容与她们自己、与生活有关。我作品中的通俗性要归功于这些学生给予我的训练。她们真棒！

布朗：你怎么能确定她们获得了这些启示？

坎贝尔：我的朋友海因里希·齐默尔常常说："佛陀智慧广播电台随时都在广播，但你必须有接收设备。除非有接收设备，否则你无法获得启示。"佛教是教不了的，开悟也是教不了的。你只能传授获得它们的不同线索。如果一个人不愿意划他的独木舟，他就过不了河。

有些人就是接收不到电波，但他们可以听演讲。我记得奥斯卡·王尔德（Oscar Wilde）说过，如果一个美国人有机会在去天堂和听关于天堂的演讲之间做选择，他会选择听演讲。所以如果你感受不到天堂，那么可以听听关于天堂的演讲。或许那能拯救你。

人们说你可以把一个姑娘带到瓦萨学院[①]，但你不能让她勤于思考。他们没有这样说莎拉·劳伦斯学院。

贾玛克·亥瓦特：你在作品中提到你认为在非常早的时期，人类实际上长期处于做梦的状态。让我感到困惑的是，这种做梦的状态，即我们非常重视的艺术世界，在某种程度上被我们贬低为次要的，而你的作品就是要让我们重新认识到这种状态不是次要的，而是主要的。这才是有活力的东西。不正是它使得《伊利亚特》和《奥德赛》对如今的我们依然是可行的和重要的吗？象征物

贾玛克·亥瓦特

艺术及美洲印第安文化方面的作家兼演讲家。他的著述丰富，包括《原始心灵：美洲印第安人的幻象与现实》和《安派欧》。

① 美国纽约的一所文理学院，成立于1861年，建校之初是一所女校，也是著名的"七姐妹"（美国七所最负盛名的女校传统联盟）之一。——编者注

可能会不同，化身可能会不同，但那些史诗背后的推动力依然在我们心里。

坎贝尔：突破清醒的意识状态，进入梦的潜意识领域是仪式的基础性问题。

> 总之，民间故事和神话中“荒诞的、不合理的、非自然的”主题来源于梦和幻想，在梦的层面上，这些形象代表了个体梦境的全部心灵状态。然而通过阐明个人的曲解，并经由诗人、预言家和富有远见者的深化，这些形象开始象征人类与微观世界的精神规范。因此它们是来自意象语言的说法，表达了形而上学的、心理学的和社会学的真理。

约瑟夫·坎贝尔，对《格林童话全集》的评论

我想说仪式的主要功能是将个人引导向梦中意识的层面，这是富有成效的层面，正如《奥义书》中的解释，它是“唵”中的第二层次领域。这是完全不同的逻辑。在梦中你就是梦。

世界上最古老的、现在已经几乎灭绝的民族是南非的布希曼人，他们是平原上的猎人。俾格米人主要在丛林里进行采集。他们在晚上跳舞，男人跳舞，女人坐在圆圈中心拍手，引导着他们的舞蹈。男人一圈一圈地跳，舞姿僵硬，他们希望自己能失去控制，陷入恍惚的状态。这些人中总会有人出现精神崩溃，这被称为萨满的危机，此时人们会进入潜意识。在彻底发疯与失去平衡之间，他们处于濒临治疗的状态。

现在我们可以看到这些人的描述，描述他们在恍惚状态中经历了什么。那完全是神话。他们顺着太阳不时垂下的线绳、蜘蛛网或诸如此类的东西爬上天空，他们在那里遇到了某个人。这是源自内在体验的神话，之后它们变成了民族的神话。并非每个人都会陷入那种恍惚状态，但他们可以从进入这种状态的

1585—1590年，《飞行者》(The Flyer)，约翰·怀特(John White)的水彩画，选自《弗吉尼亚系列》(*Virginia series*)，英国

人那里获得关于自己内在的信息。

北方的西伯利亚人和南美洲的民族也有对这种通灵体验的描述。北方的民族和美洲的民族的相通之处是歌曲。每个萨满都有可以让自己进入恍惚状态的歌曲。有些逸事描述了他们在海岸上或在丛林中漫步时，第一次听到了这些歌曲。从那之后，他们一听到这首歌就会陷入恍惚。

在纪念旧金山精神病医生约瑟夫·汉德森（Joseph Henderson）的《纪念文集》中有一篇有趣的文章，题目是“来自埃尔科的萨满”。文章记述了住在西弗吉尼亚煤矿区的一位年近七旬的女性。她有一种可怕的感觉，觉得自己已经失去了生命，从来没有活过，有另一种生活存在，但她却从未那样活过。通过精神分析，医生发现她大约13岁时有一次走进森林，听见一种奇怪的乐调，一首奇怪的歌曲。在她的文化中没有能够帮助她应对这首歌的东西，她没有跟上那首歌。在接下来的一生中，她总觉得自己没有活过。有关萨满危机的一个要点是，如果没有跟上那首歌，人就会死，真的死掉。

1705年，西伯利亚通古斯民族的萨满，尼古拉斯·威尔森（Nicolas Wilsen）雕刻，荷兰

这是一个奇怪的心理现象。

斯坦尼斯拉夫·格罗夫（Stanislav Grof）： 在今天这个社会里，萨满经历的很多状态都会被贴上精神病的标签。很多人因体验到不同寻常的意识状态而开始做萨满，他们感觉进入了阴间，被攻击、被肢解，然后被重新组合在一起，上升到天界。如果你认为这些体验是精神病的症状，那么在我们的文化中，那些经历萨满转化的人通常不会被允许完成这种转化。

斯坦尼斯拉夫·格罗夫

马里兰精神病学研究中心精神病学研究前主任，伊莎兰学院的驻校学者，著有《超越死亡》和《超越大脑》。

亥瓦特： 在当今社会中，我们该如何运用这类距今遥远的知识？如何把它运用到我们的生活中？

坎贝尔： 我认为我们在年幼的时候就知道生命的意义，后来父亲说："不，你最好学法律，因为从事法律行业能赚钱。"

我没有开玩笑。我认为这与不允许萨满转化极其相似。日后你碰到这些人时，他们已经爬到了梯子的顶端，但发现梯子靠在错误的墙上，他们好像没有活过。

亥瓦特： 我们民族的人有不同的说法，但意思是一样的。他们说："不要害怕你将要变成的样子。"

坎贝尔： 确实如此。

贝特·安德烈森（Bette Andresen）： 你谈到追随你内心的极乐，或者在遭遇青春危机时追随内心的歌。如果这个人当时没有这样的勇气怎么办？是否可能面临中年危机？如果 35 岁时还没找对的方向，是不是太迟了？

贝特·安德烈森

北加州的一位摄影师兼治疗师。

坎贝尔:《福音书》认为救赎永远不嫌迟。她提出了一个很好的问题。

阿里恩：是的。她不仅给你提出了一个很好的问题，而且这个问题会引起很多遭遇相同危机的人的共鸣。

坎贝尔：正是如此。

安德烈森：几年前我认识很多遇到相同危机的人。他们需要有人肯定地告诉他们“追随你内心的极乐”。但是我记得在主日学校里老师告诉我们，如果道路坎坷艰难，你一路上遭受了很多痛苦，那说明你走在正确的道路上。

坎贝尔：那是错误的道路。

安德烈森：的确是错误的道路，我是说它令人痛苦。

坎贝尔：我从梵文中获得了一个观点，那就是超越性是卓越非凡的。有三个词与之类似：“sat-cit- ā nanda”，“sat”的意思是存在，“cit”的意思是意识，“ ā nanda”的意思是极乐。其中只有极乐是你能感觉到的。追随它，一切都会顺利。当你追随它时，可能所有问题都会迎刃而解，尽管你不这么认为。

安德烈森：我对此越来越深的体会，因为当我追随内心的极乐时，正如你所说，很多之前不存在的门为我打开。

坎贝尔：真的是这样，很多门为你打开。

安德烈森：很多人在刚过三十岁或三十五六岁遭遇的中年危机是不是就是他们终于意识到他们把梯子靠在了错误的墙上？这是否是最后的机会？

坎贝尔：我认为可能是这样，但中年危机就像其他人生后期的危机一样，会使人脱离一种生命系统，立即进入新的生命系统。因为如果脱离了这种系统，而没有新的意向，人就会彻底迷失方向。

我认为这是退休后面临的一个大问题。如今人们的退休年龄变得越来越早，这个问题变得愈发严重。你一直全身心投入其中的生活突然消失了，那会怎样？据说蓝领工人退休后的平均寿命大约为五年。那意味着他的身体在说："你已经不需要我做什么了，所以再见吧。"

在我看来，追随你的极乐意味着相信所谓的"受到神话启发的生活"。我有教授女学生的多年经验，有时我会亲眼看到某个人的觉醒。这是教学过程中非常美妙的时刻。5 年、10 年或 20 年后，你在校友聚会上再次见到那个人，你可以看出追随内心北极星的女生和过着典型婚姻生活的女生之间的差别。在典型的婚姻生活中，她是家庭主妇，做着与她最初想要的生活毫无关系的家务。当见到她们时，你就能看出这种差别——她们内在生命力的差别。有幸成为艺术家的女性或者进入需要想象力的工作领域的女性，我觉得是生活最自在的女性，不过这不是追随你的极乐的唯一方式。

阿里恩：这非常重要。很多人在不同的过渡时期，不能追随他们内心的歌。他们想追随，但社会压力改变了他们。

坎贝尔：社会压力是我们的敌人！我看到过它如何妨碍我们。如果一直做社会让你做的事情，你怎么能找到自己的道路？我在一所男子预科学校教过一年书，你知道吗，那是一群努力做出决定的孩子。有些孩子追随自己的热情和喜悦，过着正派、美好的生活。有些孩子做爸爸告诉他们应该做的事情，因为那样比较稳妥，结果他们发现那根本不稳妥。这简直是场灾难。

❧

坎贝尔：我脑海出现的情境是拳击场。有时你快撑不住了，真希望铃声响起来，但你会是那个失败者。获胜的人不会想让铃声响起。你是否有活力和力量去面对人生？生命索取的可能比你愿意给予的更多。然后你说："生命是一件本不该发生的事情。我不要打这场比试，我要好好想想，我要退出。"

面对人生有三种可能的态度。一种态度是迎战，坚持把比赛打完。第二种是坚决不参加。“我不想加入这场激战”，这是绝对的出局。第三种是善与恶的混合。“我站在善的一面，一边纠正一边接纳这个世界。希望世界是我喜欢的样子。这对我和我的朋友都有益。”面对人生只有这三种态度。

我小的时候，曾看到一只姬蜂在一条毛毛虫身体里产了卵，卵已经孵化了。幼虫在可怜的毛毛虫身体里吃它，而毛毛虫依然活着。

是的，人生就是这样的。

让自己站在生命的一边，而不是站在求稳妥的一边，你会精神爽快，精力充沛。当你在生活中求稳妥的想法都土崩瓦解了，你才会意识到生命是多么可怕，而你就是生命。这是希腊悲剧带给我们的狂喜。亚里士多德称之为净化（catharsis）。净化是一个仪式用语，即消除了自我视角：消除自我系统，消除理性的结构。摧毁它，让生命蓬勃地发展。人的本能砸烂了整个体系，你一直赖以生活的自我判断系统被净化了。

伴随着这种全息范式观点，新的意识理念开始出现。在意识中，我们所有人都是一体的。我们是包含总体的一体，潜在的无所不知者。然而大脑使我们只关注这里，这样我们便生活在特定的时间与空间中。大脑是局限者，它限制了我们的认知。在意识中，我们知道所有对我们有益的事实。当我们吸毒时大脑会发生什么？假设吸食了致幻剂或其他类似的药物，哇！或许那些局限会永远消失。

我们生活在此时此地，确定了特定的焦点，但为了成为像曼、乔伊斯、保罗·克利和毕加索那样的艺术家，我们需要了解其他焦点、其他可能性和整个总体的范围，你正处于深层问题的范围中。

如果这些艺术家不具备令生命震撼的深度，他们就不会终其一生地探究诸如此类的问题。这是艺术与生命的关系问题。

它是生命的杀手还是养育者？

它是养育者。

听众：如果你认可暴力，你是否有可能会对破坏者，而不是对受害者，产生认同？

坎贝尔：不，你必须认同两者。当在工作室里作画或伏案写作时，你应该既认同破坏者，也认同受害者。而当你走在大街上，看到有人抢劫时，你应该与之斗争。这是作为艺术家的立场与个人生活中的立场之间的差别。

这里我想到的隐喻是网球比赛。如果代表一方参加网球比赛，你一定要尽量打败对方，否则就不能称其为比赛。但是裁判不在乎你的输赢，你的另一种立场也应该是这样。这就是所谓的良好的运动员道德。你尽力取胜，但假设你输了呢？

有一句因纽特人的谚语是这样说的："在狗拉雪橇大赛中取胜固然很好，但输了也没关系。"其中包含着比赛的意义。人生就是一场比赛。你要么是胜利者，要么是失败者。如果失败了，你会认为那个胜利者是坏人。如果赢了，你会想："哦，我多么了不起！"这非常有趣，也非常愚蠢。我们痛恨纳粹，却自己向日本扔了两颗原子弹，扔在长崎的那颗把整个城市夷为平地。

格罗夫：我想引入一个有些不同的领域中的素材来进行探讨。我是精神病学家，我对不寻常的意识状态很感兴趣。例如服用致幻剂后，人们会看到很多几何图形和抽象的图形，它们可能很简单，可能是螺旋形或光幻视。这些图形也可能相当复杂，让人想到阿拉伯式花纹，想到清真寺或哥特式大教堂的图形元素。

从洛桑（Losang）[①] 那里我学到了最深刻的一课，即灌注了佛陀教义的生活意味着什么。

约瑟夫·坎贝尔，为《我的生命与生活》（*My Life and Lives*）所做的序

如果这种意识状态进一步深化，他们会开始体验到出生、濒死和死亡的一些要素，这与约瑟夫提到的某些土著民族的通过仪式的顺序相反。接下来是心灵中另一个广阔的区域，在这里人们似乎进入了神话王国。然而令人吃惊的不仅是这个神话王国会突然出现在心灵中，而且它具有跨文化的相似性。犹太教徒或基督徒在某一刻都有可能经历前哥伦布时期的神话情境。

坎贝尔：一些吃了致幻蘑菇的中美洲人曾告诉我，他们看到了类似阿兹特克人的神祇的形象。你听过这类事情吗？

亥瓦特：嗯，听说过。

坎贝尔：当然我没有亲自尝试过，所以不敢说会不会出现这样的幻觉。

亥瓦特：我听说过这类事情，但不知道其中有多少自我暗示的成分。

坎贝尔：我说的可是一个对此非常严肃认真的人，他就是致幻剂的合成者艾伯特·霍夫曼（Albert Hofmann），他对这个问题非常感兴趣。托尔特克人的神祇非常独特，因此这让我觉得难以置信。报告这件事的人在我看来至少可以算这个领域中颇有声望的权威者。我在尽力将这件事与你所说的联系起来——某种致幻剂会使人产生这类幻象，其他致幻剂则会引发其他类型的幻象。

例如惠考尔部族（Huichol）印第安人认为佩奥特仙人掌是一种很好的致幻物，而认为曼陀罗具有不良的致幻作用，两者是相反的。这一定是因为两种致幻物产生的幻象不同。

---

① 藏传佛教格鲁派的一位学者兼教师。——编者注

罗歇·吉耶曼：如果你研究致幻体验这类事物，就有必要留意一下绿茶。绿茶中含有咖啡因或类似咖啡因的分子。我们都知道咖啡因对某些人的功能会产生重大影响。这些酶具有让大脑变得兴奋的功能，这已经是众所周知的事实了。

罗歇·吉耶曼

诺贝尔奖得主，因其对大脑化学物质的研究得奖。

因此年轻日本人的聪敏是不是与喝茶有关呢？很难判断，但是我不认为牛奶或巴黎矿泉水具有这类刺激作用。

亥瓦特：我想说的是，正如坎贝尔所知道的，关于中美洲和南美洲神祇形象的讨论很多，这可能与它们文化中的药瘾倾向有关。

坎贝尔：哦，天哪，它们还真的有药瘾倾向。（笑声）

亥瓦特：是的，有些艺术可能正是从这些幻象中产生的。我怀疑我们是否真的可以把弗洛伊德的观点应用到艺术上，那就是艺术只不过是饮食失调或心理障碍的结果。

我认为艺术是根深蒂固的，即使在集中营里也存在艺术。艺术家在集中营里创作出音乐和歌剧。我们渐渐认为艺术是精英阶层休闲的产物。但是正如你所说，艺术似乎是固有的人类表达，与我们吃不吃曼陀罗没关系。这些药物就像致幻体验的润滑剂，我们所谈论的这些体验可能在药物的心理与生理影响之前就存在。

坎贝尔：哦，我认为是这样。事实上大多数艺术家没有服用药物。你可以从服用药物的艺术家的作品中，从因药物而产生的特殊艺术效果中看出他们用药了。英国文学界的柯勒律治（Coleridge）就是这样一个例子。他创作某种类型的作品，然后开始服用鸦片，曾经非常高产，后来才思枯竭了。

吉耶曼：兰波[①]似乎也是这样。

① 阿尔蒂尔·兰波（Arthur Rimbaud, 1854—1891），法国象征派诗人。——编者注

坎贝尔：完全相同。

吉耶曼：我们正在讨论的，或者应该说试图讨论和分析的，是后来被我们称为艺术的东西最早的表现形式是什么，它们甚至远远早于某些部落活动开始形成艺术的框架。我完全不反对以下纯粹经验主义的观点，一天原始人类吃的种子里混入了另一类种子，这激发他画出了新的图像，后来新图像成了当地文化的一部分。

一旦产生了新图像，后来发生的事情就不再需要触发机制了。因为它们将来自环境。

不过我认为艺术一开始是类似这样的偶然事件。

❧

坎贝尔：仪式活动的最早证据来自尼安德特人时期，大约是公元前 15 万年到公元前 5 万年间。这些证据涉及两类仪式。一个是葬礼。这是最早的仪式化安葬的证据，有祭品，有墓穴用具，这显然说明死亡开启了某些事情。问题是身体发生了什么。它到处走动，是温暖的。它躺下，变得冰冷。它去哪儿了？对身体死后去哪儿了的看法是神话思维最早的线索。

接下来的重要证据来自法国西南部和西班牙北部的克罗马农人。在那里有两类艺术。一类是造型艺术，以站立的女性裸体雕像为代表，雕像没有面部特征，也没有脚。它们被塑成站立的，事实上有些雕像站在小小的神龛里。这与家庭传说有关。这些雕像是女神，代表女性力量，与人们在家庭中的生活相关。

第二类仪式出现在巨大的洞穴里。你去过洞穴中吗？

没有人会住在里面，洞穴里非常冷，非常黑，也很危险。我记得当我们进入法国佩西莫尔（Pêche-Merle）洞穴时，给我们带路的管理人员关闭了电灯，周围伸手不见五指，你这辈子肯定没有待过比这里更黑的地方。你不知道自己面对着什么方向。你的大脑中一片空白。正是在这些洞穴中出现了动物的图形。你发现这些动物的排列是有秩序的。我们知道这些动物代表了某种力量。这些洞穴几乎肯定与男孩、男人的仪式有关。在仪式中，男孩变成男人，他们不仅学习如何捕猎动物，承诺对牺牲的动物做出补偿，而且学习如何做男人，而不是妈妈的小男孩。他们会经历艰难的时刻。

在比利牛斯山有一个叫作三兄弟（Les Trois-Frères）的洞穴，人要经过一条长长的狭道才能进入主洞室，狭道简直就像巨大的下水道，曼延 90 余米。你不得不像这样爬进去，但我做不到，因为我有幽闭恐惧症。我无法想象那是怎样的经历。不过赫伯特·库恩（Herbert Kühn）和其他几个人穿过了这条可怕的狭道。从狭道里出来，你会进入一个巨大的洞室，四面八方画着几百只动物。正对着你的是在跳舞的动物主宰者，被称为“三兄弟巫师”。他长着鹿角，猫头鹰的眼睛，狮子的身体。动物主宰者与食物、动物、死亡的秘密及参与这种生活秩序有关，这种生活秩序就是以生命为生，靠杀戮生活，用这种必要的做法来调和心灵。这些动物受到膜拜，有时甚至被认为拥有比人类更大的能力。

马格达林时期三兄弟洞穴中“跳舞的男巫”，法国阿列日省，旧石器时代

吉耶曼： 约瑟夫，你是否认为这是神话的起源，或者据我们所知，在那个时候人类第一次对神话特征有了一些意识？因为荣格派认为神话被编织在现实中，或者在某种意义上，神话先于现实，而不是源自人类的经历。

坎贝尔： 在哲学家的双脚离地之前，我会追随他们。（笑声）

我所谈到的是最初的证据。还有一点更早的证据，来自大约公元前 50 万年的直立人时期（早于智人，早于尼安德特人）的泰晤士河。那是一个非常长的手斧，它太大了，根本不适合使用，但具有对称的美感。

这就是罗宾逊·杰弗斯（Robinson Jeffers）所说的“具有神圣目的的奢侈的美”。这是最早的不实用的工具，它是一件非常美丽的石器。没有动物会制作这样的东西。由此我们只能猜测它是为了某种仪式而造，可能是与用动物献祭有关的仪式。

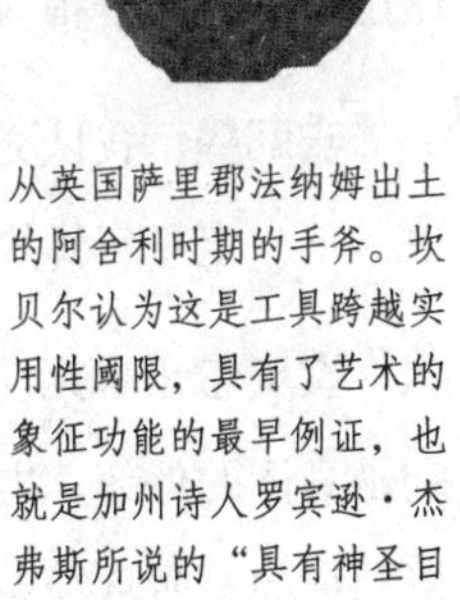

从英国萨里郡法纳姆出土的阿舍利时期的手斧。坎贝尔认为这是工具跨越实用性阈限，具有了艺术的象征功能的最早例证，也就是加州诗人罗宾逊·杰弗斯所说的“具有神圣目的的奢侈的美”

吉耶曼： 在现代科学中我们发现了你所谈到的艺术的重要性，也就是我们所说的人文科学的重要性。作为一名科学家，让我很难过的是，如今几乎没有人承认现代科学的推理具有非凡的美——我想使用的词正是“非凡的”。几乎没有人意识到科学推理的非凡的重要性，从科学推理中获得的喜悦不亚于从绘画、写诗或听音乐中获得的喜悦。它真的能给予你同样的欣快感。

科学推理和科学创造像艺术创造一样值得称颂。我希望在历史记载中至少能留下这个观点。

布朗： 一天晚上罗杰给我打电话，邀请我去他位于索尔克研究所（Salk

Institute）的实验室。对我来说，这就像听萨瑟兰[①]、卡拉斯[②]或其他歌唱家的独唱。你描述你做的事情，对我来说这和听歌剧没什么两样。这是一种美丽的艺术形式。

吉耶曼：很高兴听你这么说。

❧

肯纳德：科学能发展出它自己的神话吗？能像过去的神话那样，在各个时期给予我们有力的支持吗？

吉耶曼：这是一个有趣的问题，对此我想提到一个词：预测。科学能够进行预测。神话能做出预测吗？

坎贝尔：我认为能。神话可以对有机过程的形态进行直觉预测，可以预测到你会变老，预测出你将死去。

吉耶曼：这不公平！（笑声）这不公平！

亥瓦特：陀思妥耶夫斯基（Dostoyevsky）发现了潜意识，对吗？艺术家做出预测的例子很多。立体派所表现的不正是当代物理学的主题吗？

吉耶曼：我认为他们讨论的观点是，我们在观察一个物体时可以有很多方法，不一定只有像用照相机照出来般，使用实证方法。

坎贝尔：早期庙宇的典型结构就像人的身体。典型的庙宇是身体的庙宇：它是身体的外部，内部几乎什么都没有。对美洲印第安人来说，身体形式应该得到称颂，而且经典的宇宙观认为宇宙根本不是一个，而是多个，就像贾玛克所说。

---

① 琼·萨瑟兰（Joan Sutherland, 1926—2010），澳大利亚女高音歌唱家。——编者注

② 玛丽亚·卡拉斯（Maria Callas, 1923—1977），著名美籍希腊女高音歌唱家。——编者注

希腊和罗马的科学从来没有超出身体的范围。原子是小弹珠，最高级的艺术形式就是站立的裸体，达到鼎盛的帝国会被看成是一个身体。斯宾格勒用哥特式大教堂的动力学和我们文化中的能量原则来探究这个主题。如今原子是一种能量，飞入外太空是一种和谐一致的形式，其中艺术是一种表达（不是预测，只是一种表达），科学是另一种表达，全部属于意识的单侧结构。

但是如果像塞尚所说，艺术是与大自然相和谐的对应物，那么探索大自然所带来的兴奋和精神收获应该像从事艺术一样多。我的意思是它们其实属于相同的领域。当一个人内心的极乐是科学时，就像很多年轻男孩的情况，那就追随它吧。我记得在读预科学校时，生物学很吸引我，现在我认为神话是生物学的因变量，表达了身体和器官的冲突系统。神话不是由头脑产生的，头脑创造的是小说，神话来自心灵。它们是完全不同的事物。

我赞同你对科学的说法。我认为将科学与艺术完全割裂开是当代文学评论的灾难之一。

格罗夫：科学触及艺术的领域还有很多。例如，构建科学假设时，比如进化的观点，你需要利用神话的形式。科学上许多重大的发现其实是在科学家进行了大量观察、收集和分析，一时又找不到解答之后，在梦一样的状态中，在幻想的状态中做出的。解答出现在梦中，出现在早晨散步时，或出现在生病、发烧时，这时所有理性形式被搁置，神话形式破壳而出。

阿里恩：科学中的预测可能就是神话中的神谕。

吉耶曼：从统计上看，神话的预测能力如何？神话预测的事情会真的发生吗？

亥瓦特：你能用婚礼蛋糕搭建摩天大楼吗？（笑声）这和你问的问题是同类问题。

吉耶曼： 答案是肯定不能。

亥瓦特： 这个问题与神话的整个基础毫无关系。你提出的实证问题是非常正当的，但神话服务于不可言喻、高深莫测的事物，你不能从科学角度来处理它们。如果能用实证的或实用的方式来探究我们所有的体验，那么我们就没必要进行这些讨论了。

❧

坎贝尔： 我有一个观点。我对太空探索很感兴趣，从一开始它就深深地吸引着我。

有一次太空飞行给我留下了深刻印象，我不记得那是第几次太空飞行了，只记得那比阿姆斯特朗登月要早，当宇航员从飞船上下来时，休斯敦的控制中心问："现在谁在驾驶？"

得到的回答是："牛顿。"

这个回答让我惊呆了。我立即想到了康德的《形而上学导论》，他在书中问道："我们怎么能毫无疑问地确定，在这种状态中对关系做出的陈述在那种状态中也会适用？"

在宇航员与控制中心一问一答的时候，我们的这种能力得到了证明。在看到阿姆斯特朗登上月球之前，我们不知道他的脚能踩入月球表面的土里多深。那是后验知识，是事实发生后才能知道的事情。但是科学家知道为了让航天舱落到太平洋中距离回收船 1600 米的范围内，以特定的方式倾斜飞船需要耗费多少能量。

这看起来真了不起。太空的定律是我们在头脑中推导出来的，它也适用于外太空。

因此从某种意义上说，我们是太空的孩子，是来自太空的产物之一，也就是围绕太阳旋转的地球。我们来自地球，我们就是地球，我们是地球的眼睛、耳朵及其他。这包含着非常重要的领悟。

现在说一说我所了解的有关太空的另一件事。大约一年半之前，我和宇航员拉塞尔·施威卡特（Russell Schweickart）一起站在平台上。他告诉我有一次他被委派执行太空舱外的任务，也就是太空舱在太空中飞行时来到舱外。他穿着宇航服，宇航服通过脐带式管缆与太空舱相连，他打算拍些照片或其他诸如此类的事情。同时他的搭档在太空舱里工作。但这时太空舱里出了些问题，这样他有五分钟无事可做的时间。

现在宇航员在舱外通常被安排了很多工作，因此他们可能没有机会获得拉塞尔·施威卡特当时的感受。他独自一人待在太空中，以每小时27000多千米的速度运行。那里完全没有声音，没有一丝风。地球就在他的上方，月亮就在他的旁边。

现在花一分钟想象一下拉塞尔·施威卡特当时的感受。

他说："我禁不住问自己，我做过什么，使我配获得这样的体验？"

那就像奥德修斯听到了塞壬的歌声。你知道这种体验与他应该采取的切实行动是相冲突的。他不得不收拾心情，返回太空舱，继续工作。两个世界之间的差异非常巨大。

拉塞尔·施威卡特的太空漫步，他说："我禁不住问自己，我做过什么，使我配获得这样的体验？"

THE HERO'S

JOURNEY

JOSEPH
CAMPBELL ON
HIS LIFE
AND WORK

04

遇到女神

THE HERO'S
JOURNEY
JOSEPH
CAMPBELL ON
HIS LIFE
AND WORK

在神话学的图像语言中，女性代表所能知道的事情的全部。英雄就是逐渐知道这些事情的人。在他获得启示的缓慢过程中（也就是生命过程），对他来说女神的形式会经历一系列改变：她永远不能比他更伟大，尽管她所能预示的总会比他所能理解的更多。

约瑟夫·坎贝尔，《千面英雄》

珍·厄尔德曼是约瑟夫·坎贝尔的早期学生之一，她跟着玛莎·葛兰姆学习舞蹈。她在莎拉·劳伦斯学院前卫的教学计划这样的有利条件下，选修了坎贝尔的美学私教课程。坎贝尔后来回忆道："显然我被迷住了。"

当珍要离开学院，和家人进行一年左右的环球旅行时，这位被迷得神魂颠倒的教授送给她一本斯宾格勒的《西方的没落》，让她在旅途中读，并让她保证回来后去找他，至少是为了探究这本书的含义。这个浪漫的计策起了作用。1938 年珍旅行回来后不久，他们便结婚了。在接下来的 50 年里，他们并肩工作，充满活力地追求各自的事业：每天晚上坎贝尔把当天的写作读给她听，珍则会征求坎贝尔对她的现代舞的建议。1972 年纽约大开眼界剧场的成立将他们的合作推向了最高峰。

1941 年坎贝尔的另一个学生休·戴维森·洛（Sue Davidson Lowe）把他引荐给了纽约市罗摩克里希那·维韦卡南达中心（Ramakrishna Vivekananda Center）的指导人尼基兰南达上师（Swami Nikhilananda）。在接下来的几年里，坎贝尔与尼基兰南达上师合作，将《奥义书》和《罗摩克里希纳福音书》（*The Gospel of Sri Ramakrishna*）翻译成英文。《罗摩克里希纳福音书》是 19 世纪的密教经典。1954 年，编辑完四卷海因里希·齐默尔关于印度艺术与哲学的讲学文稿后，坎贝尔在印度游历了六个月，研究各个圣地，尼基兰南达上师和印度学者阿尔佛雷德·萨蒙尼（Alfred Salmony）做他的向导。在此期间，厄尔德曼在举办个人舞蹈表演会。

1946 年，珍·厄尔德曼和约瑟夫·坎贝尔在去火奴鲁鲁的途中

布朗：珍，你能否说一说你的个人艺术和舞蹈如何结合在一起的吗？特别是夏威夷对你的影响。

珍·厄尔德曼：嗯，我是夏威夷人，我在那里出生。我是我们家里在夏威夷出生的第三代人。回到这里真好，所有童年记忆像洪水一样涌了出来。我从没想过我们会搬回到这里，从没想过约瑟夫想搬到夏威夷来，但现在我们在这儿了。约瑟夫总取笑我说，我外部的灵魂在这里，在莫库莱亚。我想确实是这样。

我从小开始跳舞，这里的人都是如此，我们都会跳草裙舞，常常在学校里跳。我们还会伊莎多拉·邓肯（Isadora Duncan）风格的舞蹈。正如你所知道的，邓肯的舞蹈源自对古希腊人的模仿，因此它的基础是自然的身体动作。

1936 年，珍·厄尔德曼摆出优雅的“半月形”姿势，这种舞姿受到了玛莎·葛兰姆的启发

这两种舞蹈都是光脚跳的。当到了纽约，接触到现代舞和玛莎·葛兰姆时，我发现她也是光脚跳舞，所以我一直是个光脚舞蹈者。就我的舞蹈根源来说，世界是相当和谐的。当然玛莎·葛兰姆的舞蹈风格与我的背景差异很大。但是这种差异最终有助于我找到自己的风格。

珍之于舞蹈，犹如维瓦尔第[①]之于音乐。

艾伦·瓦特，《走我自己的路》（*In My Own Way*）

我发现自己在思考舞蹈到底是什么。我研究过很多不同风格的舞蹈，比如传统风格、西班牙舞蹈、芭蕾舞。我花了整整一个夏天做这些研究。那是第二次世界大战接近尾声时，我和约瑟夫在楠塔基特岛度过的那个夏天。没有人敢去那里，因为人们害怕会受到德国潜艇的攻击。这样我们自由地享用玫瑰花丛中的美丽房子。约瑟夫在写《千面英雄》的第五稿，我则在思考舞蹈究竟是什

① 安东尼奥·维瓦尔第（Antonio Vivaldi, 1678—1741），巴洛克时期音乐启蒙者，首创小提琴协奏体裁。——编者注

么艺术。我比较了各种传统风格，试图探究西班牙舞蹈中为什么选择某个动作，这个动作以某种方式表达了特定的情感，表达了他们的文化。芭蕾和其他舞蹈也是如此。因此我意识到舞蹈动作的选择是舞蹈表现力和舞蹈艺术的关键。

当我自己开始设计舞蹈动作时，我就是那样做的。我工作时要求绝对安静，因为只有这样才能从动态的节奏中听到和发现身体动作的本质表现力。我最初编的舞蹈中包含某种形象，它基于古希腊神话中美杜莎的形象而生，我现在还在运用它，而且把它教给了其他舞者。

约瑟夫告诉我，美杜莎一开始是神庙里一位漂亮的女祭司。她只专注于一个方向，所以看不到其他方向。她只能从一侧移动到另一侧，没办法做绕圈的运动。真正吸引她的是“看见”这个概念——了解她是怎样一位女神。后来通过面对镜子中的影像她找到了解答，在经过很多次移动后，她不再那么困惑了。在找到中心之前，始终存在一对对立面。处于中心位置时，人就可以自由地移动了。

布朗：约瑟夫对你的工作有多大影响？回想一下他看着你跳舞，你听他谈话的时刻。

厄尔德曼：编舞是很奇妙的，因为我会经历情感的发展，生命中那些转变的时刻。我习惯于把它们称为“房间”，也就是存在的状态。后来约瑟夫给它们取了名字，他把一个舞蹈命名为“美杜莎”，而我已经从有机生命的角度给它起了名字。编舞的主要任务是挑选出能够表现这些存在状态的差异的动作。每个舞蹈需要有它自己的词汇表。你编的每个舞蹈都像是重新创造宇宙。你创造出时间、空间的体验，创造出动态力量、流动与控制的体验。每个独立的片段会以独立的方式运用那种能量和能量的过程。编舞给予了我非常奇妙美好的时光。

布朗：离开玛莎·葛兰姆的舞团之后，你是如何发展自己的舞蹈事业的？

厄尔德曼：无论是为舞团编舞还是设计独舞，对我来说都是非常美好的时光，我在世界各地表演我自己编的独舞。在纽约我继续在舞团里跳舞，直到我从詹姆斯·乔伊斯的小说《芬尼根的守灵夜》的女主人公安娜·普拉贝尔（Anna Livia Plurabelle）那里获得启发。

1962 年，珍·厄尔德曼在外百老汇戏剧《六座位的四轮马车》（*The Coach with the Six Insides*）中的表演

正如你知道的，我们结婚时，我的丈夫一直在研读《芬尼根的守灵夜》。我发誓永远不会读那本书！因为他一手抱着我，一手抱着《芬尼根的守灵夜》，他在这本书上花的时间和与我相处的时间一样多。过了一些年后我才接受了这个事实。时间让人变得成熟，不是吗？

于是我产生了塑造安娜·普拉贝尔的想法，我发现为了全方位地塑造她（她似乎体现了所有类型的女性特点），我需要使用詹姆斯·乔伊斯的语言。那意味着我需要一些演员，他们至少能演绎莎士比亚的戏剧。我们一起进行创作的时光太棒了。约瑟夫来到我的工作室，朗读过两次《芬尼根的守灵夜》。我们邀请纽约附近别人推荐给我的所有演员来听他的朗读，看他们是否愿意加入这个工作室。

那是 1961 年的事情了。当时还没有人想到用舞蹈来演绎故事，我甚至不知道自己所做的事情不同寻常。1962 年我们很幸运地受到邀请演出外百老汇戏剧[①]，在整整一季演出结束并获得一些奖项后，我们前往意大利斯波莱托、爱尔兰、日本以及美国和加拿大的各地展开巡演。

在意大利、法国和日本，我们发现由于我们的戏剧是用动作表现剧情的，所以每个国家的观众认为我们使他们联想到他们自己的动作剧，他们自己的整体戏剧，比如日本的歌舞伎、意大利的喜剧和法国的滑稽剧，等等。由于我们的戏剧以《芬尼根的守灵夜》为蓝本，因此它的语言在每个地方都获得了高度理解。这使得我们的演出成了整体戏剧，这是几乎被我遗忘的一个心愿：真正的戏剧，我认为最令人激动的戏剧应该包含所有的表演艺术。

布朗：怎么想到了创立大开眼界剧团？

厄尔德曼：大开眼界剧团是约瑟夫·坎贝尔的研讨班和我的整体戏剧创作的结合。这个剧团已经运作了十四五年。我创作了关于居住在塔希提岛的保罗·高更的戏剧，还创作了关于火山女神佩莱（Pele）的戏剧。我在高更的剧中运用了我的波希米亚背景，而佩莱的剧源于夏威夷神话，我们把那出剧命名为“闪光的房子”。现在我在根据一则希腊神话进行创作，新剧有可能在希腊的雅典节（Athens Festival）上演出。

*

罗伯特·科克雷尔（Robert Cockrell）：约瑟夫，你能否把婚姻作为一个神话事件来谈一谈？

罗伯特·科克雷尔

《英雄之旅》副制片人，也是位内科医生。

坎贝尔：我对婚姻的看法是，如果婚姻在你的生活中不是最重要的，那就不要结婚。婚姻是一个非常重要的决定，因为它要求你在两个人的关系中完全顺从。我曾告诉那些对此感到担

① 外百老汇戏剧（off-Broadway），与百老汇的商业剧演出相对立，常在开支低廉的小剧场（可容纳 100 ~ 499 名观众的场地）中演出，它风格较自由，想象力也较丰富。——编者注

忧的人，不要认为你在为对方做出牺牲，其实你在为你们的关系做出牺牲。婚姻关系就是具有牺牲性，如果夫妻俩都能从双方关系出发，那么你们就会合二为一。这很像阴和阳（如果你坚持做“阴”或者坚持做“阳”，把它们看成是独立的单元，那么你就不适合结婚）。结婚之后，你生活中的所有事情都要从双方的关系出发。当任何时候你在判断行为和做决定时都能考虑到双方的关系，那么你就可以结婚了。

婚姻有两个阶段。第一个阶段被称为生物婚姻——它会带来子女。我把第二个阶段称为神秘的婚姻或炼金术式的婚姻。很多家庭并没有发展到第二个阶段。我从一个又一个朋友那里听到令人震惊的消息，他们已经生儿育女，他们的婚姻看上去幸福美满，但后来他们会对你说：“哦，我们已经分了。”

如果你们很和谐，认同感会非常成熟。它就在那里，它是一种现实。人们认为这就是婚姻的真谛，那就是婚姻的真谛。其实婚姻的真谛就是婚姻，那意味着成为一体。

阿里恩：有没有不是心理投射的浪漫或爱情？或者我们的恋爱对象是否只是理想形象的投射？

坎贝尔：在观察周围人时，我真的发现浪漫的爱情就是这种理想：“阿尼玛”（*anima*）。阿尼玛是你内心的理想形象，你把它投射到外部不同的人身上，与之结合。很快你会识破这种投射。接下来会发生什么？

安德烈森：是否有持久的伟人爱情？

劳伦斯·法夫罗（Lawrence Favrot）：这是个很好的问题。例如当你阅读荣格的作品时，有时会觉得根本不存在真正的浪漫爱情，因为一切在他的理论中都是

劳伦斯·法夫罗

加州圣迭戈夏普纪念医院预防医疗计划负责人，心脏科副主任。

阿玛尼和阿尼姆斯（animus）[①] 的投射。我怀疑……

坎贝尔： 婚姻的严峻考验就在于使这种投射消失，接受现实。当这样做了，你就会拥有长长久久的丰富的爱情关系。

阿里恩： 那么你的“一闪一闪”（twinkle-twinkle）原理适用于什么地方？

坎贝尔：（大笑）我尽量想出一个例子来……

一般来说，个体在某个社会圈中长大，我称之为村落。只要你能默默地接受所在群体的任务和理想，你就能在这种环境中过着合乎体统的生活。如果你在那里不自在，感到烦躁，你的观念和理想开始变来变去，那么你的心灵会发生彻底的改变。自我及自我的目标开始动摇，无意识的理想开始出现。

而这有两种可能的方向。一种具有威胁性，被荣格称为阴影。这就是我所说的“一敲一敲”（knock-knock）原理，这时人会担心自己的自我。我记得一位年轻的绅士说过：“幸亏我是个善良的基督徒，否则我会是个可怕的人。”这就是“一敲一敲”。从这种意义上来说，让潜意识冒出来是危险的。接下来会出现外来的诱惑。这个更有趣，我称之为“一闪一闪”原理。

当你开始对自己的道德立场失去信心时，就会出现这两种变化。但是至于坠入爱河——某人走进房间，“砰”的一声，你想就是他，他是我的生命。这种情景发生在很多浪漫故事中，在欧洲和亚洲都出现过。我自己就有过这样的经历。

那么你爱上的是什么？你不认识那个人，你不知道他是怎样的人。如果你和这个人结婚，其实你是把自己的理想伴侣投射在他身上，这个人会开始显露

① 荣格原型理论中的两个概念，阿玛尼指男性中的女性阴柔面，阿尼姆斯指女性中的男性阳刚面。——编者注

出真实面貌。你将面对这个问题。你要怎么办？你是否会说，唉，我的幻想破灭了。我要把我的爱收回来，另寻真爱？

另一种可能性是，你说，好吧，我认了。接下来发生了其他事情。投射要么渐渐消失，要么退了回去。大约在 35 岁或 40 岁的时候（我妈妈常把它称为“危险的 40 岁”），投射又出来了。你会遭遇特里斯坦（*Tristan*）与伊索尔德（*Iseult*）那样的问题。

阿里恩：你是否认为出于需要的爱比出于爱恋的爱更浓烈？因为如果你的爱源自投射，那么我们怎么可能真的陷入爱情？

坎贝尔：那就是我刚才说过的。收回投射，接受现实，因此我称之为严峻的考验。

阿里恩：这是不是就是你说多年的激情会变成同情？

坎贝尔：是的。同情是让婚姻维持下去的唯一方法。激情则不同，激情使你想要占有。从激情到同情的变化就是婚姻的所有问题。

阿里恩：你如何定义婚姻中爱的道德？

坎贝尔：做社会让我们做的事情。这就是道德。但是不同的社会有不同的道德。

阿里恩：那么道德应该在爱情中发挥影响吗？

坎贝尔：应该吗？如果你说应该，当然它们就应该。但是它们发挥作用了吗？我认为没有。在爱情和战争中，一切都是公平的，它们在道德框架之外。婚姻的挑战在于夫妻俩不相互冲突。每个人都是完整原始生命的一半，一路寻求实现完整。如果你是正直、令人愉快的，你就会找到合适的另一半。如果你的目标是正确的，你的寻找过程就会是正确的。

1514年左右,《神圣与世俗之爱》(Sacred and Profane),提香

了解我们对性关系的看法会让我们认识到，性关系并非基于生物性，而是基于文化。我们的文化并不是固定不变的。当下它正处于变化之中。我们没有理由认为我们应该固守这个系统或那个系统。我认为很重要的一点是，我们不必等待社会觉醒。作为个人，重要的是在这个领域中找到自己的道路。

社会在几个世纪里可能都会走在错误的道路上，但个人可以在自身中找到被赋予男性或女性的特性。这些特性不受条件限制，我们能够在自己身上找到它们。

科克雷尔：我读过康德写的一篇关于“美与崇高”的文章。他的一个观点是，女性是美丽的，男性是崇高的。他说男性的作用之一就是把崇高植入给女性，使崇高在女性的身体中发展，随着美貌的消退，她会逐渐变得崇高。

我的观点比康德的更进一步。我认为如果把男人比喻成太阳，把女人比喻成大地，那么正是男性对女性的施肥，不仅在她子宫里施肥，而且在她心灵中施肥，唤醒了她的崇高。

坎贝尔：我首先要说康德没有结婚。已婚的哲学家是一种矛盾的说法。我记得在他的某篇文章中，有一段但丁对美丽和崇高的探讨，我对此记忆深刻，让我觉得康德具有诗人的潜质。

他说蓝眼睛是美丽的，黑眼睛是崇高的。这指出了美丽和崇高的问题，美丽令人渴求，崇高令人震惊。你需要通过经历来感受崇高——我指的是真正的崇高，它存在于巨大的空间中或者存在于具有巨大力量的地方。例如，如果你身在一个遭受强烈轰炸的城市，你会感受到崇高。我是认真的！只要你在那里，就能体会到崇高：崇高令人震惊，令人折服。

我们总哄骗自己破坏我们所持有的立场。每次饮酒过量的时候，我都知道自己在做什么。我很少能让自己断然走出酒吧，但这就是生命。（笑声）事实上有一种名叫“*usquebaugh*”的爱尔兰威士忌，翻译成英语就是“生命之水”。尼采将酒神节和醉酒联系起来，在酒神节上原则被打破，只保留了阿波罗神的形式。

这是“既神秘又令人战栗”的感觉。美丽会让你感到“既神秘又令人向往”：这就是差别。由于女性本身是充满吸引力的，因此康德把美丽赋予女性，认为男性是破坏者和杀戮者。他们始终是这样，因此他们的行为更多处于这个层面上。那就是为什么康德认为男性是崇高的。

你知道，需要指出的是，女性说她们并不神秘，但其实她们是神秘的。

法夫罗：这种差别就像迷失在美丽倒影中的那耳喀索斯（Narcissus）与约伯之间的差别，约伯最终面对着“神秘又令人战栗”的上帝。

坎贝尔：是的。

法夫罗：康德所说的崇高并非具有超越善恶的力量，它只是超越了人类的理解。

坎贝尔：没错。

肯纳德：我们有时会听到一种很基本的爱情故事，男孩遇到女孩，男孩失去了女孩，然后重新得到她。这只是西方的爱情难题吗？你是不是必须先失去，然后东奔西跑，做出一些惊人之举，作为对你英勇杰出行为的奖励，才能重新赢得爱情？

坎贝尔：不，这只是很好的故事情节。（笑声）任何研究故事写作的人都知道，故事里必须有一段倒霉的时期。故事的主人公遭遇灾难，然后在第一段或第二段中设下的伏笔显现出来，拯救了英雄……

肯纳德：这样的故事情节有多长的历史了？印第安人的爱情故事也是这样吗？

坎贝尔：不，不过其中有些故事是这样。我认为这是一种《星期六晚邮报》（*Saturday Evening Post*）故事。（笑声）

琼·哈利法克斯（Joan Halifax）：约瑟夫，我和你一起共事多年，请谈一谈在你的生活中，女性如何启发了你？你和其他女性，也就是纯粹的阿尼玛相处有什么体会？

琼·哈利法克斯

人类学家、演讲家，著有《萨满：受伤的疗愈者》《萨满的声音》。

坎贝尔：阿尼玛从来不是纯粹的。（笑声）

塔纳斯：一语中的。

哈利法克斯：什么意思？

坎贝尔：意思是所有生活都被局部的例子污染了。

哈利法克斯：能举个例子吗？

坎贝尔：正如炼金术中的说法，阿尼玛的形式不断变化。阿尼玛出现了，但在它停驻在某人身上之前，我们对它一无所知。我只是对我周围的阿尼玛投射对象进行了比较，发现她们各不相同。

那么纯粹的阿尼玛是什么？它总会参考历史上的形式，并具有心理基础。真正的问题在于将两者联系起来。从心理角度和历史角度来看，你都不是一张白纸，你该怎么处理这个问题？你的阿尼玛投射对象与你期望的不同，你不得不应对这个显露出来的事实。婚姻的问题就在于此：你和投射阿尼玛的对象结了婚，但他或她有真实的自我。你认为自己得到的和你实际得到的不同，我们称之为幻灭。也就是说，你必须收回阿尼玛。你可以离开，把它投射到其他人身上，然后你会再一次遇到相同的问题。

我认为如今的问题是，我们被教导或被给予了这样的思想，婚姻将是长久的恋爱，你和阿尼玛在一起能获得很多乐趣。事实是结婚 10 分钟后你就不快乐了。理想与现实差距巨大，这个问题变成了一种痛苦的折磨，你只能默默地接受它。

纯粹的阿尼玛将会消失。你与之结婚的人并不是你期望的那个人。在生活中，典型的做法是默认，我们称之为成熟。

哈利法克斯：你知道，我把男人不能接受自己本性中的阿尼玛称为阿尼玛病。

坎贝尔：不。你应该把阿尼玛扔出去，让她消解。她会在结婚大约 5 年后再次出现，到那时你不得不应对她。那是另外一个问题，尤其是如果妻子忘记了她是阿尼玛的化身。

哈利法克斯：但是我知道阿尼玛在我们的生活和发展中具有极其重要的

作用。

坎贝尔：我教了 38 年女学生，到处都能遇到它。

哈利法克斯：阿尼玛作为神话，在历史上有很多名称。她是一种特性、一种存在，她构成了你的智慧。

坎贝尔：她的名字是珍、琼、简。

哈利法克斯：她如何启发了你？她给予了你什么？

坎贝尔：这属于传记，我不喜欢传记。

哈利法克斯：应该不算传记吧。

坎贝尔：我研究的领域是比较神话学。

哈利法克斯：约瑟夫，今天我听你说在莎拉·劳伦斯学院教学使你认识到，不能只从比较神话学的角度去理解神话，还要从它与生活的关系的角度去理解。

坎贝尔：谢谢你，你替我说出了我想说的话。那正是我想说的：这个主题在所有地方都是非常庞大的学术领域，包含很多事实。有人对它的兴趣可能是纯学术的，你可以就这个主题为各种期刊写文章。但是在教授女学生的过程中，我发现她们总想知道这些内容与她们自己的生活有什么关系。女性对生活的兴趣远比男性研究者对脚注的兴趣更强烈。男性可能对机械性质的有趣细节太感兴趣了。教女学生使我认识到这一点，我说过很多次了，正是我的女性学生让我明白了这些形式的生活价值是什么。

罗珊·朱切特

《英雄之旅》制片人的行政助理。目前是加州圣迭戈一家公共关系公司的副总裁。

罗珊·朱切特（Rozanne Zucchet）：你是否认为女性对自己的评价应该更高一些，或者社会需要改变并重新评价它的一些价值观?

坎贝尔: 不需要。她们所要做的就是不要瞄着男性，总想着和他们竞争。她们应该认识到她们对男性产生的影响。在莎拉·劳伦斯学院教书时，我明白了这个道理。我在那里教神话学的课程，在最后一年快要结束时，一个女生走进我的办公室，坐下来说:“坎贝尔先生，你一直在谈英雄，但女性是什么?”

我说:“女性是英雄的母亲，她们是英雄努力实现的目标。她们是英雄的保护者。她们是这个，又是那个。你还想要什么?”

她说:“我想成为英雄!”

所以我很高兴那年我退休了，不用再教她们。(笑声)

听众: 对于女性出于爱来选择职业，或者因为爱而从事一项职业，你怎么看?

坎贝尔: 在我们的文化中，女性已经这样做了很长时间。女性在自己所从事的领域中发现生活意义的能力非常惊人。你指的是这个吗?

1982年，坎贝尔与罗珊·朱切特，伊莎兰学院

听众: 不，我的意思是女性因为能在某项工作中感受到爱而选择了这种职业，比如喜欢小孩的人成了老师，碰巧喜欢与数字打交道的人找了一份和数字有关的工作，类似这样的情况。

坎贝尔: 我认为出于任何其他原因做出职业选择的人都是傻瓜。我的意思是，那是选择生活的一种方法，如果你不喜欢自己正在做的事情，你就根本不应该从事它。

听众：但是如果是因为爱而选择了某种职业，是否就不应该追求成就水平、竞争水平这类东西？

坎贝尔：我不反对成就。问题是在妇女运动中，她们起初的提议非常合理——和男性做相同工作的女性应该获得同等的报酬。但是现在女性越来越不重视家庭生活，不重视她们在家庭中的潜能和养育孩子这些事。她们把这些责任都推给了国家和学校。

朱切特：那么进入创造性领域的女性又如何？

坎贝尔：我妻子是一位舞蹈家，这些女性没有这方面的问题。我认识很多从事艺术的女性，在艺术世界中，女性不是为了和其他人竞争，而是为了自己的发展和人际关系。

阿里恩：我认为这也适用于男性。

塔纳斯：你的意思是女性爱的是艺术，而非成就？

坎贝尔：艺术领域不是获得成就、获得实现的领域，它会带给人满足感，让人觉得生活是圆满的，这是非常不同的目标体系。

阿里恩：你一直与自己的直觉保持联系吗？

坎贝尔：正是。在公众眼里，你是一流的、二流的或三流的并不重要。正如我对艺术家的了解，他们以自己的方式获得满足。这不是一个竞争性的领域。

阿里恩：那么艺术就是生命，对吗？

坎贝尔：对。商业艺术是另外一回事。我指的是直接的创造性艺术。

布朗：但是不认为自己是艺术家的普通人实际上也可以成为艺术家？

如果你想把一个人描述为艺术家，你必须以无情的客观性来描述他。我们正是通过他们的不完美认出了他们，我们所爱的也正是他们的不完美。

约瑟夫·坎贝尔，《追随直觉之路》

坎贝尔：做艺术家的挑战在于你必须练习一种技艺。我妻子在伊莎兰的时候，我发现了这个事实。她是位职业舞蹈家，她教人跳舞。学习舞蹈需要进行大量练习，比如旋转双腿，扶着栏杆做动作之类的。

我做神话学的演讲，珍教她的舞蹈学员。一天晚上，她特别沮丧，我说："哦，珍妮，怎么啦？"

她说："他们只想要'伊莎兰'体验！"

过了一两天后我向窗外看，看到了珍和她的学员。她让他们向着太阳伸展双臂，滚下山坡，四处蹦跳。

这让我意识到有关艺术的一个非常重要的问题。艺术包含两个非常不同的方面。让珍气恼的是学员们把这些动作称为创造性艺术。但它们不是，它们具有治疗性。一个人脱离了轨道，他可以通过艺术回到轨道上：那是艺术的疗法。但是有些艺术家已经在轨道上，他们超越了治疗的意义，那就完全是另外一回事了。两者都没问题，但我们应该知道它们的差别。

你没法让职业舞蹈家教不想跳舞的人跳舞。舞蹈家是最了不起的艺术家。我认为唱歌跳舞是最困难的艺术，因为身体就是工具，我们不得不努力让身体始终处于完美的状态。

听众：在我的思想中，我常常把英雄和艺术家这两个词并列起来。它们都是通过冒险和英勇的行为发现自我。两者的目标是一致的。除了掌握技艺之外，艺术家还要具有非常重要的内在灵性。或许你会说正是内心的感受使得艺术家成为艺术家，它的作用不亚于技艺，即使滚下山坡的行为也可以被称为艺术。

坎贝尔：你提出了一个歪理邪说。（笑声）在这个问题上你太粗枝大叶了。

肯纳德：在过去许多社会中，似乎没有什么女性成为艺术家，她们对社会没有掌控力。偶尔出现的母系社会中，女性也仅掌握 100 多年的控制权。

坎贝尔：我们认为有些艺术领域更像是手艺，女性在这些领域中占主导，比如编织、陶艺。某些艺术涉及缝纫和刺绣，这些都是女性的工作。

肯纳德：你是否认为如果女性不是做手工艺，而是成为艺术家，男性会更爱她们？

坎贝尔：哦，那只是个统计的问题。在传统社会中有三种理想的女性形象：一种是妻子和母亲，一种是交际花，还有一种是女战士。

阿里恩：阿耳忒弥斯属于哪种？

坎贝尔：神话中有两种女神。一种是原初女神，她们是宇宙、大地、天空和诸如此类的事物的象征。她们是全然的存在，是全然的神。

另一种女神是男神的配偶。以男神为主导的神话出现后，一切都变了。在以女神为主导的神话中，男性从属于她，而在男性神话中，女神是从属的。

你所说的阿耳忒弥斯是第一种女神。她是青铜器时代的神，传统宗教神话领域的重要学者之一马丁·尼尔森（Martin Nilsson）认为她是全能女神。

当一种文化覆盖着广阔的地域和各种民族时，会出现几位全能女神汇聚在一起的情况，这时女神们会被分门别类。

也就是说，每位女神被给予一部分领域，各管一方。阿耳忒弥斯是5世纪典型的狩猎女神。这是对掌管野生世界的女神的浪漫化，她是森林和森林中所有动物的女神。

在非常早的时期，神和动物是一样的，阿耳忒弥斯代表的动物是鹿。她是鹿，鹿就是阿耳忒弥斯。后来，人的方面不断被放大，鹿就变成了她的同伴。

丹麦哥本哈根国立美术馆（Statens Museum for Kunst）雕塑园中的阿耳忒弥斯（Artemis）雕像

珀尔塞福涅（Persephone）和得墨忒耳（Demeter）是猪神。在青铜器时代，猪是非常重要的动物。喀耳刻（Circe）就是被变成猪的女神之一，她是教导者。她引导奥德修斯获得了阴间的智慧，获得了光之领域的智慧，她的父亲是太阳。

因此这些女神被分门别类后，掌管的领域缩小了。

亥瓦特：我们来谈一谈厄洛斯（Eros）和逻各斯（Logos）。让我们回想一下苏格拉底或柏拉图说过的话：有这样两种思考形式存在。一种被称为逻各斯，它稳定、良好、逻辑性强，属于男性思维。另一种被称为厄洛斯，它不稳定，不是非常好，具有直觉性，属于女性思维。我认为我们太固着于这种含义了。

阿里恩：我们固着于这种二元性：逻辑思维和直觉思维。我认为非常有必要在两者之间架起桥梁，于是我们开始创建新的模型。

罗伯特·布莱：约瑟夫认为生活的两极性正是能量的来源，你如何理解这个观点？

罗伯特·布莱

诗人兼翻译家，他的作品颇丰，包括获得国家图书奖的《身体周围的光》和被翻译成很多语言的《宇宙的新闻》。

亥瓦特：问题正在于此。我们总在谈论把心灵重新结合起来，但又常常认为这个过程本质上是把二元性变成了其他东西。

哈利法克斯：只要它不是一对对立物。

亥瓦特：是的。

阿里恩：我认为这个过程与一则美丽的神话有关，在这个神话中一个黑头发的人和一头黑豹并肩前行，他在探索自己是谁。

当他开始发现自己是谁时，他的头发从黑色变成了棕色，黑豹变成了花豹。当他最终完全认识到自己是谁时，他的头发变成了火红色，花豹变成了美丽的狮子。然后这个人捏住狮子的生长印记，因为他想记住他所来自的那个黑暗的地方。

我认为这就是我们参与其中的过程。我认为如今出现了一种新趋势，我们试图摆脱二元性或两极性，这样我们能变得更多元。

坎贝尔：我想说我很支持二元性。（笑声）问题是如何解释二元性。在青铜器时代的旧大陆神话中，存在着两种对立的系统。它们出现在阴—阳的观念中，也出现在印度教对男性—女性关系的认识中。女性是萨克蒂（Sakti）。在欧洲、中国和日本，阳和男性被认为与天空、太阳、温暖和行动有关；女性和阴与黑暗、潮湿和水有关。这种说法其实源自一条溪流的两侧，一侧被阳光照耀着，是干的；另一侧在阴影里，是湿的。

一般来说男性被认为是积极主动的，女性被认为具有接纳性。我认为这就是在欧洲和亚洲占主导地位的思维。

作为一个生长的年代比牛仔裤的出现早得多的人，我对此有一些观察。过去男性系着黑色领结，他们是内敛的。女性穿着很漂亮，比较张扬。这也是当代西方文化的一个特点。反观东方文化或原始社会时，你会发现女性像雌鸟一样，相当内敛低调，而男性光彩耀人。在我们的社会中，只有军队里存在这种情况：女性的服饰比较艳丽，比较张扬。

我对此非常感兴趣。传统的方式，也就是动物的方式是，雄性花枝招展，光彩夺目，雌性相当顺从，像大地一样起着支持作用。在印度，声音低沉的鼓是女性的鼓，声音响亮的鼓是男性的鼓。

在西方社会中，在有关性别的思维方面，人们通常把女性摆在前面。在电梯里，你会向女性脱帽致敬。当一位女性走进房间时，你会给她让座。现在女性的穿着开始男性化，男性的衣着也发生了改变，变得更加不起眼，隐退在背景中。我们到底在哪儿？我们有不分男女的理发店。这真可笑，因为生命的能量全部依赖于两极性，如果放弃了它，能够区分性别的只剩下睾丸了（笑声）。

当你去印度旅行，你会大感震惊。因为你发现能量的活跃方面是萨克蒂，是女性。而男性迟缓、不活跃，他们需要被激发出活力。

我在想这样的体系来自哪里。为什么和西方的正相反？它们都非常真实。

一个与物质关系有关，另一个与心理关系有关。从心理上看，男性只想独自待着。这种趋势非常强烈。我不知道女性是怎样的，但你只要在那里就很好，你要在有价值的地方。

然后，你的心里像是飞过小小的发光虫子一般，正如乔伊斯的《芬尼根的守灵夜》中安娜·普拉贝尔所说，“泛着涟漪的小河”。

她说：“哦，让世界重新开始不是很好吗？”

厄洛斯与塞姬（Psyche），古代雕像，罗马

你想，哦，天哪，那真的会很好，男性会变得活跃主动。

我认为这是完全正确的。女性是激发活力的因素，她们会吃惊于你被激活了，像那样扑向她们。你懂的。（笑声）

亥瓦特：你是说女性从来没有侵略性吗？

坎贝尔：她们具有侵略性，但是另一种侵略性。女性的力量是心理上的、有魔力的。她们非常天真无邪，当你为她们神魂颠倒时，她们会说，哦，这不是我的责任，我只是穿着低颈露肩的礼服走进这里，看一看发生了什么。

听众：约瑟夫，你曾说过现代的男性有着太长的童年期，因为他们没长大，所以很多三十五六岁的女人得不到爱，找不到合适的伴侣。我认为这是当今文明的危机之一。

坎贝尔：当人们从一种社会环境进入另一种社会环境时，他们会对男性—

女性关系方面的文化差异感到震惊。在去印度之前，我已经研究过几年印度哲学，它们完全不涉及男性—女性的关系。当我来到印度，不禁在想，这让我想起了什么。在印度你看不到女性，除了在街上卖菜或卖诸如此类东西的女人。你看不到夫妻两个人或男女朋友在街上走。你会看到两个警察拉着手一起走，但就是看不到一个男人和一个女人一起走。

当时我想，天哪，我最后一次经历这种情形是在读预科学校的时候。没有女人，只是男人和男人做伴。那里是另外一个世界……在奥里萨邦我被惊着了。

印度就像男子预科学校，女人都不知道哪儿去了。在奥里萨邦我住在宾馆里，和印度人在一起，受到一些年轻印度绅士的款待。一天下午我和一个印度人在海滩上牵手漫步，我想如果珍看到这个情景会有什么感受！

我对他说："我很感谢你抽时间款待我。"他说："哦，不用谢，这是我的荣幸，今天我放假。"我说："今天是你的假期？你陪我逛海滩？为什么不和妻子、家人出去玩玩？"他说："我们不做那样的事。和家人一起去什么地方是很复杂的事情。"

于是我知道了，天哪，在这里男人的生活和家庭生活是完全断绝的。这让我感到吃惊。

布莱： 约瑟夫，我能问你一个问题吗？你说莎拉·劳伦斯学院的女学生让你认识到，应该把男性痴迷的主题与生活本身联系起来。如果现在你要给一个美国年轻男性提建议，你会建议他发展自身中女性的部分，还是男性的部分？

坎贝尔： 我想说的是，确定你的终身职业是什么，学会把它做好。这就是我的建议。无论男性还是女性，我对教育的全部态度是：学会一种职业。它不应该是在一个周末就能学会的。你应该全身心投入其中。你在这件事上的投入就是你对生活的投入。这就是我的结论。

布莱：所以你追寻着叶芝所说的“激情”。你的兴趣在于找到某个人的激情，然后让他去追随那份激情，是吗？

坎贝尔：是的。让他们勇往直前地追求。这可能涉及男性或女性关系，也可能不涉及，但一定关系到他们所选择的职业的发展轨迹。

&

塔纳斯：你在讲神话中男性角色与女性角色的差异时，我在思考厄洛斯与塞姬是如何相遇的，为什么希腊神话中有很多男英雄，而女英雄比较少，塞姬是一个例外。你能谈谈你对两者的差异是怎么看的吗？

坎贝尔：神话通常涉及的是传统的社会情境。我们现在正处于一个全新的阶段。女性被从家务劳动中解放出来，繁重的家务会把她们耗尽。现在女性可以发展自己的事业了。在西方文明中，男性通常会说“我打算做这个，做那个或做其他事情”。现在女性获得解放，她们也可以这样说了。不过，这也带来了很多问题，因为在她们所选择的职业中只存在男性模式。很多女性认为她们的价值在于获得成就，而忽视了存在的价值，这使得她们迷失了作为一个女人的意义。这个问题非常严重。

塔纳斯：你是说成就更多的是男性的价值追求吗？

坎贝尔：绝对是。从人类之初就是如此。例如，在最早期的艺术——旧石器时代的艺术中，女性雕像都是站立的裸体雕像，她们的力量在于她们的身体和存在中。许多传统社会认为最初只有女性具有魔法，男性的魔法是从女性那里偷来或得来的，因为魔法是女性的东西。

让我们再来看看男性的形象。他们总在做着什么，总表征着什么：他们在做事。在原始文化背景中，女性通常被认为是物种和自然的孕育者，男性是社会的孕育者。这是重要的两极性，一直传递至今。

法夫罗：今天社会的问题是，一些具有成就导向的女性其实造成了男性与女性的竞争，因为他们都在争取成就。这是不是就是他们的婚姻不能持久的原因？

坎贝尔：问题不在于夫妻为成就而发生激烈的竞争，而在于丈夫如何对待与之竞争的妻子，也就是网球网对面的那个人。通过我的学生，我对此有些体会。当你看到一个学生意识到全新的生活可能性时，那真是教学中非常美妙的时刻，因为你看到一个人一生的事业、人生的轨迹开始显现出来。

五年后、十年后、二三十年后，在校友聚会上我见到她们，我能看出她们之中哪位的丈夫是允许她充分发展自己的。

有时候，你会看到一个男人娶了妻子并且对她有所要求。对于妻子应该是怎样的，我们有相应的原型。它非常有帮助。在夫妻关系中，男人主要负责事业，女人主要负责养育孩子。当夫妻俩都致力于事业，两个人的发展位于两条不平行的轨道上时，夫妻间便需要大量的爱。我的意思是夫妻互相教育，帮助对方充分发展，同时维持婚姻关系。将他们维系在一起的是对婚姻的重视，即把婚姻关系摆在最重要的位置。正是通过婚姻关系，夫妻都得到了发展。当你做出牺牲时，你不是为了对方，而是为婚姻关系做出牺牲。婚姻关系中包含着你自己的人生进步。

因此那些认为婚姻是持久的爱的人一定会遇到困扰。因为婚姻不像他们的想象，严格来说，婚姻是令人痛苦的磨炼。（笑声）个体在磨炼中不断发展。如果在婚姻中个体得不到发展，那么婚姻还有什么益处？

如果你发现了一个认同阿尼姆斯的女人，那她通常是女性领导者。她认同自己生命中的男性方面，失去了女性气质。她变得只对成就感兴趣。不幸的是，她没有意识到自己对周围环境的影响，没有意识到她的人际关系逐渐恶化。她开始疑惑，到底出了什么问题。我一次又一次地观察到这种情况。

这就是所谓的阿尼姆斯女人，成为男人的意愿推动着她。这会破坏她作为女性的生活。不仅如此，还会破坏她的所有人际关系。

肯纳德：特里斯坦和伊索尔德获得了个人发展吗？

坎贝尔：特里斯坦和伊索尔德是 12 世纪的问题。世界上所有的社会都存在社会安排的非个人的婚姻。这在一些原始民族和农业社会中时有发生。但是在结构化的社会中，家庭就能进行所有的婚姻安排。在如今的国际大城市新德里，你能在报纸上看到一栏为女孩子征婚的广告。登广告的要么是婚姻代理，要么是女孩的家人。年轻的女孩不知道自己将会嫁给谁。我曾听到那里的女孩问他们的兄弟："他是什么样的人？"直到婚礼，她们才会见到她们要嫁的人。

这种情况仍在继续。

中世纪时的状况与此相同。皇家和贵族家庭的年轻女孩只不过是政治人质。为了建立各种家族关系，她们被嫁到这里来，嫁到那里去。

法夫罗：嫁到对政治最有利的地方。

坎贝尔：是的。当教堂使他们的婚姻神圣化时，你会听到两个人结为一体这样的誓词，其实是两个银行账户合为一体。贵族社会开始感到这种婚姻是堕落的。然后，爱情出现了，恋人四目相对，这是比婚姻更崇高、更精神性的体验。

肯纳德：那么爱情是12世纪的发明吗？

坎贝尔：不，不过在12世纪游吟诗人开始赞美爱情胜过婚姻。正是在那个时候，法国南部普罗旺斯的诗歌中出现了爱情的主题。心理学传统也始于此，它试图分析爱情是什么。

大约12世纪中期，对于爱情的探讨有很多。伟大诗人古义劳特·德·勃涅（Guiraut de Borneilh）对爱情的看法书写了爱情所有含义的缩影。他写道："眼睛是心灵的侦查员，眼睛找到一个对象，介绍给心灵。"如果心灵是和善友好的（这一点很关键）也就是心灵不仅有性欲，而且有爱（两者是完全不同的东西），那么爱情就会诞生。正如我曾说过的，性欲只是雌性和雄性动物对彼此的热情。

《特里斯坦与伊索尔德》是称颂这种爱情奥秘的杰作。马克国王从来没有见过伊索尔德，伊索尔德也没有见过马克国王。有一次，马克国王的侄子特里斯坦在战争中被有毒的剑所伤，他来到制造这种毒药的地方，接受伊索尔德母亲的治疗。伊索尔德的母亲也叫伊索尔德。在那里特里斯坦爱上了伊索尔德，但连他自己都不知道，真是个蠢家伙。他回到自己的王国，告诉他叔叔马克，他在都柏林认识了一位美妙的女人。

这位国王说："嗯，结婚对国王来说是件好事，你去把伊索尔德带回来吧。"他返回都柏林寻找伊索尔德，经历了很多疯狂的冒险。

伊索尔德的妈妈准备了能够让国王与她的女儿互相爱恋的迷药。在返回的船上，特里斯坦和伊索尔德意外地喝下了迷药，他们相爱了，但这是个人之间的恋爱，不符合社会现实，因此产生了爱情与婚姻之间的紧张关系。

当然这之中还存在其他问题。他们有罪吗？如果事情非常严重，当事人在行动前经过了充分的思考，并完全出于自愿，那便是弥天大罪。如果喝了迷药，那么就不是完全出于自愿。

有几个诗人对故事进行了修改，让迷药的药效只能持续两三年。当迷药失效时，他们就变得有罪了，面临道德上的问题。他们还需要处理其他问题，那就是解决婚姻与爱情之间的紧张关系。“Amor”是普罗旺斯语，意思是“爱”。把“Amor”倒过来拼写就是“Roma”，普罗旺斯语中的“婚姻”。因此婚姻和爱情是相反的。

在埃莉诺（Eleanor）、玛丽·德·尚帕涅（Mary de Champagne）、布兰奇·德·卡斯蒂尔（Blanche de Castille）及她女儿们的时代，女性每年都会发生这样的风流韵事，游吟诗人对此有所记述。例如一些小伙子会来到法庭提起诉讼：“我把自己献给这位女士，但她拒绝了我，因为她已经有情人了。她说当她没有情人时会接受我。”

因此，当那个女人的丈夫去世后，她便嫁给了情人。又有二号情人跳出来说：“嗨，该我了。”女人说：“哦，不，我爱我的丈夫。”二号情人说：“这不可能，你说的话根本就是自相矛盾的！”他向法庭提起诉讼，法庭判定那个女人必须接受他！游吟诗人诗歌中的故事真不可思议。

布朗：你是说大多数人有过这样的爱情经历？

坎贝尔：我说的不是每个人，但很多人有这样的经历。坠入爱河往往不是谨慎明智之举。《特里斯坦与伊索尔德》这类故事令人感兴趣的地方在于爱情的诱惑，它反映了你的生活路径与爱情生活的吸引之间的连续性。中世纪的沃尔夫拉姆·冯·埃申巴赫（Wolfram von Eschenbach）所写的《帕西法尔》（*Parzival*）提出了解决这种紧张关系的方法。那是我最喜欢的爱情故事。

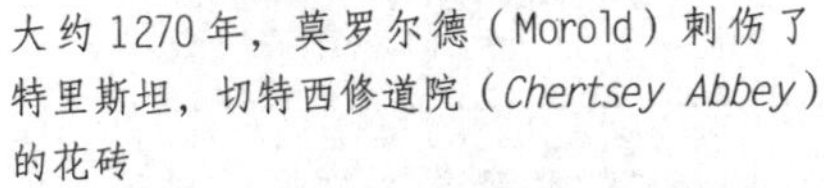

大约 1270 年，莫罗尔德（Morold）刺伤了特里斯坦，切特西修道院（*Chertsey Abbey*）的花砖

大约 1270 年，特里斯坦教伊索尔德弹竖琴，切特西修道院的花砖

肯纳德：你能给我们讲讲那个故事吗？

坎贝尔：这是一个很长的故事，我亲爱的朋友们……沃尔夫拉姆·冯·埃申巴赫所写的圣杯传说（可以追溯到 1215 年）是这类伟大传说的终结篇。他需要应对中世纪时爱情与婚姻之间的紧张关系。爱情是生活中的灾难，因为你要为爱情受到惩罚，它的惩罚就是死亡。我的意思是，为爱情受到死亡的惩罚。

在沃尔夫拉姆·冯·埃申巴赫所写的《特里斯坦》中有一个非常精彩的情节。特里斯坦和伊索尔德喝下迷药后，负责看管迷药（不让它松脱落入大海中）的女仆布莱金震惊地对特里斯坦说："你喝下了死亡！"

特里斯坦说："我不明白你是什么意思。"

这种爱情的痛苦是中世纪人很感兴趣的主题，它也是生命的痛苦。应该说，生命之所在即痛苦之所在，正是痛苦的体验承载着生命的本质。

于是他说："如果你说的死亡指的是如果我们被别人发现相爱了，会受到惩罚，那我接受惩罚。如果你指的是地狱中永远的死亡，那我也接受。”

这可是一句很有勇气、很了不起的声明，因为当时的人真的相信有地狱。

对此，我能够想到的唯一原因是埃克哈特大师（Meister Eckhart）的名言——“爱不知道痛苦为何物”。所以，即使在地狱里，只要所爱的人和你在一起，你也能坦然接受。这也是沃尔夫拉姆创作《帕西法尔》时所面对的环境氛围。在《帕西法尔》中沃尔夫拉姆·冯·埃申巴赫战胜了《特里斯坦与伊索尔德》所代表的中世纪时爱情与婚姻的两极性。

圣杯传说讲述的是上帝在你自己心中。基督成了一个隐喻，成为超越物质世界的力量的象征，它是生命的本质与支撑。

约瑟夫·坎贝尔，《神话 III：西方传统的形成》

坎贝尔：圣杯传说的问题在于所谓的荒原。荒原是什么？从托马斯·艾略特的诗歌《荒原》（1922 年）中你可以得到一些线索。问题是，如何把荒原变成开满鲜花的地方，一切都开出了玫瑰花？在荒原上，人们过着不真诚的生活。他们之所以工作是因为他们需要生活下去，而生命像垃圾一样毫无价值。艾略特在某处问道：“在什么地方，瓦砾中能产生生命？”

在中世纪，人们被要求声称信奉他们并不信奉的信仰，声称爱他们与之结婚但并不爱的人。他们认为他们所拥有的是继承来的，而不是赢得的，这就是不真诚的生活的背景，被沃尔夫拉姆称为荒原。

如何纠正这种状况？真诚生活的范例可以起到纠正作用。

沃尔夫拉姆从帕西法尔的父亲加姆雷讲起，加姆雷是一位骑士，也是位冒险家，他一开始效力于巴格达的哈里发，即效力于穆斯林君主的一位基督徒骑士。沃尔夫拉姆跳出了基督教传统的圈子，认识到伊斯兰教与基督教是姊妹宗教。在加姆雷为哈里发效力的过程中，他来到一个被称为扎扎曼克的地方，这是黑人公主的地盘。黑人公主名叫贝尔卡恩。加姆雷做了她的战士，打败了敌人的围攻，成了她的丈夫。黑人公主怀上了加姆雷的儿子，但在儿子出生前，他不辞而别。

他回到威尔士，那里有一位名叫赫尔策洛伊德的女王。在比武大会上加姆雷获得了胜利，做了女王的丈夫。现在他是两位女王的丈夫。在赫尔策洛伊德怀上他的孩子后，他回到巴格达，为哈里发作战，战死沙场。

在近东地区出生的孩子叫菲尔费茨，他是黑白混血儿。出生在威尔士的孩子叫帕西法尔。所以这位基督徒骑士帕西法尔有一位穆斯林兄弟，而他不知道这件事。

他妈妈不想让自己的儿子听到有关骑士的任何消息，认为那都是胡说八道。于是她来到像康涅狄格州之类的地方，以务农为生，扶养儿子长大。所以帕西法尔对骑士一无所知，但他具有像他父亲一样高贵的灵魂和心灵。他天生是个骑士，尽管他自己不知道。

当帕西法尔十五六岁的时候，他来到田野上，看到三位骑士骑马经过。他以为他们是天使，因为他妈妈就是这么告诉他的，所以帕西法尔跪倒在地。骑士们对他说："起来，你不应该向我们祷告，我们只是骑士，亚瑟王的宫廷骑士。"

帕西法尔问："什么是骑士？怎么能成为骑士？怎么能进入亚瑟王的宫廷？"

"哦，亚瑟王的宫廷就在那里。"

他回到家，告诉妈妈说："我要成为一名骑士。"他妈妈晕了过去。然后她决定修理修理儿子。她做了一套小丑的衣服给儿子穿，在外面套上生锈的盔甲。帕西法尔却穿着盔甲骑马跑掉了，她骑马在后面追赶，当帕西法尔转弯时，他妈妈从马上摔下来，丢了性命。这就是他骑士生涯的开端——他害死了自己的妈妈，这可不是一个好开端。

他骑了一整天，晚上来到一个乡村的小城堡。城堡的主人是一位骑士，他的三个儿子在比武大赛中丢了性命，身边只剩下一个小女儿，如此这般情境。

帕西法尔走进城堡，城堡的主人和他女儿以为他是大名鼎鼎的红骑士，他们对帕西法尔表示欢迎。当帕西法尔脱掉盔甲，打算洗澡时，他全身都是盔甲的锈迹。当他把锈迹除掉后，里面是小丑的衣服。

不过这位名叫古内曼兹的老人善于识人，他看出帕西法尔不是一般人，便收留了他，教给他骑士格斗的规则、如何驾驭战马等。而帕西法尔必须遵守一条规则是：骑士不问不必要的问题。后来事实证明这对帕西法尔来说不是什么好事。

大约 1330 年，在圣杯城堡里，国王把剑赐予帕西法尔，中世纪手稿中的插图

古内曼兹想把他当作自己的儿子，所以当他们来到一个非常美丽的地方，他提出把女儿嫁给帕西法尔，这样他可以有另外一个儿子，而他的女儿也会有丈夫。

帕西法尔想：我不能接受别人给我的妻子，我一定要自己赢得一位妻子。你看到没有，这就是新观念的发源。他突破了接受社会给予的观念。接下来的情节非常微妙，帕西法尔骑马离开了古内曼兹，现在他已经成了真正的骑士，可以让缰绳松垂在马的脖子上。在中世纪的神话和其他神话中，这是一种重要的象征。马代表自然的力量，骑马者代表具有控制作用的心灵。松弛的缰绳意味着他骑乘着自然，也就是他自己的本性。这匹高贵的马具有和他一样高贵的心灵。

他骑了一整天，晚上来到一座气氛悲伤的城堡。一位寡居的女王住在城堡里，她和帕西法尔年龄相仿，名叫康德维拉穆斯（Condwiramurs，它从“conduire amour”变形而来，意思是“爱的向导”）。来到城堡里，他当然要脱掉盔甲，他洗了个非常舒服的澡，之后穿上了柔软的袍子。这时到了睡觉的时间，主人为他提供了一张床。

半夜他醒来，看见康德维拉穆斯跪在床边哭泣。他对她说了之前那三位骑士对他说过的话：“你不应该给我下跪，只应该给神下跪。如果你想睡这张床，我会去那边。”康德维拉穆斯说：“如果你保证不侵犯我，我就上床，把我的故事讲给你听……”

沃尔夫拉姆写道：“不过她穿的是透明的睡衣。”

康德维拉穆斯上了床，她一边哭一边给帕西法尔讲述自己的故事。“我的城堡被克莱米德骑士包围了，他是世界上最伟大的骑士，他想拥有我的财产，让我做他的妻子。”这里再一次出现了古老中世纪的主题：她也在抗拒社会的安排，就像帕西法尔一样。

康德维拉穆斯说:“你已经看到了我城堡里的塔有多高。我宁可从最高的塔上跳下来，也不愿嫁给那个男人。”那骑士派了一位将军领着军队来逼婚。

帕西法尔说:“我会在明天早上杀死他。”

康德维拉穆斯说:“那太好了。”

第二天早上吊桥降下来，号角声响起，这位“红骑士”骑马从城堡里冲出来，穿过军队，与克莱米德派来的那位将军对阵，不久就把他打翻在地。帕西法尔用膝盖抵在敌人的胸口上，扯掉了他的头盔，正打算砍下他的头，这位将军喊道:“我投降！”

帕西法尔说:“好吧，你去亚瑟王的宫廷，告诉他们你是我的人，是我派你去的。”

类似的事情发生几次后，亚瑟王的朝廷开始想，我们真小看了这个小伙子。于是，他们决定去找他。

帕西法尔回到城堡里，康德维拉穆斯已经把头发按照已婚女人的式样梳了起来。这是心灵的婚姻，他们自愿选择了对方。那天晚上他们睡在了一起。

沃尔夫拉姆这样写道:“如今的很多女性一定不会对帕西法尔那天晚上的表现满意。”因为他连碰都没碰康德维拉穆斯一下，他对男女之事一无所知。前两天他们都很高兴以这种方式相处。第三天晚上他想起了他妈妈告诉他关于拥抱的事情，古内曼兹也曾给他解释丈夫和妻子是一体的。

然后就像沃尔夫拉姆说的那样，“请原谅我的描述，他们的双臂和双腿交织在一起，就好像一直都会这样不分开”。

其中蕴含的观念是，身体合二为一体现了爱情的圆满，肉体结合的神圣化就是爱情。这里根本不需要牧师参与。爱在婚姻中实现了圆满，婚姻是爱的顶点，这赋予了婚姻和爱情新的视角。中世纪的骑士有五个美德：自制、勇气、忠诚、礼貌和爱。这个年轻人体现了所有这些美德。

法夫罗：你讲的这个故事对当时的欧洲有什么影响？是否有很多人读过这个故事，或者只是你通过神话学研究看到的，认为它有这般影响力？

坎贝尔：亚瑟王的传说产生了很大影响，它们最先出现在蒙茅斯的乔佛里（Geoffrey of Monmouth）所著的《不列颠诸王史》（*Historia Regum Brittaniae*）中。这本书描述了盎格鲁 - 撒克逊人还没来到之前英国各位国王的传奇，最早的英雄名叫布鲁特（Brut），不列颠这个国名就因此而来。在传说中，亚瑟王是抗击盎格鲁 - 撒克逊人入侵的战士。

所有这些传奇故事都与凯尔特英雄和凯尔特主题有关。其重要性不只是某个传奇所产生的影响，而在于它们象征着当时的思想趋势。这些传说的目的是让当时的欧洲被基督教同化。基督教来自近东地区，是一种外来宗教。正是在11、12 世纪和 13 世纪初，欧洲开始同化这种宗教。佛罗伦萨有一位名叫约阿希姆（Joachim）的主教在大约 13 世纪发表了被他称为“灵性的三个时代”（The Three Ages of the Spirit）的主张。

灵性的第一个时代是犹太教，是圣父的时代。第二个时代是圣子与教会的时代，将神的启示带给世人。第三个时代大约开始于 15 世纪，它是圣灵的时代，圣灵可以直接教诲众生，教会这种机构逐渐消失。

当时这些都被认为是异端邪说，受到了谴责，但后来却流传开来。圣杯的城堡是参与这种新体验的城堡。圣杯骑士，无论他的名字叫加拉哈还是帕西法尔，无论穿着冒出火焰的红色铠甲，还是出现在圣灵降临节的亚瑟王城堡中，都是圣灵的传承者。因此圣杯骑士就等同于基督，也就是圣灵的载体。《不列颠诸王史》的标志性特点就是这种逐渐的转变，即逐渐脱离了正统的基督教模式。

&

坎贝尔：《特里斯坦》的故事出现的年代很有趣，那是在 12 世纪末，大约 1160 年到 1170 年间。正是在相同的时期，印度开始崇拜奎师那，据传说，奎师那全身心地爱上了一个有夫之妇拉达。

像特里斯坦和伊索尔德的爱情一样，这同样违反了狂热宗教所代表的法则，超越了理性的边界，进入非理性的领域中，随性而为。在这个故事里，参与者是神祇本身。

歌颂奎师那与拉达的爱情的著名诗歌是《牧尊之歌》（*Song of the Cowherd*）。创作这首诗的是一位年轻的婆罗门，他爱上了自己古鲁[①]的女儿。他把自己比作奎师那，把所爱的人比作拉达。这与特里斯坦和伊索尔德的爱情故事出现在同一时期。

一个或半个世纪之前，日本的紫式部（Murasaki）夫人创作了《源氏物语》（*The Tale of Genji*）。这也是一个爱情故事，同时也描述了“事物的叹息”，这就是佛教的“人生皆苦”的教义。从欧洲到中国海，你都可以看到这种贵族的爱情，它被作为了灵性的体验。

在伊斯兰教中，这种爱情观与苏菲派同时出现。《一千零一夜》中有很多描述这种绝对爱情的故事：在故事中女孩常常出身于贵族，小伙子爱她爱得发疯。

在那个时候，整个世界都充满了这类故事。

---

① 印度教等宗教的宗师或领袖。——编者注

18世纪，陷入热恋的奎师那与拉达，印度南部，“在那个时候，性爱神秘主义盛行”

现在苏非派会告诉你，欧洲从他们那里吸收了这些故事，但他们误解了它。情况并非如此。欧洲人或许从苏非派那里吸收了这些故事，但他们没有误解，而是重新解读了它们。在东方，女性是女子气质的象征，通常女性的社会地位比较低，而在欧洲，夫人是高贵的，她们代表具体的人，而不是女神。

因此，这两者之间存在着非常重要的差异。即使在欧洲，普罗旺斯与日耳曼民族的游吟诗人之间也存在差异，尽管他们歌唱的都是爱情。在法国，被爱的女人通常属于上流社会。中世纪时德国有一位非常杰出的抒情诗人瓦尔特·冯·德尔·福格威德（Walther von der Vogelweide）。在他的诗歌中，很多女孩虽然漂亮可爱，但没有很高的社会地位。他说，“女人”（woman）这个词比“女士”（lady）这个词更高贵。

因此，中世纪的爱情观有可能向各种方向转变。但是在那个时候，从地球的一端到另一端，性爱神秘主义盛行。

1938年，约瑟夫·坎贝尔和珍·厄尔德曼在纽约伍德斯托克的小别墅度蜜月

THE HERO'S JOURNEY

JOSEPH CAMPBELL ON HIS LIFE AND WORK

05

恩赐

THE HERO'S

JOURNEY

JOSEPH
CAMPBELL ON
HIS LIFE
AND WORK

完整的循环是单一神话的标准方式，它需要英雄带着智慧的神秘符号或金羊毛或睡着的公主返回人类王国，在那里他所得到的恩惠能够复兴社群、国家、地球或大千世界。

约瑟夫·坎贝尔，《千面英雄》

1943 年，在朋友兼导师海因里希·齐默尔的建议下，约瑟夫·坎贝尔接受了波林根基金会的邀请，为莫德·奥克斯（Maud Oakes）的第一部作品《兄弟同来见父亲之处：纳瓦霍人战争仪式研究》（*Where the Two Came to Their Father: A Navaho War Ceremonial*）编辑并写作评论。坎贝尔说，做这件事让他绕了一圈，再次回到了水牛比尔的主题。在接下来的一年，他出版了第一部重要作品，就是与亨利·莫顿·罗宾逊合著的《解读〈芬尼根的守灵夜〉》，还发表了对《格林童话全集》的评论。

1943 年，齐默尔因肺炎去世，坎贝尔承担起编辑齐默尔在美国的讲学文稿的艰巨任务。这花费了他 12 年时间，编辑了四卷印度艺术和神话。坎贝尔同时还在撰写《千面英雄》，这本书为他赢得了学生和艺术家的热爱，却遭到了学术界的嘲笑。《千面英雄》出版于 1949 年，因其对创造性文学的贡献而赢得了美国艺术暨文学学会（National Institute of Arts and Letters）的大奖。它是继尉礼贤（Richard Wilhelm）翻译的《易经》之后，波林根系列图书中最受欢迎的作品。

在 20 世纪 50 年代和 60 年代期间，坎贝尔除了在莎拉·劳伦斯学院教书之外，还编辑了《便携版一千零一夜》（*The Portable Arabian Nights*）、《众神的面具》（*Masks of God*）和六卷爱诺思论文（Eranos Papers），这些论文源自在波林根举办的荣格会议。他还担任了创意电影基金会（Creative Film Foundation）的主席，写作了大量学术文章和书籍评论。

布朗：你能讲一讲早期的写作生活吗？

坎贝尔：在阅读中我学到了很多，感受了很多，我没有写作的雄心，尽管在读预科学校时，我就有写作的打算，但我只是不停地阅读再阅读。

《芬尼根的守灵夜》出版于 1939 年，我在巴黎时已经了解到这本书，它出现在尤金·乔拉斯（Eugene Jolas）的《过渡》杂志中，是比较早的版本，出现在标题“创作中的作品”之下。当时我对这些内容非常着迷，因为它对我很有意义。当书出版时，我立即买了一本，用一个周末就把它读完了。哦，在多多少少对它有些了解的情况下阅读《芬尼根的守灵夜》是一种极妙的体验。

在哥伦比亚大学读书的时候，我经常跑步，一位名叫亨利·莫顿·罗宾逊的年轻教授常在运动场上踢足球，我们俩就这样认识了。我们相识了很多年，大萧条时我来到伍德斯托克，我的朋友罗多（我们都这样称呼他）也在那里。他没有工作，有家人要养，苦苦地熬着。最后他在《读者文摘》杂志（*Reader's Digest*）找到一份工作，给别人代笔，一个月写三四篇文章。他在写作方面真的是位行家。

一天这家伙和太太从伍德斯托克过来，跟我和珍一起吃饭。吃饭的时候他说：“你把《芬尼根的守灵夜》研读得怎么样了？”我说：“进展顺利。”他说：“如果有人应该写一写对这本书的解读，那就应该是你和我。”

我说：“哦，别胡扯了。”

他说：“来吧！让我们来写一写。”

我们商量着写一篇介绍。我开始埋头苦干，对《芬尼根的守灵夜》进行细致的分析，然后开始下笔，一下写了大约40 000字。我把我写的东西拿给罗宾逊看，他说："天哪，你打算干什么，难道要写《大英百科全书》（*Encyclopaedia Britannica*）吗？"

坎贝尔：对于写作我有一些建议，相信任何学者都会乐意听听。当你打算和某人合作时，一定要严格地规定你及合作者的写作篇幅。如果你们规定了明确的界限，那最后你们还是朋友，否则你们可能翻脸。

我就经历过这样的事。罗宾逊是一位优秀的乔伊斯研究者，但在探讨乔伊斯的文字的含义时，我们总是意见不一致，而我是对的。至于那些和写作技巧相关的问题，他通常是对的。

当我把最初的手稿拿给他看时，他说："乔，写得很有趣，但内容颠倒了。你把本应该放在开头的内容放到了最后，每段都是这样，甚至每个句子都存在这个问题。"

那天晚上我回到家，思考为什么出现这种情况，终于明白了原因：我从小以成为学者为目标，也希望写作的对象是学者。学者会告诉你其他人对某个主题的看法，然后用一句话否定他，然后再去讲另一个人的看法，再用一句话否定他，之后他会告诉你他的发现过程是多么不易。结果你发现他发表的观点微不足道。

关于写作方法，我的朋友罗宾逊说："听着，当你的读者是普通大众时，你就是权威。在一开始就告诉他们你的想法，然后对它进行解释和说明。这样他们一开始就能了解你的观点，知道你为什么要写其他那些内容。"

嗯，这样写很清晰，具有启发性，但它会剥夺我的很多学术威望，让我成为一个“通俗”作家，而不是我心中的那一类作家。

坎贝尔: 我估计我们用了大约五年时间完成了《解读〈芬尼根的守灵夜〉》。我们完稿时，却没有人想要出版它。我们设法自己出版这本书，把手稿寄给了出版乔伊斯作品的哈考特·布雷斯出版社（Harcourt Brace），但他们把稿件退了回来。

当时桑顿·怀尔德（Thorton Wilder）编写的戏剧《九死一生》（*The Skin of Our Teeth*）[①] 上演了。一个周六的晚上我和珍去看这出戏，我们坐在前排的包厢里。我的天啊，我听到的正是《芬尼根的守灵夜》，一句接着一句。我对它太了解了。我对珍说:“你有铅笔吗？”她带着一个女用包，里面什么都有。我抓起节目单，用铅笔匆匆记下了他们引用《芬尼根的守灵夜》中的句子。我依然留着那张写满铅笔字迹的节目单。

第二天早上我在伍德斯托克给罗宾逊打电话，我说:“嗨，罗多，我想我们应该给《纽约时报》写封信。这真令人吃惊，我的天啊，《九死一生》抄袭《芬尼根的守灵夜》。”他说:“我星期一过去，我们聊一聊这件事。”

听我说完后，他打电话给《周六文学评论》（*The Saturday Review*）的诺曼·卡森斯（Norman Cousins）。那天我们写了一篇相关文章，晚上送到了《周六文学评论》。卡森斯看过后说:“我们给它起个什么题目好呢？”

“就叫‘谁的九死一生’吧。”之后我们把它发表了。不过当时正值战争爆发，珍珠港遭到偷袭，怀尔德加入了军队。他是一名上尉，后来我们听说他当上了少校，再后来他的军阶更高了。报纸像俯冲轰炸机一样从各个角度轰炸我们:“这两个爱尔兰人是谁？这不是我们为之战斗的文明。”

---

① 在有的著作中也翻译成《我们牙齿的皮肤》。——编者注

1944 年，坎贝尔（左）与《解读〈芬尼根的守灵夜〉》的合著者亨利·莫顿·罗宾逊（Henry Morton Robinson），罗宾逊把这张照片送给坎贝尔，背后写着："亲爱的乔，这张是你的——很适合装进相框，从照片上看，你真帅，我的头真秃，罗多。"

“我们先把这件事放一放，”我对罗宾逊说，“怀尔德迟早会出版相关的书，到时候我们再处理。”

当这出戏剧以书的形式出版时，我仔仔细细地看了一遍，其中至少有400处引自《芬尼根的守灵夜》，每个人物以及探讨的问题都出自《芬尼根的守灵夜》。我找到四行完全抄袭《芬尼根的守灵夜》的内容，一个词都不差。于是我们写了《谁的九死一生（第一部分）》，然后又写了《谁的九死一生（第二部分）》。

坎贝尔：写完《解读〈芬尼根的守灵夜〉》后，我们把一份副本送给尤金·迈尔夫人，她把副本寄给了托马斯·曼。曼给她回了一封信，这封信发表在《托马斯·曼书信集》（*Collected Letters of Thomas Mann*）中。我有一本《托马斯·曼书信集》。当看到这类书时，我就会在索引里查找自己的名字，我发现有一封与我有关的信，就是曼写给尤金·迈尔夫人，感谢她寄来《解读〈芬尼根的守灵夜〉》的信。

无论我们是带着超然的兴致倾听刚果某位红眼睛巫医如梦呓般的咒语，还是怀着满心欢喜阅读老子深奥文字的浅显译文；无论是试图理解阿奎那（Aquinas）艰深的观点，还是领悟离奇的因纽特神话故事的非凡意义，我们会发现，故事只有一个，虽然形式不断变化，但主题却亘古不变——我们需要去探索的远远超出了我们的所见所闻。

约瑟夫·坎贝尔，《千面英雄》

我见过曼，我知道他认识我。我给尤金·迈尔夫人和阿格尼丝·迈尔（Agnes Meyer）读这封信，信中写道：“谢谢你寄来约瑟夫·坎贝尔的书。我万分感激，因为我自己不可能读《芬尼根的守灵夜》。读这本书证实了我多年以来的一个猜想，那就是詹姆斯·乔伊斯是20世纪最伟大的小说家。”

布朗：你写《千面英雄》的契机是什么？根据我的理解，这本书的想法一直在逐渐形成，而实际动手写是你在莎拉·劳伦斯学院教书的时候。

坎贝尔：当时罗宾逊已经通过西蒙与舒斯特出版社（Simon & Schuster）出版了一些他自己的作品，出版社问：“坎贝尔这个人是谁？”罗宾逊说：“哦，他是一位最杰出的学者。”于是他们说：“我们想让他写一本有关神话的书。”

我们接到罗宾逊的电话，他说：“乔，西蒙与舒斯特出版社对神话学的书感兴趣，别表现得太清高，如果你把他们吓跑了，我就再也不理你了。”他安排我和出版人一起吃午餐，他们说：“是的，我们想出一本关于神话学的书。”

“你们想要什么类型的书？”

“一本现代版的《红腹灰雀》（*Bullfinch*）这样的书。”

我说：“我才疏学浅，恐怕力有不逮。”

他们问：“那么你想写一本什么样的书？”

我说：“我想写一本关于怎么读神话的书。”

“自助类的书吗？”

“是的，算是吧。”

“写一份介绍，我们讨论一下。”

我回到家，当时珍出去旅行了，我用了一晚上的时间完成了这本书的介绍，拿给他们看。我得到一份好到不可思议的合同：签约时付给我250美元，书写到一半时再付给我 250 美元，交稿时最后付给我 250 美元。最后，我花了四五年的时间完成了这本书。

> 得知我写的这本书达到了我想达到的目的是件令人很开心的事情，即它启发了其作品确实能影响这个世界的艺术家。两家出版社曾拒绝出版《千面英雄》，第二家还问我：“谁会读这本书？”现在答案终于揭晓了。

约瑟夫 · 坎贝尔，《追随直觉之路》

创作《千面英雄》是我面临的第一个挑战，之后的挑战是第一次在莎拉 · 劳伦斯学院给学生上课。我写完《千面英雄》的介绍，拿到了合约，开始写作。在写前言的时候，我把它读给珍听。实际上我写什么都会读给她听，珍告诉我：“作为前言，它太长了。”于是我回过头来检查，把我写的内容分到章节里，这样我完成了《千面英雄》的前半部分。

大约五年之后，我把手稿寄给西蒙与舒斯特出版公司。他们好几个月没有给我答复。我给他们打电话，他们说：“签完约后，他们的人员变动了，现在他们对这本书不太感兴趣。我们会出版它，但如果出版一本我们不太喜欢的书，对这本书是不利的。”

我说：“我会过去和你们谈一谈，然后把手稿拿回来。”这样我把手稿拿回了家。

我给罗宾逊打电话，那时的我很年轻，没有经验，而他经验丰富。我说：“我已经把手稿拿回来了，我打算把钱还给他们。”

他说：“你要是把钱还给他们，我就把你钉在十字架上。那是一群混蛋！他们让你忙活了五年，然后一脚把你踹开。”

我在波林根基金会的下一项任务是看书的校样，因为原来的编辑出国了。这本书是约瑟夫·坎贝尔的《千面英雄》，我急切地开始读这本书的校样，坐地铁回家时都带着它。对精神分析的了解使我认识到每一种意象的意义（我最先读到的是弗洛伊德的学说，过了一段时间我认识到波林根基金会与荣格有关，更不用说保罗·梅隆了）。我在摩尔风格的咖啡店里见到了坎贝尔，我们讨论我做的索引。他看起来是世界上最容易感到满意的人。通过这本书的索引，我第一次尝试偏离正统的做索引的方式。前一个编辑的背弃打乱了出版日期，把坎贝尔晾在一边。我评论说，一方面他从神话和民间故事中选取象征的例证，另一方面从个人的梦境和幻想中选取例证，并且指出了它们之间的相似性。他惊呼道："是的，你看出来了，它们完全一致！"

威廉·麦圭尔（William McGuire），《波林根》（*Bollingen: An Adventure in Collecting the Past*）

另一个出版人，众神图书公司（Pantheon）的库尔特·沃尔夫（Kurt Wolff）告诉我他想看看这本书。我把书稿给他，他问："谁会看这本书呢？"若干年后，他好意地告诉我，他曾拒绝了斯宾格勒的《西方的没落》。

后来我把书稿寄给波林根基金会，他们发来电报："英雄是个宝贝。"指的就是《千面英雄》。从1949年出版到去年（1984年），《千面英雄》卖出了一万册。对于被两家出版社拒绝的书来说，这是相当不错的纪录了。我就是这样开始写作的。

听众：我们的人生中，是否存在基本模式，或生活窍门的清单，因为有时我们会被哄骗？如果存在一些反复出现的模式并可以把它们识别出来，那多好啊。

坎贝尔：在雅各的故事中有这样一些模式，如果你想知道，最好看一看约瑟夫·坎贝尔写的《千面英雄》。（笑声）那就是清单。我可以告诉你这些事情什么时候发生在你身上——它们每天都发生，你应该从神话的角度来看它们，这样你就会知道自己的状况。那就是了解神话学的好处。你知道自己身处哪里，这些故事会在什么时候发生。它们确实在那个时候发生了。读的时候不要认为它们与你无关，它们将会发生在你身上，或者正发生在你身上。这样你就把书中的内容转变成了精神食粮。

柯西诺：你第一次遇到海因里希·齐默尔是什么时候？

坎贝尔：哦，我的朋友海因里希·齐默尔是个非凡的人物。关于他，我有说不尽的话。他的父亲是上一代研究凯尔特文化的学者，海因里希是一位杰出的印度学研究者，希特勒在德国上台后，他离开了那里，和家人来到美国，但他找不到工作。当时美国的大学里几乎没有与东方文化有关的系。要知道，大学里的教职员只想一直待他们的职位上，他们不希望竞争出现。最后荣格基金会给他在哥伦比亚大学图书馆的顶层找了个房间。他在那里给学生上课。

印度学研究者海因里希·齐默尔与波林根研究所联合创始人保罗·梅隆，玛丽·梅隆这样描述齐默尔：“当他感到兴奋或喝了一杯意大利红酒后，精妙的语言会像喷泉般涌出，就像詹姆斯·乔伊斯那样妙语连珠，听他说话就像观看印度舞者香卡（Shankar）跳舞，那是神话的管弦乐

我参加了海因里希·齐默尔的第一次讲学，总共只有四个人，不过他就像给一礼堂的人演讲一样。他是非常棒的演讲者。我记得他对我说："我很高兴你来听这些东西。"剩下两个人中有一个是图书管理员，他是安排他在这里讲课的荣格基金会的成员。另一位是波兰女雕塑家，她走进房间时，喷洒的香水的气味能把众神送到西方净土。

这就是所有的人了。

齐默尔不断默默地向波林根的玛丽·梅隆推荐有前途的人才，其中之一就是约瑟夫·坎贝尔。"一个聪明、有直觉力的爱尔兰人，精力充沛、强壮、充满活力，他对印度的东西有很多了解。"

威廉·麦圭尔，《波林根》

一个学期之后齐默尔得到了一间比较大的教室，又过了一个学期，他得到了一个巨大的教室。他走得很突然。齐默尔患上了感冒，后来转成肺炎。医生误诊了，这真是荒谬。就这样他突然离开了。我欠他太多。齐默尔的遗孀送给我一个他从日本带回来的菩提达摩的雕像，问我能不能对他在美国的讲学进行编辑整理。就这样我花了近 12 年的时间编辑整理他的资料，把他的笔记整理成了四部著作。

1985 年，坎贝尔在火奴鲁鲁的家中写作，书桌上放着海因里希·齐默尔的遗孀送给他的菩提达摩的雕像

坎贝尔：在做这件事的过程中，我与波林根基金会和那里的工作人员及荣格的世界的关系密切起来。当我的《千面英雄》被两家出版社拒绝时，也是波林根基金会出版了它。如果他们不要这本书，我想在座没有人会听说过约瑟夫·坎贝尔。我确信会这样。在我编辑整理齐默尔的作品以及我自己的《爱诺思年鉴》时，他们给予我资助，使我能继续工作下去。他们一直支持着我，直到有人对这类内容感兴趣，直到某一天每个人都对此感兴趣。

你知道，曾经被拒绝，没有工作，不得不寻找自己的道路是件好事。我发现了其他人在迷失时也需要的东西。我的一个朋友说的话让我懂得如果走错了路，到中年晚期时会出现哪般景象：你已经爬到了梯子的顶端，但发现梯子靠在错误的墙上。

我想我找到了突破那堵墙的方法。这是我的经历中令人高兴的事情之一。

坎贝尔：在谈到亚瑟王圆桌骑士故事中“危险的床”时，齐默尔询问这种冒险有什么意义。他问当看起来根本没有任何法则时，什么是男性对女性气质的体验。只是耐心和容忍吗？他说，最后你将获得女性气质的所有赐福。

有一件事让我牢牢记住了他说的这些话。

当时我在写一本有关印度艺术的作品，它基于齐默尔死后出版的《印度亚洲的艺术》(*The Art of Indian Asia*)，包括两卷。我收集到了几乎所有需要的照片，除了四张。我知道它们在几年前去世的印度艺术史学家阿南达·库玛拉斯瓦米的存卷中。

于是我给他的遗孀打电话：“我能不能去府上查看一下先生的存卷，找几张照片？”

“来吧。”她说。就这样在一个炎热的夏日我来到了剑桥。我被允许进入存放照片的图书馆，那里收藏了大量照片。不过我想花不了一个小时我就能浏览一遍，找到我需要的那四张照片。它们果然在那儿。

就像聆听灵感女神的人终将听到她的声音一样，你的写作可以源于自己的意图也可以源于灵感。这样的事情确实存在。它冒出来，对你诉说。那些听到神的韵律和赞美诗、听到神的话语的人能够背诵出这些赞美诗，神都会被他们的背诵所吸引。

约瑟夫·坎贝尔，伊莎兰，1983

我坐下来，开始浏览那些照片，大约过了半个小时，库玛拉斯瓦米的遗孀走进来说：“哦，天真热，你不想喝点橘子汁什么的吗？”我说：“好啊。”于是她坐下来和我聊起来，大约一个半小时后，她离开了，我继续翻找照片。我刚要开始找，她又走进来说：“我想到吃饭的时间了，来吃饭吧。”我说：“好的。”

晚饭结束后，天也暗了下去，我继续我的工作。她说：“乔，你完全可以在这里过夜，睡在那张长沙发上。”就这样过了三天。

我一直对自己说，这就是“危险的床”，我一定要坚持把照片找到。看门人以为我们发生了风流韵事，不管怎样，我得到了我需要的照片。

这是神话的启示在生活中多么有价值的一个小例子。

布朗：你能不能给我们描述一下，那些年里你的工作状态？

坎贝尔：当时我在莎拉·劳伦斯学院全职教书，不是只教一节课，然后就可以休息了，我一周要上四整天的课。

当开始写作时，我制定了一个四分之三日程表，一周上三天课，其余四天用来写作，达成一种平衡。在暑假时，我当然只写作。从1944年我们出版《解读〈芬尼根的守灵夜〉》到从莎拉·劳伦斯学院退休，我出版了15本大部头作品。只要你坚持，以玩的心态对待工作，保持强烈的兴趣，就能大有收获。我对自己创造的纪录很满意。

我继续写作，承担起编辑整理齐默尔笔记的任务，同时我的哲人朋友尼基兰南达上师请我帮他把孟加拉语的《罗摩克里希纳福音书》翻译成英语。那是我书架上的一本大部头著作，因此我夜以继日地工作。

我有时早上写一本书，中午写另一本，晚上再换一本。事实上在那个时候，有时会同时进行三本书的写作。

齐默尔给予的另一个建议是，莫德·奥克斯的沙画以及她转写的杰夫·金（Jeff King）对纳瓦霍人仪式的描述，以及他的学生约瑟夫·坎贝尔从比较神话学的角度对纳瓦霍人的神话进行的评论，既饱含学识，又有趣。看起来他注定会参与波林根系列图书。

威廉·麦圭尔，《波林根》

1946年，莫德·奥克斯在危地马拉

波林根基金会出版的第一本书是《纳瓦霍人战争仪式研究》。齐默尔推荐我为这本书写序言和评论，并编辑这本书。这样我有了另外一个任务。那真是适合写作的时期，手中的素材非常令人兴奋，非常精彩。

无论是《芬尼根的守灵夜》、纳瓦霍文化资料，还是印度文化资料或海因里希·齐默尔的文稿，它们都是一样的。就是在那个时候我意识到世界上只有一种神话，没有人能说出不同的神话。各种不同的历史与社会状况、各种需要和当地特定的伦理体系会使它出现一些变化，但神话都是单一的。

坎贝尔：历史学家和民族学者对世界各地神话与宗教体系的差异感兴趣，他们可以从强调差异的角度来研究世界各地的神话和哲学。而另一方面，从巴斯蒂安的基始观念中呈现出了一个问题。为什么它们无处不在？这是一个心理问题，这个问题使我们在进行比较研究时，可以摆脱掉与差异相关的所有研究。

亚里士多德时代之后，西方文化开始攻击神话观点，以至于西方的评论界倾向于把自己与基始观念分开。然而在整个西方思想中同时存在着一股暗流。它与诺斯替教、炼金术及许多遭质疑的思想存在关联，它们的共同兴趣在于所谓的长期存在的主题。

我想到了长青哲学，阿南达·库马拉斯瓦米对它进行过详细解释，20 世纪 40 年代奥尔德斯·赫胥黎的著作《长青哲学》(*Perennial Philosophy*)使它得到发展。我认为长青哲学把神话意象的含义转化成了文字论述。这就是为什么在全世界的神秘主义哲学中都能找到相同的观点。我们在神话中发现的连续性跨越到了哲学中。哲学的基本理念是，神祇是象征性的化身，它所象征的正是你自己。你自己的能量就是宇宙的能量。神就在那里，神就在你的身体里。天国就在你的身体里，同时它无处不在。

就像长青哲学对神祇的看法与我们的观点非常不同一样，两者对意识的看法也不相同。从基于神话的文化传统角度来看，神祇是能量的化身，这种能量赋予生命活力，包括所有的生命、你的生命、万物的生命。这种化身的性质取决于历史环境。化身即民族，而能量是整个人类。因此神祇从能量中产生，他们是能量的信使和载体。

17世纪末，《林迪斯法恩福音书》（*The Book of Lindisfarne*）。带有分散的镶嵌板的装饰毯页面

《唱赞奥义书》（Chhandogya Upanisad）中有这样一段精彩的文字："拜这个神，拜那个神，一个神接一个神，这样做的人并没有得到真知。"因为神源自你自己的心。追随脚印，来到真知的中心，认识到你就是神诞生的地方。

梦境、幻想和神是相通的。天堂之神和地狱之神都可以被称为梦境的宇宙面向，而梦是神话的个人面向。梦境和神话属于同一类。你和你的神是一体的。你的神不是我的神，所以不要试图把它强加于我。每个人都有自己的神和意识。

当冥想与你内心相和谐的曼荼罗时，宗教象征就是能够促进和谐的力量。它们很有帮助。那是神话的全部意义：帮助你实现个人生活与社会生活相和谐。

约瑟夫·坎贝尔，《神话 II：西方传统的形成》

这就是所谓的长青哲学。

神话和梦属于相同的区域，这个区域被我称为“智慧身体”（Wisdom Body）。当你睡觉时，在进行交谈的正是身体。驱动身体的是能量，但身体并不能控制它。这些是控制身体的能量，它们从伟大的生物基础，即原生质中产生。它们就在那里。它们是能量，是意识的原料。但是我们的身体里，我们的头脑中也发生着这样的事情，头脑有它自己的思考系统。那就是源自头脑的意识，这种意识的知识不同于源自身体的意识知识。

不丹竹巴嘎举教派（Drukpa Kagyupa）的曼荼罗壁画，大西丘宗（Tashichho Dzong）是不丹人法定的会议大厅

胚胎刚一形成，他就知道应该拿妈妈的身体怎么办。他已经为将要进入的环境做好了准备，不需要别人指导。这些事情都是智慧身体的功劳。智慧身体

还使小家伙在妈妈的身体里慢慢发育。我们身体中的能量塑造了他。我们是这种能量的肉体形式。

这样，梦的智慧、幻想的智慧都是长青哲学的智慧。

这就是我开始写作的过程。现在我依然在写作，令人难过的是我的阅读时间减少了，需要学习的东西还很多。

布朗： 乔，在漫长的职业生涯中，工作的哪个方面最令你感到满意？

坎贝尔： 对我来说，神话最令人激动、最动人的方面是它的某些共通性。在纯朴的民族中，比如从刚果俾格米人到雅甘人或火地岛人，你会发现相同的主题，这种情况特别令人吃惊。如果在高等文化系统中看到这种情况，我们不会那么吃惊，因为我们知道这些地区之间会因为贸易和其他技术传播实现交流。

而原始时期却是另外一副模样，你会疑惑人类是否从更早的原始时期开始就产生了这类主题。

我发现最常出现的一个主题是男人的秘密社团、男人的秘密仪式，其中通常包括某种牛吼器，就是一种制造噪音的机器，或某种号角。它被隐藏在树林里，发出“呜……呼……呼”的声音。女人必须对此一无所知。然后男人把牛吼器从树林里拿出来，他们将举行仪式。女人需要跑开，躲起来，不看牛吼器。在有些情况下，男人对看到牛吼器的女人会变得非常残忍。我们在刚果俾格米人中发现了这种现象，在巴西的热带雨林中，在火地岛也发现了这种现象。

我最近听在巴西热带雨林中工作的人提出了一种解释，那就是认为号角中蕴藏着魔法力量的想法最初和女性有关。我们看到在《奥德赛》中，女神喀耳刻拥有魔法力量，而男性只拥有身体力量。在三四个地方或所有地方的传说中，男人从女人那里偷走了获得魔法力量的知识，却不让女人接触它。现在我们不常听到来自女性一方的说法，因为男性人类学家不去探究女性的真正想法。不过有一对夫妇对巴西的巴拉萨那族（Barasana）进行了研究，其中妻子研究巴拉萨那族的女性。通过她的研究，我发现女性离开仪式，躲起来的时候，其实是在保护她们的力量免受男性力量的污染。也就是说女性的身体中蕴藏着力量，拥有身体的魔力，而男性不得不获取力量。

如今女性力量的标志是月经。正是在月经周期中，女性被大自然的力量，也就是生物力量所占据。在成人仪式上男性之所以被残忍地对待，是因为这样他们才能也拥有力量。男性使用的器具等同于女性的月经。也就是说，某种超越个人意向的事物在进入。正是在神秘能量或生物能量占据个人的地方，仪式和神话产生了。

肯纳德：你怎么解释在这么多文化中，象征和仪式的相似性？我们真的都是一种人类吗？

亥瓦特：世界上充满了生物方面的不公平，但我确实认为有些事物导致了精神上的统一。不过我认为我们太相信这种理念，以至于混淆了相似与平等。这是一个可怕的错误，是西方帝国主义的另一种形式。我当然同意坎贝尔的观点，认为我们身体中都有一点魔法力量，都燃烧着相同的火焰。但是让我感兴趣的是这些火焰、这些不同的象征以怎样的方式显现出来。

吉耶曼：据我们对大脑结构的认识，无论神经生理学家在什么地方解剖大脑，都没有证据显示大脑的基本结构存在差异，无论你是霍屯督人、美拉尼西亚人、高加索人或其他任何地方的人。大脑的基本结构完全相同。

亥瓦特：我相信澳大利亚黄金时代的壁画和阿尔塔米拉洞穴的壁画肯定没有共同点。外表是浅表的，而非本质性的。在观看早期艺术时，我们看得很肤浅，没有看到根本。我认为从很早的时候开始，不同文化之间的差异便出现了。

坎贝尔： 人们必然会有一些基本的生物体验，比如在大多数文化环境中，个体出生后接触的第一个客体和第一个主体就是妈妈的身体。在世界各地的神话中，女性身体的参照系统具有相当高的一致性。

文化会存在一些变化，比如人类从狩猎采集到种植。与生产能力相关的女性地位会发生改变，神话和象征会发生改变，但始终存在着基本的事物。

尤其在小男孩的成人仪式中，解决的问题之一就是使男孩的力比多与母亲的身体分离。在各种文化中，男孩的成人仪式会以各种方式解决这个问题，但他们面临的问题都相同。在生命的最初 12 年里，人类处于依赖权威的状态。此时他们的心理体现为尊重权威，期望获得认可，担心被指责等类似的想法。成人仪式的功能之一就是杀死婴儿期的自我。然后你会面临死亡 - 重生的主题。个体落入自己生命的土壤中，经历某些改变，成长为一个负责人的成年人。

虽然在每种文化中，被切割的身体部分不尽相同，但这种方式在延续。接下来个体会与社会脱离，步入老年。这是人类不得不面对的另一种常态。识别这些常态并不总是容易的，因为它们的表现形式会改变。我引用了巴斯蒂安的说法，把它称为基始观念——普遍的主题或形式，与当地表现形式之间的差异。

当地表现形式会因地区不同而发生巨大的变化，比如北极居民与丛林居民，非常淳朴的部落与波斯帝国。崇拜的偶像也会有很大改变。安第斯山脉中距离很近的两个部落之间的不一致，很大程度上是因为他们引入了其他地方的经验。他们住得很近，一开始具有相同的文化形式，后来在使用过程中发生了改变。

听众： 我对《指引生命的神话》这本书的书名很好奇。今天我们依赖什么神话生活，神话可以被运用到什么生活领域？如何用神话操纵其他人的生活或自己的生活，使它变得更好或更糟？我想我遗漏了某处的要点。

坎贝尔：学习通过神话来操纵别人不是我很感兴趣的事情。

近年来在这方面做得最成功的非希特勒莫属。他还知道如何利用仪式。我有几位在集中营里待过的德国朋友，当希特勒在他们所在集中营的附近做演讲时，他们会被带出来并要立正。其中一位朋友告诉我，他必须尽力控制自己不举起右手，不喊出："嗨！"。

精心设计的仪式具有使人失去有意识的控制能力，这种力量非常可怕。我们已经失去了对这种力量的判断力，对它一无所知。这时出现了对这种事情很有天赋的人，他看到了运用这种力量会发生什么。

《指引生命的神话》的内容源自我多年来（1958—1971 年）在纽约库伯联盟论坛（Cooper Union Forum）上发表的大约 25 篇系列演讲。这些演讲针对的是约翰逊·费尔切尔（Johnson Fairchil）提出的主题，他是系列演讲的负责人。演讲的主题都与当时人们的生活有关联。那是很久之前的事情了，我甚至不记得这本书的各章都是什么了。不过我还记得书中神话涉及了爱情、战争、青春期转变等这类主题。相关的神话资料非常丰富。

我把我们所生活的时期视为神话的终碛期。在这个时期，我们周围好像有很多的神话垃圾。它创造了文明，但不再以原来的方式发挥作用的神话，像瓦砾一样存在在我们周围。

那些致力于让自己的想象生活变得活跃的人，能够从优秀的文学作品中获得激励，所谓想象生活就是发自内在的生活，而非源自对外界信息和指令的反应。如今，世界上再一次充满了优秀的文学作品。

因此没有一定之规，一个人必须找到能唤醒他、令他激动、让他的心灵充满活力的东西。

听众：那么你会追随内心涌起的充满诗意的或超越世俗的感受吗？

坎贝尔：我认为文学和艺术世界，也就是我们所说的人文科学是能让我们找到所有这一切的地方。一个人必须追求类似的事情。

我对这本书的期望是……其中令我着迷的古代谢赫拉莎德艺术……能够扩大我们对世界的体验，以一种让一些人重新加入人类的视角来认识我们自己。阅读完整的《一千零一夜》将使我们走向死亡——暴君死去，人类重生。

约瑟夫·坎贝尔，为《便携版一千零一夜》写的序言

如今宗教在这方面的做法是怎样的？人们每周去教堂，在大约一个小时的时间里将自己置身于被认为能再次唤醒灵性的环境中。然后你走出教堂，做日常的杂事，然后再回到教堂，或者你在早晨和晚上祷告，认为这些做法就意味着让自己与灵性中心保持联系。但是如果宗教没有使你接触到灵性中心，它就是别人的宗教，那么你与灵性中心是隔绝的。这就是我们的问题之一。

布朗：在宣传《动物力量之道》（*Way of Animal Powers*）的脱口秀节目中，你似乎遇到了严峻的考验。

坎贝尔：你是指隐喻故事吗？

布朗：是的，那是一个引人入胜的小故事，它好像有助于启发后续的作品。

坎贝尔：当然，我很喜欢讲那个故事。去年关于神话对生活的作用和重要性这个问题，我形成了一个简单的领悟。

《动物力量之道》出版时，出版社邀请我做过一次巡回宣传。这是最糟糕

的那种旅行，因为你要和对你在书中探讨的主题一无所知的人交流。他们提出的第一个问题通常是“什么是神话”。

最后我想出了一个我认为能够吸引他们的定义。我知道没人知道它是什么，但听起来很像是个定义。

在巡回宣传接近尾声时，我参加了电台的一档现场脱口秀节目，时长一个半小时。我不会说是哪个城市，也不会说和谁一起做节目。我走进播音室，红灯还没有亮，于是我和主持人稍微聊了聊。坐在桌子对面的年轻人对我说的第一句话是：“我很不好对付，我会直截了当，绝不糊弄。我是学法律的。”

好吧，我觉得完全没问题。然后红灯亮了，他一开始就提出了那个普遍的观点。他说：“神话是谎言，不是吗？”

我说：“不是，要探讨神话，必须探讨神话学，就是人们赖以生活的完整的神话体系。神话学是象征性叙述和偶像的系统，它用隐喻的方式描述了在某个时期，在某个社会中人类可能获得的体验与成就。”

当然，它已经不再受重视了。

“神话是谎言。”

“它是隐喻。”

“它是谎言。”

大约五分钟过去了，我意识到这个年轻人不知道什么是隐喻。你知道，我觉得我也是不好对付的。你会说，就像摔跤中你反锁了他的手臂，他挣脱不出来了。

我说：“不是，我告诉你神话是隐喻，请举一个隐喻的例子。”

“你给我举一个隐喻的例子。”他说。

我在学校教了 38 年书，当然能应付得来，于是我说：“不，是我先提出这个问题的。请举一个隐喻的例子。”

这可怜的家伙失去了自信，我感到有点惭愧，不应该对人做这样的事。

我记得尼采在《查拉图斯特拉如是说》（*Thus Spake Zarathustra*）或《权力意志》（*The Will to Power*）中谈到过软弱的罪犯，就是有勇气动刀子，没有勇气面对鲜血的罪犯。现在我没有勇气面对自己对这位年轻人所做的事，而且还是在现场直播中。这个节目还是以他的名字命名的。

他不知所措，说道：“我不知道该怎么举例，等一会儿。”然后，他站起来（离节目结束还有一分半钟或两分钟）说：“我会试一试。”

他说：“某人跑得非常快，人们说他跑起来像一头鹿。”

我说：“这不是隐喻。”时间一分一秒地流逝。

“隐喻应该是，某人是一头鹿。”

“那是谎言。”他说。

“那是隐喻。”我说。

节目结束了。

我占了上风，这很简单。

人们说他们相信上帝。上帝就是一个隐喻，代表了超越所有人类思想范畴的奥秘，甚至超越了存在和不存在之物的范畴。那些是思想的范畴。它取决于你想对它进行多少思考。它是否使你触及了作为你自己存在的基础的奥秘。如果不是，它就是谎言。

世界上有一半人口信仰宗教，他们认为他们的隐喻是事实。他们就是我们所说的有神论者。另一半人认为隐喻不是事实，而是谎言。他们是无神论者。

坎贝尔：我曾与马丁·布伯（Martin Buber）有过一次奇妙的接触。他在纽约有几场持续三周的系列演讲，举办时间是每周三晚上。听众规模和我们现在的规模差不多。他的口才很好。第一天晚上他演讲的主题是上帝，我逐渐意识到我听不懂他在说什么。他在说星系和亚原子粒子背后的奥秘吗？或者他在讲《旧约全书》中耶和华发展的某个时期？或者他在谈论与他进行过私人对话的某个人？

他停顿了一下说："用第三人称来谈及上帝，令我感到痛苦。"（当我把这件事告诉格肖姆·肖勒姆［Gershom Scholem］时，他说："有时他就是会扯得很远。"）

我坐在那里，举起手，他非常有礼貌地说："怎么了？"我说："我不太理解你今晚使用的一个词。"

他问："哪个词？"我说："上帝。"

"你不明白上帝是什么意思吗？"

"我不明白你所说的上帝是什么意思。你告诉我们上帝隐藏了他的脸。我刚从印度回来，那里的人时时刻刻都在感受上帝的脸。"

这就好像我拿一块砖头砸他。

他说："你是想进行比较吗？"那是一神论。我们有了神，其他人便没有神。

在接下来那周，这个不可思议的小个子男人把腓尼基人说得非常糟糕，因为他们把长子杀死，作为给摩洛神（Moloch）的祭品：多么可怕的事。15分钟后他谈到了亚伯拉罕要把以撒献祭，并说现在这成了无人能比的最虔敬的行为。这是显示亚伯拉罕多么伟大的关键之举。

于是我再也忍不住了。我再次举起手说：“布伯博士，怎么区分神的邀请和恶魔的邀请？”

他说：“你说这话是什么意思？”

我说：“15 分钟前你批判腓尼基人把长子献祭给神祇的行为。现在因为亚伯拉罕做了同样的事情，你赞扬他无人能比。”

以下是他的回答。

“我们相信上帝授意亚伯拉罕。”这就是他的回答。这就是在一神论社会中探讨神话时会面临的问题。神话不再是神话，而成了事实。这是象征的真实化，因此失去了象征中蕴含的启示。你所获得只是一种象征。

所以如果有人说“我与天父是一体的”，或者像伊斯兰教神秘主义者哈拉智那样说“我与我所爱是一体的”，那么他们便会被钉死在十字架上了。我记得哈拉智说过，在正统的社会中，象征物的作用是给予神秘主义者愿望，即与他的神合为一体。杀死他，他便加入了神。这就是爱之死。你与所爱合为一体。

这是一个可怕的主题，在若干个世纪中发挥着重要的影响。为了庆祝与神的同一性，一些人被烧死。

越过苏伊士运河，来到东方，在这里你发现宗教的目的是领悟到你与你探求的事物是一体的。你就是神。因此你可以看出两种宗教之间的差异，一种是同一宗教，另一种是关系宗教。在前一种宗教中，人与神是同一的；在后一种宗教中，人与神存在某种关系。

坎贝尔：一天一个聪明人来找我，他是一位在文学世界中被认为非常可敬的人，也是一个不可知论者，他问我，“你是否有可能是不可知论者？”

我说:“我知道得太多，不会是不可知论者。”

我所知道的是所有象征都是隐喻。它们隐喻了什么？隐喻具有隐含的意义，神话隐喻暗指个体内在的灵性力量。当宣讲宗教时，如果你不是在宣讲隐喻的隐含意义，那就是在宣讲野史、伪社会学或诸如此类的东西。这样世界上真正的宗教非常少。

我能做什么？我只能再写一本书。于是我在写作大部头的《世界神话的历史地图集》(*Historical Atlas of World Mythology*)过程中，插入了另一本书，希望它能很快出版。

布朗: 这是否就是《心灵的宇宙》(*The Inner Reaches of Outer Space*)的由来？

坎贝尔: 当写书时，如果写的是你心中所想，不知怎么的，你会忘记书里写了什么。所以我不确定我能确切地回答你的问题。我在书中所写涉及如何运用隐喻。我发现或我知道纳瓦霍沙画的象征手法几乎完全复制了印度昆达里尼瑜伽的象征手法。

它们来自两个完全不同的地区，不可能存在传播或任何形式的影响。它们表征了人类心理的象征系统。纳瓦霍人以象征的方式理解它，告诉你如何参与其中，这些象征符号如何对你产生作用。

最高的神是我们最高的障碍。它代表了你所能达到的思想与情感的最高点。超越那个点。埃克哈特大师说:“最终的告别是神告别上帝，也就是民间的神，即基本理念。”

约瑟夫·坎贝尔,《神话》(*Mythos*)

第一章探讨的是外太空的内在纵深。我以月球的照片等素材作为线索。现在我们知道宇宙中有成百上千的星系，每个星系就像银河系一样广大，彼此相距几百光年。你知道有耶稣升天的神话，也有圣母升天的神话。你要么摒弃这些神话，说它们是谎言，要么说它们是某些事物的象征。它们象征的是内在空间的飞行。虽然看起来是向外的，但你正前往生命缘起的地方，也就是你自己生命的深层基础。我从这种意义上来解释神话象征。

我给这本书的序言起的标题是“神话与身体”。在这篇序言中，我阐述了我的基本观点——神话是生物学的因变量。它体现了推动意识的能量。这些能量取决于身体器官，它们的意图并不总是相同，因此会出现冲突和不协调。然而神话的作用就是使我们的意识存在于大自然中，存在于身体中的生命基础协调一致。这本身就是奥秘的表现形式。

这是一个重大的主题。当你转向它、触碰它的任何一个方面时，它就会展开，提供新的奥秘——如果你追随它的隐含意义，而不是字面意义。字面意义没有用，仅此而已。我想信奉宗教的人知道它们没有用，所以他们非常专横教条地、处心积虑地要求你必须信仰他们的信仰，因为如果你不信，那么他们或许犯了错误。他们不知道如何解读象征物。

这就是我通过自己的生活对天主教形成的认识，我成长在天主教的环境中。所有的冥想都必须与 2 000 多年前发生在其他地方、其他人身上的事情有关。除非把它们解读为隐喻，应当在我身上发生的事情的隐喻，我的死亡与重生的隐喻，我的自我死去，神性得到重生，否则它们毫无意义。

我认为最后一章是本书的高潮，它受到了我妻子珍的一番话的启发。一天，我们在谈论神话隐喻的话题，她说：“神秘主义者的方式与艺术家的方式非常相似，只不过神秘主义者没有技艺。”我从这一点出发对神秘主义者的生活与艺术家的生活进行了对比。拥有技艺的艺术家依然与世事保持着联系，而神秘主义者经常会脱离世事。因此看起来艺术更高一筹。我认为珍的观点一针见血。

神话学是象征性叙述和偶像的系统，它用隐喻的方式描述了在某个时期，在某个社会中人类可能获得的体验与成就。神话是隐喻。上帝、天使、炼狱等都是隐喻。

约瑟夫·坎贝尔，1985 年 2 月接受《纽约时报》的采访

THE HERO'S JOURNEY

JOSEPH CAMPBELL ON HIS LIFE AND WORK

06

借助魔法逃脱

THE HERO'S
JOURNEY
JOSEPH
CAMPBELL ON
HIS LIFE
AND WORK

如果凯旋的英雄赢得了女神或男神的祝福，并被明确地委派带着复兴社会的长生不老药返回尘世，那么英雄冒险的最后阶段便会得到超自然保护者的全力支持。另一方面，如果战利品是通过对抗守护者而获得的，或者如果众神或魔鬼不愿意让英雄回归尘世，那么神话的最后一个阶段就会是一场惊心动魄且常常滑稽可笑的追逐。用巫术制造的障碍和利用魔法实现的逃避使得这场追逐变得复杂。

约瑟夫·坎贝尔，《千面英雄》

20 世纪 50 年代中期，约瑟夫 · 坎贝尔在华盛顿国务院教授了两年东方哲学课程，帮助外交官为海外任务做准备。外交官们对课程的喜爱，加之在亚洲所做的研究，使坎贝尔清楚地认识到他可以教给学生和学者之外的人们一些重要的东西。

1968 年迈克尔 · 墨菲邀请他到加州大苏尔的伊莎兰学院讲学。在接下来的19年里坎贝尔和作家山姆 · 基恩（Sam Keen）、太极大师黄忠良（Chungliang Al Huang）、心理学家约翰 · 佩里等许多人共同教授课程，不断拓展了传播神话学的范围。

1972 年坎贝尔作为荣誉教授从莎拉 · 劳伦斯学院退休后，再次开始各处旅行。在接下来的几年里他去过冰岛、土耳其、埃及和希腊，并在东南亚旅行了很长时间。

1968 年《众神的面具》的第四卷也是最后一卷出版了，这本书的写作历经20年。书中包含了对神话学历史发展和人类宗教差异的研究，目的是对《千面英雄》进行补充，进一步描写世界神话的相似性。四年后坎贝尔出版了《指引生命的神话》，这本书是他在纽约库伯联盟论坛上所做演讲的集合。同年他还出版了《简明版荣格读本》（*The Portable Jung*）。1974 年他出版了《梦境的象征》（*The Mythic Image*），这是波林根系列图书的巅峰之作。

布朗：你知道，乔，我曾和你一起开车沿着北加州的海岸漫游。当来到卡梅尔，我们度过了一段美妙时光，我们还去了你年轻时待过的鲜为人知的地方。不过我不知道最初你是怎么想到去伊莎兰的。

坎贝尔：我想那大概是十六七年前（1968 年）。艾伦·沃茨建议迈克尔·墨菲请我去那里。我想大致就是从那个时候开始在伊莎兰讲学的。

我要飞到密尔沃基，中间在旧金山会休息一个小时。迈克尔和理查德·普赖斯（Richard Price）来到那里，问我是否愿意来这里讲学。这就是当时的情况。人们显然喜欢我的讲学，所以我经常来这里。

20 多年来，约瑟夫·坎贝尔为伊莎兰注入了新生命。参加研讨班的人、工作人员和学者就像参加了复兴布道会，得到了加勒哈德（Galahad）、卡莉（Kali）或赫耳墨斯（Hermes）的启示与激励，而不是被地狱之火的想象吓坏了。没有人能像他一样能够让听众兴奋地站起来。在伊莎兰学院的历史上，没有人能将热情、学问和智慧如此充分地结合在一起。

迈克尔·墨菲

一次当山姆·基恩来纽约拜访我时，出现了一个巨大的改变，我们决定一起做点什么。我们有一套理论。山姆擅长发现人们容易在什么地方遇到麻烦，被困住。我不认为一定要通过深入的精神分析才能解决困惑。阻碍你的可能只是某种观念，消除这种观念，你就能得到解脱。

这是很好的神话学原则。在印度，魔鬼就是意识的障碍，阻碍意识的东西。我们有一个想法，那就是山姆可以通过与人们交谈发现他们的问题是什么。我可以找到与他们的问题对应的神话内容。

这是非常棒的想法，没有人会因此受到伤害，事实上它很管用。我们有三四次取得了惊人的成功。那是我第一次理解了我的神话学学识与真实心理问题的关系。

从那之后一切进展顺利。

布朗： 确实如此。

布朗： 作为精神病学家，我对你与约翰·佩里的合作特别好奇。你最初是怎么和他相识的？

坎贝尔： 那是一次不寻常的会面。有一次迈克尔写信给我说，他希望我出来和约翰·佩里聊聊，约翰·佩里是旧金山研究精神分裂症的精神病学家。我说，我对精神分裂症一无所知。他说："总之，他想请你做场演讲。"我说："嗯，讲讲詹姆斯·乔伊斯怎么样？"他说："好啊。"

于是我答应和约翰·佩里聊一聊。佩里给我寄来他的一些关于精神分裂症的象征体系的专题论文和文章。严重精神分裂症患者出现的各种幻象的顺序与《千面英雄》中介绍的象征物的顺序非常相似。

因此我再一次认识到，我感兴趣的神话学，不只是与学术有关，还与现实生活中的问题有关。

这真令人兴奋。

布朗： 你我正是以这种方式变得熟识起来。20 世纪 70 年代中期我读到了你的一本书，《众神的面具》之《原始神话的诞生》(*Primitive Mythology*)。那些神话就像在精神分析过程中病人给我讲的故事。

坎贝尔：是的，这很不可思议。我认为20世纪60年代是普及神话学的危机时期，当时不少人服用致幻剂，我的书《千面英雄》变成了指引嬉皮士们的神话学路线图。

肯纳德：有没有人在听完你的演讲后问了你某些问题，让你不禁在想："哦，天哪，我要在30秒钟里给他们讲述生命的真正意义"？

坎贝尔：（大笑）没有过，我没有遇到过这样的问题。

肯纳德：那你曾走向某些人，向他们提出问题吗？

坎贝尔：不，我不会像那样提问题，通常是别人给我提问题。（笑声）最糟糕的事情之一是做完演讲并回答了听众的问题后，有人向你走过来，将他的全部灵魂寄托在其中。那是最难应对的。另一件棘手的事情是写博士论文，学生们想知道参考书目之类的东西。这些是我工作中仅有的令人烦恼的事情。

塔纳斯：也就是博士生和灵魂探寻者！博士生的论文会写点什么？是严肃的或坦率的题材吗？

坎贝尔：博士生论文的主题会让你感到吃惊。（笑声）我知道有一个家伙的论文主题是弥尔顿（Milton）在他的十四行诗中对分号的使用。

肯纳德：他征求了你的意见吗？

坎贝尔：不，他告知我他要写那个。这真好笑。

肯纳德：乔，在演讲后，你还听到过什么更有趣的问题？有没有人提过一些出乎意料的问题，让你认识到一些新事物？

坎贝尔：1967年我在伊莎兰学院马斯洛教室里做完演讲后，听到了一个最有趣的问题。有人问："韦特塔罗牌的象征意义是什么？"

马赛塔罗牌，在伊莎兰学院研究过韦特塔罗牌之后，坎贝尔被马赛塔罗牌所吸引，马赛塔罗牌包含着丰富的中世纪意象

我从来没有想过这个问题。我见过塔罗牌，记得海因里希·齐默尔做过有关塔罗牌的演讲，我还能想起来他说的一些话。于是我说："给我一副塔罗牌，让我拿回我的房间，早上我会告诉你我发现了什么。"

那真令人激动，我幸运地发现了几种序列。其中一种是人类的四个阶段：青年、成熟、晚年和但丁所说的老态龙钟。他也称之为老朽，在《飨宴》(*Convivio*) 中他对此有详尽的探讨。

除此之外，我还发现了另一个序列。在这个序列中，一个女人把蓝色器皿中的水或其他液体倒入红色器皿中，这个序列被称为"节制"。再一个序列是魔鬼、地狱。接下来是闪电击中一座塔，那是象征炼狱的毁灭之塔。你知道，邪恶之塔被上帝的毁灭雷电击得粉碎，上帝要毁灭的正是你棘手的自我系统关系。

第四个序列是生命之初、天堂、两个红色器皿中的东西被倒入下面的世界。在但丁的《新生》(*La vita nuova*)中，新生命被从肉体器皿倒入灵性器皿。

把上述序列放在一起就构成了一个美妙的系统，它不仅解释了人生四个阶段中心理关系的转变，也解释了从纯粹的世俗观点变为高尚的灵性观点过程中心理关系的转变。

这四套序列很有趣，因为这是中世纪的一副牌。我们所知的最早的塔罗牌源自 1392 年，是为法国的查理一世制作的。它出现在但丁死后不久。四套牌的主题分别是：剑，代表贵族；圣杯，代表天主教牧师；钱币，代表有钱的庄园；棍棒，代表农民。这是中世纪的四个社会等级。

每个人都会经历两大人生阶段，一个阶段是进入人生，在 35 岁或 40 岁时达到巅峰；第二个阶段是离开人生。这四套序列必定与进入人生或选择职业有关，无论你的职业是什么。最后一套牌，即大阿卡那牌一定涉及神秘的道路。它的象征意义就这样呈现出来，就在我面前。这是令人难忘的经历，是我遇到的最有趣的问题。

肯纳德：让我感兴趣的是某人向你走过去，用一个问题把你的研究转向塔罗牌。你解释了牌的意义，认为它让你知道了自己在人生中的位置。那又怎样？为什么是这样一个问题引起了你的兴趣，让你看到了自己在人生的位置？现在它还能影响我们吗？为什么你突然灵光一闪，对自己说，哦，就是这样？

坎贝尔：你知道，那是用来算命、测性格这类东西的牌。正如我所看到的，它代表了源自欧洲中世纪意识的人生安排。事实上它承载着但丁哲学中很多含义的象征形式。那才是真正触动我的东西。

但丁死于 1321 年，而这种纸牌存在的最早证据来自大约同时期的布道，布道的内容是反对这种纸牌。你也许奇怪，为什么要反对这种纸牌。当仔细查看过这件事后，你就会明白为什么。它本质上是不可知论者的哲学。传统基督教有一个理念，那就是世界末日正在来临。世界末日是一个神话象征，它被解释成了历史事件。对传统的基督徒来说，世界末日是一个历史事件。但是神话象征并不涉及历史事件，它们涉及的是精神事件。世界末日是精神事件，不是历史事件。

人们发现了一个被称为“第五福音书”（Fifth Gospel）的福音书，即《多马福音》（*Gospel According to Thomas*）。大约在 1945 年，它在埃及沙漠中被挖掘出来。在接近福音书结尾的地方，门徒问：“主啊，天国何时到来？”耶稣的回答与《马可福音》第 13 章中的内容形成了对比，在《马可福音》中耶稣驾云降临，带来包括战争在内的各种事情。在《多马福音》中，耶稣说：“天国不会如期望而至。人们不会说，看这里，看那里。天父之国遍布人间，人们看不见它。”

这些教义来自神秘的诺斯替教派，即梵语的“菩提”。改变你的视角，你会看到你面前的整个世界光芒四射。你看到了吗？

塔罗牌中显现的就是这个教义。最后一张牌被称为“尘世”，图案是一个在椭圆光轮中跳舞的女炼金术士。牌的四角是象征信徒的四个人——马太、马可、路加和约翰。换言之，要来到的就在这里，就在尘世中，根本不是需要等待的东西，不是历史事件。

这个发现触动了我。

阿里恩：你相信塔罗牌吗？你会解读那些牌吗？在用这些牌算命或测性格时，你相信自己的解读吗？

坎贝尔：不相信，我不做这样的事情。我只是看看。我可以告诉你它的原理，它是多么美妙的东西。

阿里恩：但是你不相信它能告诉你些什么？

坎贝尔：它为你提供一份人生时间表，涉及人生的不同阶段，以及从灵性角度看，对待人生经历的态度怎样是低俗的，怎样是高尚的。这是很美妙的事情。

阿里恩：你觉得你在这里能看到天国吗？

坎贝尔：当然能。大萧条时期有一位年老的牧师，他的布道常常很精彩，他总会说这样一句话："你们难道看不到奥秘的教理吗？你们难道不满心欢喜吗？"每个人都会说："看到了，主啊！"

你看不到吗？

阿里恩：看到了，看到了！真是不可思议……

坎贝尔：是的，只是没有人告诉你，这就是个大问题。我不认为这背后存在恶意，只是我们的文化历史中没有这个观念。因为这样或那样的原因，它被屏蔽掉了，除非你自己领悟到。不过当有一点线索出现时，比如塔罗牌，这种领悟就会变得没什么困难。

阿里恩：你也说过塔罗牌很容易获得。这对教会是一种威胁吗？

坎贝尔：这我不太清楚。我不知道真实的情况是什么。据我所知，只有少数14世纪的线索显示某种新观念正在出现。另外很多人以为它来自埃及。这种观念完全是中世纪的，这种象征体系也是中世纪的，它是欧洲的观念。

布朗：不能在即刻看到天国是否与我们和大自然的关系极糟多少有些关系？

坎贝尔：让我们来看一看。我们的宗教传统倾向于道德洞察，也就是善恶等这类东西，而不是超自然的洞察。在我们的传统中，人不相信自然，因为自然已经堕落了。世间既有创造之神，也有堕落之神，因此生命是善与恶的混合。你不能依靠自然，而是不断纠正它。你总是站在道德的立场上惩恶扬善。

道教却不同，它宣扬的是服从自然，让个体融入其中。同样在原始文化中，人们就是在大自然中休养生息的。

这促使了意识的彻底改变，认识到自然是善的。这就是我在日本获得的感受和认识。神道教有一句俗语："自然的过程不会是邪恶的。"

我们再来看赫拉克利特。赫拉克利特对神说："所有事物都是善的、正确的、公正的，但有些人把有些事物归为正确的，把有些事物归为不正确的。"这就是形而上学。

崇拜，崇拜，崇拜。人们从印度各地赶来，这是一个伟大的朝圣之地。在这里朝圣的观念被转化为实际行动，是进入你心灵中心的朝圣。如果朝圣时你思考自己的行为，知道这是在进入自己想要改变的内在生活，那么朝圣是有益的。

约瑟夫·坎贝尔，《神话Ⅱ：东方传统的形成》

阿里恩：你是怎么领悟到的？是什么使你获得了这些启示？

坎贝尔：我曾在日本研究佛教和神道教（1955 年），通过研究典籍获得了这些领悟。我还记得当时的感受：身处于一个从未听说过堕落的地方真是一件乐事。我常常对我的朋友说，如果你考虑接受精神分析，把那钱省下来，留着去日本吧。这会帮你清理掉内心的大量垃圾。我完全爱上日本了，当你像这样陷入爱中时，你不会有痛苦。

法夫罗：他们的社会不是很结构化吗？个人应该很难脱离出来，享有独立。

坎贝尔：我不知道如何回答这个问题。我在那里只待了 7 个月。我认为结构化并没有什么不好，至少你不会把痛苦传播给别人。无论快乐不快乐，人们都会微笑，这不是很好吗？或许一定程度的个人自由并不是那么值得拥有。

另一个有趣的东西是火车。如果火车晚点了两分钟，火车站就会在广播里向乘客们道歉。另外，在时速高达两三百千米的动车上，乘客仍会感觉非常平稳。

再看看我们的火车，天哪！一次我搭火车从纽约北部赶到斯坦福德，一路上火车咣当咣当地响。当到达斯坦福德时，车厢倾斜了，车箱里的所有东西都掉到了地上。一位年老的行李搬运工走进来说："每次我们到斯坦福德都会这样。"

法夫罗：你是否认为在我们的文化中，自由太多了？

坎贝尔：不，我不是那个意思。我只是说在日本有多么好。在那里我学会了信任大自然。你分不清艺术与自然的衔接处，它们融为了一体。

在日本，事物互相有重叠，寺庙、神龛与当地自然总是和谐一致的。走进日本的园林，你顺着地势向上爬，突然新的景致展现在你眼前，东京的三千

1955年夏天，坎贝尔在日本天理教教会用餐

院、相国寺、龙安寺都是如此。园林的设计使你在游览过程中意识得到扩展。

这种灵性活动与身体活动的结合非常棒。在上大学期间和大学毕业后的几年里，我曾参加田径比赛，但那只是田径运动。而当你练空手道或进行类似的活动时，你会意识到心理态度、精神定位的重要性。在日本，每件事物都是这样运转的。他们意识到宗教是心理性的，关系到发生在你身上的事情。

1958年，约瑟夫·坎贝尔与日本朋友在福冈的城堡庭院里。走在前面的是宗教史学家兼神话学家米尔恰·伊利亚德（Mircea Eliade）和他的妻子克里斯蒂娜

正如日本禅宗大师铃木大拙博士曾说过的："这个包含着所有错误、所有罪行、所有恐惧、所有平庸、所有愚蠢的世界就是金莲花世界。"但是你必须学会从那个维度来看它。

约瑟夫·坎贝尔，《光之世界》

我们对公元30年在耶路撒冷发生的事情存在疑问。它真的发生了吗？它和其他事情有什么联系？

1959 年，铃木大拙（Daisetz Suzuki）在镰仓市松丘图书馆（Matsugaoka Library）

在一次有关禅宗的演讲中，铃木大拙博士讲了一个小故事。一位年轻人问大师："我有佛性吗？"大师说："没有。"年轻人又说："我听说万物皆有佛性。石头、树木、花草、飞鸟、走兽……众生都有佛性。"

大师说："是的，你说得对。万物皆有佛性。石头、花朵、蜜蜂、小鸟都有，但你没有。"

"为什么我没有？"

"因为你提出了这个问题。"

也就是说，那位年轻人对自己的认识不是来自超越性的本源，而是把自己作为了一个独立的单元。这使他产生了错误的认识。因此他的生活不是出于佛性的生活。

石板路，日本京都桂离宫的地面，"在日本，艺术与自然融为了一体。"

艺术家的诀窍也在于此：呈现作品时不能在它周围画个圈，使它与你、与观察者隔离开。当你看到真正触动你的艺术作品时，你会想："啊哈，我就是它。我就是它向我发出的光芒和能量！"用纯粹经验主义的术语说就是参与其中，但是不止如此：它是认同。

印度教徒常常会问"我是谁"，这是一项重要的修炼。我是这个身体吗？我曾给一群在预科学校学习佛教的男孩上过一次课，我为如何向他们表达这个观点犯难。因为万物都是佛性的表现形式，我们都是与佛陀有关的事物。我们都是伟大佛性的独立显示，它充满了整个宇宙。植物有佛性，石头有佛性，万物皆有佛性。

于是我对男孩们说："看着天花板，你既可以说灯（lights，复数形式）亮着，也可以说灯（light，单数形式）亮着。这两种说法说的其实是同一件事。单数形式强调的是个体的灯，复数形式强调的是整体的灯。但是它们说的都是相同的事情。"

在日本，对个体的强调被称为"事法界"，对整体的强调被称为"理法界"。佛教中有一句话是这样的：理事无碍法界，事事无碍法界（个体与整体没有妨碍，没有差别）。

当有一盏灯坏了时，大厦的管理员不会走进来说："哦，我特别喜欢这个灯泡。它非常重要，真是太不幸了。"他只是把坏灯泡拿走，换上一个新的。

什么是重要的？是那个灯泡还是灯这种载体？它们是佛性的载体。那么哪个是你？你是头脑还是佛性？你把自己看成和什么是等同的？是等同于载体，还是等同于被承载的东西？如果你把自己等同于被承载的事物，也就是佛性，所有灯泡中都包含着的佛性。这样你在遵循将自己等同于人我合一的原理。正是因为这个原理，人们会将自己等同于他人，自发地救助他人。获得这种领悟需要两步：认识到"人我之分"是次要的，以及认识到这种分离是时空体验的因变量。

小时候我在树林里漫步，时不时会看到铁丝网做的篱笆，铁丝网紧包着树，树紧挨着铁丝网，树把铁丝网作为了它自己的一部分。

再比如当你割伤了自己，白细胞会自然增加。你可以机械地解释这件事，也可以从实际意愿的角度去解释。

塔纳斯：与佛教传统相比，基督教传统似乎对神话象征缺乏确定的理解。现在我好奇的是，这是否仅适用于传统的基督教；基督教自身是否存在某种核心的神话理解，就像印度教或佛教中的核心理解一样恰当有效。

《打开的童贞女》，法国，15世纪

坎贝尔：这里的问题在于，在佛教或印度教中，象征物的历史解释相当不重要（参照佛陀的一生）。佛教和印度教强调的是象征形式与你自己生活的相关性。你根据自己的内心来理解这些历史解释。例如大多数佛在历史上根本不存在，没有人认为他们曾经存在过。再例如中国的观音菩萨纯粹是神话人物，但她代表着某些事物。

然而传统基督教强调的是象征的历史性理解。如果你对基督徒说，耶稣没有死而复生，没有升入天国，那是在挑战被他认为很重要的信仰。

如果你对犹太教信徒说，你怀疑《出埃及记》，质疑摩西来到西奈山上，得到刻着十诫的石碑，以及后来摩西看到族人根本不听从这些戒条，一怒之下就将石碑毁掉，神又命令摩西再制作新的石碑，那么你所说的这一系列事情就相当于直接的攻击。

印度教认为两三千年前在什么地方发生过什么并不重要，重要的是现在发生在你身上的事情。象征对现在的你有什么作用？

《进入耶路撒冷》(Entrance to Jerusalem)，乔托·迪·邦多纳(Giotto di Bondone)，大约1305年

《帝释天从金棺中重生》(Shakra Reappearing from the Golden Coffin)，“耶稣与佛陀是完全相同的神话象征，它们以两种方式表达这样相同的事物：超越性的能量意识，它充满整个世界、充满了你。”

从神话角度看，犹太教和基督教都是结构化的象征物系统，它们对其他种类的解读很敏感。有时预言家或神秘主义者会突然看出象征物代表着完全不同的东西，它与你对生命的直接态度有关。

以钉死在十字架上的象征意义为例，如果你认为这是一件不幸的事，是你的罪行、亚当的罪行以及所有罪行的结果，天父之子耶稣不得不降临人间，在十字架上为我们赎罪，那么这种解释就很悲惨。

但是你可以用另一种方式来解读：耶稣基督在时间中寻求永恒的热情，这种热情包括化一为众，愿意接受痛苦，以此作为狂喜、天赐之福的一部分——他处于极乐之中。奥古斯丁（St. Augustine）曾说："耶稣走向十字架，就像新郎走向新娘。"这样解读完全是另一番意味。

还有一种解读是：时间的终结。时间的终结是一个历史性事件。这完全是胡说。那么它的意义在哪呢？时间终结之所以重要，是因为它是一个心理事件。你不得不以那种方式来表达和感受它。

当透过所有的时间形式，你看到了永恒的光芒，是艺术让你看到了它，你便会真正结束在这个世界的生活，因为这种生活属于那些只从历史角度思考的人。这就是神话的功能，这就是从神话角度来解读宗教，否则它们便只是神学上的说法。

塔纳斯：所以从某种意义上说，制度化的基督教犯了历史具体主义的错误吗？

坎贝尔：绝对如此。

塔纳斯：这种错误已经成了宗教的一部分。

坎贝尔：如今各种古鲁、仁波切和禅师来到西方，与基督徒发生了竞争，基督徒开始想，也许基督教不属于社会学，它的目的不应该只是帮助穷人，而应该是发现我们自己内在的神圣性，心里住着基督，而不是我们自己。我们需要东方人教我们领悟到宗教中个人体验的方面。

耶稣与佛陀是完全相同的神话象征，它们以两种方式表达着相同的事物：超越性的能量意识，它充满整个世界、充满了你。

意识到这一点，并依靠那个中心为生，便是你生命的救赎。那意味着让自己与自然一致，还意味着你必须认识到自然是和谐的。但是我们的《圣经》中有堕落的概念，善的上帝创造了善的世界，后来恶魔入侵者破坏了这个世界，自然变得堕落了。你不得不区分善与恶，你不能顺从自然。对与错、罪与赎罪等就是他们的准则。

我不知道为什么基督教对此非常执着。我常常思考这个问题，记得李施德林漱口水过去的广告是这样的："即使最好的朋友也不会告诉你，你有口臭。"拯救自己的方式就是购买李施德林漱口水。

但是教会会告诉你连最好的朋友都不会告诉你的事情，那就是你有罪。而且他们有补救的良方。

当你治愈了看不见的疾病时，你就有兜售的资本了。

布朗：为什么西方人认识不到你所说的"与自然协调一致"呢？

坎贝尔：我们倒退回了比达尔文还早的拉马克（Lamarck）和歌德的观点。歌德提出过一种进化理论。叔本华写过一篇精彩的文章，题为"自然界中的意志"（The Will in Nature）。他在文章中谈到了这些观点。

法夫罗：所以你认为在原生质水平上也存在着某种意图。

坎贝尔：一定存在！我看过我的朋友斯坦利·凯莱曼（Stanley Keleman）

在宾夕法尼亚大学制作的影片，拍摄的是显微镜下的原始原生质体。我看到像水流一样的画面，很快原生质流为自己建造了一条小通道，它们在为自己建造房子。

看完那部影片后，我从旧金山开车来到伊莎兰，一路过来我看到的都是原生质。奶牛形式的原生质在吃草，头顶上的天空也是原生质。这是一种顿悟，即整个世界是有意识、有能量、有意图的原生质。

从那时起我逐渐感觉到能量和意识是相同事物的两个方面。

法夫罗： 这是如今物理学家的说法。

坎贝尔： 我知道。我收到一封来自哈佛大学荣休教授的来信。他寄给我一篇文章，那是他在一个国际学术会议上读到的。他写道："它颠覆了我的科学认知，但我不得不承认自然中存在着意图。"

> 神话其实是公众的梦，它推动并塑造了社会。与之相反，个人自己的梦是小规模的神话，它涉及个人的神、对抗的神以及守护力量，它们推动并塑造着个人自己：它们透露出个人的恐惧、欲望、目的和价值观，这些恐惧、欲望、目的和价值观无意中支配着个人的生活。

约瑟夫·坎贝尔，《神话象征》

布朗： 难道这不违背他的基本信念吗？他只是在精神上获得了这样的认识，因为物理学理论不支持这种想法。

坎贝尔： 优秀科学家的优点之一是，无论是否违背他们的基本信念，他们都会把自己的发现作为证据表达出来。大多数宗教人士做不到这一点。他们固守着自己的宗教理念，多少证据都动摇不了他们。

科学的态度是，我们还没有发现真理，但我们找到了解释新事实的运作假设，未来我们也许需要做出彻底的改变。一般人不了解科学的这个特点。

我对生物学充满兴趣，因为我认为神话学是生物学的因变量。我们可以说身体的每个器官都有自己的能量推动力，也就是行为的推动力，每个器官内在的不同能量相互冲突，这就构成了心灵。

这是自然在说话。神话就是把这些能量以人格化的象征表示出来。

布朗：在日常生活中，我们如何能引导这些能量？

坎贝尔：那正是我们在说的，即神话、神话学研究与当代生活的关系。我看到神话在给予艺术家灵感方面已经发挥了作用。神话使你进入想象力运作的层面，而神话源自想象。必须经过解释才能被理解的神话象征是无用的。当你接触到与你自身的文化差异很大的文化时，你会认不出它的神话象征，对它们没有反应时，你就出现了不同步的状态。

这是我们的传统、我们所继承的神话所面临的问题之一。我们所继承的是公元前 1000 年左右，近东地区犹太教与基督教所共有的传统，它与如今的生活毫无关系。因此它的一切都需要进行解释。

如果你从来没有见过羔羊，“用羔羊的血来洗净”这句话对你来说意味着什么？

吉耶曼：对于文化差异，我想到了美狄亚和伊阿宋的神话，故事里美狄亚煮的汤让那位老人恢复了青春，以及她在巫婆的汤里寻找忘忧药的情景。当我第一次分离出内啡肽时，你会说这正是这类想法的具体化。

坎贝尔：巫婆的汤！

吉耶曼：是的。即使如此我也不能说是美狄亚和伊阿宋的神话指引我寻找大脑中的内啡肽。

肯纳德： 在做研究的过程中，你是否想过这些神话？

吉耶曼： 在分离大脑中的这些分子并描绘其特征时，你没有什么时间想美狄亚和伊阿宋。

坎贝尔： 我想也不会。

肯纳德： 我信仰的是犹太教与基督教所共有的传统，但我离近东地区非常远。贾玛克，你和你的传统很贴近。这有什么差别吗？

亥瓦特： 差别很大。当约瑟夫 · 坎贝尔说到“用羔羊的血来洗净”时，我想起了一个有趣的事，因纽特人认为不可思议的是，在我们的文化中坏人死后去的可怕的地狱竟然是炎热的。

他们文化中的阴间通常非常寒冷凄凉。这只是环境温度差异的问题吗？我不这么认为。我认为这包含一种基本的人类诗歌。我不认为诗歌只是艺术家的事。在我看来，爱因斯坦不是伟大的科学家，而是伟大的诗人。他能力超群。科学家或技术专家后来证实了他的很多直觉。他的大部分成就并不像是 19 世纪的科学那么遥远。这就是为什么我认为他是 20 世纪科学领域中的一位大师。

肯纳德： 难道不总是科学家在引导艺术吗？难道不总是科学家被指责不相信神话吗？

坎贝尔： 嗯，这是两种完全不同的视角。科学的目的是描绘宇宙，它是怎样的，它实际上是怎样的。宇宙的描绘随着时间在发生改变。没有科学家会说：“我发现了真理。”他们有的只是假设，一段时间过后又会出现另一种假设。

吉耶曼： 嗯，对你这话，我要有所保留，大大的保留。（笑声）

坎贝尔： 好吧，他们认为自己找到了真理。神话的问题是将已找到的真理与真实生活联系起来。神话必须与你如何生活有关。

坎贝尔： 在歌德所写的《浮士德》的结尾处有一句名言："一切无常事物，无非参照，无非譬喻一场。"几年后尼采在此基础上说道："一切永恒事物，无非参照，无非譬喻一场。"

神话的作用是帮助我们将一切无常事物看作参照，同时也把所谓的永恒真理看作参照。神话开启了世界，对于一些超越语言和文字的事物，即我们所说的超越性来说，世界变得透明了。没有超越性便没有神话。任何思想体系、任何种类的意识形态如果没有对超越性敞开，便不能被归为或被理解为神话。

通过显示一切事物都是超越性的隐喻，神话发挥了它的首要作用。第一个需要以这种方式被超然化的领域就是我们身处其中的环境领域，也就是我们生活在里面的世界。这样我们可以把整个世界看成是朝向奇迹和奥秘的开口。世界中的每个事物都在述说着这个奥秘，生活的奥秘。通过各种各样的身体和周围的存在物，意识灌注进来。然后你要向自己证明，你同样对超越性是透明的。

1982年，罗伯特·布莱、斯坦尼斯拉夫·格罗夫和罗歇·吉耶曼在伊莎兰研究所的花园里讨论约瑟夫·坎贝尔的作品的意义

最后，在围绕神话组织起来的社会中，所有仪式的目的都是帮助你以这种神秘的方式体验你自己，体验世界，体验你作为其中一部分的社会秩序。

我认为神话具有四个主要功

能，第一个是神秘主义功能，第二个是宇宙学功能，第三个是社会学功能，第四个是引导个体经历人生的各个阶段的教育学功能。

在各种仪式中，比如在成人礼、丰收仪式、葬礼等仪式中，神话起着引导作用，引导个体度过不可避免的人生阶段。自奥瑞纳文化时期以来，这方面的人类生命历程就没有发生什么改变。

1982年，和约瑟夫·坎贝尔拍摄了一天影片后，安杰利斯·阿里恩、贾玛克·亥瓦特和贝特·安德烈森在伊莎兰学院的峭壁上休息

神秘主义的功能是开启超越，开启心灵与思想，指出我们设法找到的终极秘密，它超越了人类思维和命名的范畴。当你给它取了名字或对它付诸思考时，你便脱离了神秘主义的传统。例如在犹太教中，上帝被起了名字，他告诉你什么是善，什么是对的，这样神话学就降低成了伦理学。在心怀崇敬，也就是我所说的崇拜的时刻，人们会获得与神话经典中相同的感受，但那不是神秘主义。事实上神秘主义超越了“我与你”的区分，当神说“我是它”时，他就变成了一个障碍。正如二世纪和三世纪常见的说法，耶和华的问题在于他认为他是上帝。最终的参照必须超越神。神必须是透明的、超然的。“超越”这个

词对神话来说很关键。所有的这些外形都是忽隐忽现的，就像在这个领域中，我们是我们自己。在美洲印第安部落的神话中，这就是理解世界的方式。动物自愿把自己献出来给人吃。

生命能量不会在死亡中消失的观念是对时间体验的超越，人们相信动物会回来，第二年你可以以适当的方式与它发生联系。

我说的不对吗？

亥瓦特：更进一步的是，在大多数部落中没有个体化的目标，我认为这是西方人最难理解的事情。易洛魁人（Iroquois）用“*orenda*”这个词来表示目标，意思是部落灵魂。美洲土著认为这是能量和力量，存在于岩石、猫、狗、你和我之中。它会暂时地在我们身体中闪烁，但我们确实有办法让它烧得更旺或者根本不燃烧。

坎贝尔：是的，是的。这就是四种功能中的第一种。我把第二种称为宇宙学功能。神话将科学或知识所呈现的整个世界变成了圣像，它闪闪发光。而这也是艺术的功能：把世界以闪闪发光的形式展现出来。那就是艺术中的“啊哈”体验。当事物被以这种方式呈现出来时，那就是审美吸引（aesthetic arrest）。你不会问艺术家，他的作品是什么意思。他告诉你作品的含义，就相当于侮辱你。作品的含义一定会显现出来，令你不禁发出“啊哈”的惊叹。

亥瓦特：或许绘画作品会问你：“你是什么意思？”

吉耶曼：刚才你对不存在个体性的社群灵魂的描述完全适用于现代科学。科学属于每一个人。任何主题、任何发现都不是单一个体的工作。那是换种说法说你所谈论的灵魂的个体性：科学所表达的是更多的部落灵魂、社群灵魂或民族灵魂。以个人的名义做出的贡献非常小，推动现代科学的是很多人的贡献的汇总。

亥瓦特：看起来短暂无常、很不重要的艺术似乎是最具超越意味的人类创造性活动。而科学似乎是最具修正性的创造性活动，为了向前发展，需要自我批评，事实上需要把自己翻转过来。我认为在过去10到20年里，没有科学家说过这样的话。

吉耶曼：与哲学比较起来，这才是科学进步的方式，哲学似乎想保留原有的东西。科学把世界的图景呈现给我们，但那是第二步。相信并看见一个图景与知道2000年后的分子结构依然不会变是两码事。真理就是真理，很多年前它就这样存在着，但我们没有发现它。在观察者出生前很久便出现了分子。在科学中，这是揭示，而不是发现。

听众：你不能将观察者与被观察物分开。那似乎是现代科学陷入的状况。那也是你理解神话学和科学的方式，你说过程最终都是一样的。

亥瓦特：我听到你使用了"神话学"这个词，这听起来有点像某些人在看到大自然时使用"荒凉"这个词。我想说大自然根本不是"荒凉的"。我认为你把神话看成了一种"纪实文学"，而把科学看成了一种事实。

坎贝尔：我想表达的意思是，在那时神话的创作受到了科学的限制。根据古老的科学来编造神话是没有意义的。我不知道可以对原子做什么，但我确实承认当出现了地心说，被神话化的地球与其他行星的关系便得到了解释。神话给予我们伦理道德价值，登上天国的阶梯象征着心灵的各个阶段。

无论怎样，如今神话不得不涉及宇宙学，如果神话基于过时的神话学或宇宙学，那会毫无益处。这是神话面临的一个问题。我不认为科学与宗教之间存在冲突。宗教必须接受当代的科学，把它渗透到教义中。存在冲突的只是公元前2 000年的科学和公元2 000年的科学。

亥瓦特：科学家的每次科学探求本身有没有可能都是一种神话的形式？

坎贝尔：他们的探求是对幻想的探求。科学家实施这种探索，然后每个人都参与进来。你如何找到关于自己生命的真理并与之建立联系？那真理是正确的吗？

亥瓦特：那是所有多样的表象背后的基本原则。

坎贝尔：正是如此。

亥瓦特：那是神话过程，是吗？我认为“神话”这个词与“谎言”这个词被彻底混淆了，因此我们会对它产生非常不恰当的情绪反应。

坎贝尔：现在我们来谈一谈神话的社会学功能。除了其他功能，所有神话都具有证实和保持某种社会系统的功能。道德系统是根据文化建立起来的，不同地区的道德系统迥然不同。在所有基本神话中，我们发现整个世界都是一种表现形式，一种流出。神本身作为能量的化身而产生，他根本不是外界的事物。

神话的第四种功能是教育学功能，这会突然让你觉得我们如今是缺少神话的。这个功能就是引导个体以和谐的方式应对人生中不可避免的危机。这是主要功能。另外，神话将个体与社会联系起来，让他感觉是社会不可分割的一部分。神话以深度参与的方式将个体带入社会，然后社会使他解脱。

个体的能量发生了什么事情？它深深地进入个体内部，这是神秘主义的部分，是与人生目标的相互关系。首先神话引导个体进入社会，然后使他脱离社会，经过神秘主义的冥想，理解自己内在的生命所在地的象征。

什么是生命的所在地？我记得薛定谔（Schrocdinger）写过一本很棒的小书，他在书中使用了自我（Atman）或梵天（Brahman）这种根本性的词语。这位现代科学家在谈到个体与所有的关系时，不得不使用这些不属于我们文化传统的词语。在我们被固化的传统中，上帝在那里，人在这里；这就是好的社会，而其他都是垃圾。当观察宇宙时，难道只有某个地方的人们或来到那里的人们对宇宙背后的秘密感兴趣吗？

我们的传统讲述的是一个想入非非的故事。

布朗： 你如何解释如今在世界各地发生的宗教激进主义宗教运动？

坎贝尔： 这是象征符号被具体化的结果。他们把象征性陈述当成了历史事实。给世界造成麻烦的两个主要象征是童贞女得子和应许之地。童贞女得子与生物学毫无关系，而应许之地与真正的土地也毫无关系。

童贞女得子象征着灵性生命的诞生，与生物学的诞生相比，生物学的生命突然降低到了从属地位，它沿着灵性轨迹移动。灵性轨迹的目标是个体与那块土地、与世界实现和谐的关系，那就是应许之地。它与你自己内在的行为有关，与你拿武器指着并准备杀死的人无关。

所以你可以说，历史只是被误解的神话的因变量。

科克雷尔： 哪种象征系统可以最好地展示超越者体验？

坎贝尔： 我发现在阅读《奥义书》或佛经时，它们展示了超越者体验。这些传统真正以超越为中心。它们认识到所有的生命现象都是力量的少量展示，都是不充分的。

我发现我的努力的主要结果是证实了我长期以来秉持的一个信念：人类的统一。这不仅会在生物学上实现，而且会在精神史上实现。精神史以单一交响曲的形式在世界各地奏响，它的许多主题被发布、发展、放大、改变、扭曲、重申，如今所有部分一起强烈地奏响，不可抗拒地发展为某种浩大的高潮，从中产生下一个伟大行动。

任何人没有理由认为未来的相同主题不会在新的关系中呈现，但主题永远是相同的。

约瑟夫·坎贝尔，《众神的面具》

我们的身体中有能量在运行。没有人知道它们从哪里来，它们来自超越我们意识的某物。我们甚至无法构想出它们。这些能量以亚原子粒子的形式表现出来，它们来来去去。生命在产生这些形式，然后我们的意识开始对其他事情感兴趣，或者形成了与自然相反的道德观念。

神话象征对超越性是透明的。每个神话象征所指向的不只是它自己，每个神对奥秘都是敞开的。你知道，“天父的王国覆盖整个人间，只是人们视而不见”。

你必须开启那种看的能力。

科克雷尔：那些传统的独特之处在于，他们能够继续保持半透明，而我们的传统已经变得不透明了。

坎贝尔：我们的传统没有变得不透明，它一开始就是不透明的。它基于这样的事实，神话人物没有被认为像诗一样充满灵感，而是平凡乏味的。当你把神话当成散文来读，把它用于吹捧特定的团体或社会时，你就偏离了正轨。这就是我所说的病态神话。例如“上帝的选民”的观念就是病态的。每个人都是上帝的选民。认为自己是上帝的选民并没有使你区别于其他人，而是告诉你。其他人都像你一样令人惊叹，都来自神秘而超越的根基。

众生皆是佛的存在。我们所知的圣人不过那么几个，听到圣人教诲者写出了《奥义书》。《奥义书》可以追溯到公元前 9 世纪和公元前 10 世纪。他们意识到整个世界的现象都是神秘根基的投射。神秘根基正是你自己的生命的基础。

你就是你努力寻求的秘密，但它不是你幻想出来的那个你，它也不是你的朋友们所喜欢的方面，不是在现象世界中到处移动的事物。它是存在的基础，它过去在那里，将来也还在那里，它是你指向的事物。

有人可能会说，仪式和神话的作用是让有意识的思维接触到这些现象的根基，尤其是你自己的行为的根基，否则有意识的思维只与这个世界的现象有接触。这样你不是作为自我来做出行为，而是作为超越过程的载体。例如当神话将你和你的社会联系起来时，它便将你和比你更重大的事情联系在了一起。但是它还不够重大。我们应该认识到社会本身与更重大的事物联系着，那就是整个世界。如果你固着在这种联系上，那么世界也是不够重大的。用卡尔弗立德·格拉夫·杜尔克海姆的话来说就是，全部的关键在于变得“对超越者透明化”，那是关键词。一旦神话被作为事实来解读，你就丢失了透明性，神话变成了对事实的背离，变成了具有迷惑性的指南。

如今社会存在的问题之一是过于强调社会学，而不是强调生物学。当读到俄罗斯生物学家瓦维洛夫（Vavilov）的观点时，我感到很震惊。他的生物学观点不同于李森科（Lysenko）的观点，李森科认为社会能影响自然。

但是社会不能影响自然。瓦维洛夫被关进西伯利亚的监狱里，连什么时候死的都没有人知道。瓦维洛夫是20世纪最伟大的生物学家之一，但他的观点与斯大林的观点相左。

在莎拉·劳伦斯学院我也发现，在解释一个人应该如何生活方面，我们过于强调社会学。这导致我们的社会学远离了生物学基础。经济控制着我们。经济和政治是当今生活中的支配力量，那就是为什么一切都是扭曲的。你必须重新与自然保持一致，这就是神话的意义。19世纪的社会人类学家持有一种观点，认为神话和仪式是在尝试控制自然。这完全是错误的。它们不想控制自然，而想控制社会，让它与自然协调一致。节日和仪式涉及季节性，涉及人类发展的各个阶段，涉及战争的准备和从战场上回来的各个阶段。节日和仪式通过这些活动与生物学的根基发生联系，因此人们总是与自然协调一致的。经济动机破坏了这一切。

科克雷尔：你是否能谈一谈伊甸园里的树，被做成十字架的树，以及佛陀在它下面修成正果的树，如何解读它们可以实现对超越体验的开放？

坎贝尔：几年前我看到一棵树长在峡谷里，它的根没有继续向外长，而是折返回去，向另一个方向生长，向内长进了峡谷的侧面。从纯机械学的角度你无法解释这种现象。

如今人类的进化发生了什么情况？人类的进化经历了四个重要阶段，能人、直立人、智人和现代智人。每次进化都发生在大量的冰盖运动之后，此时出现了全新的环境，需要马上做出适应。这种适应发生得太快，因此早期的理论不能适用。要知道，在达尔文的理论中，物种的进化是要经历数万年的。

在第三纪中新世快结束的时候，印度板块和欧亚板块相撞，形成了喜马拉雅山脉，出现了全新的环境。几百年之内就出现了能适应新环境的全新物种，也出现了捕食这种动物的其他生物。

《生与死之树》（*Tree of Death and Life*），伯特霍尔德·福特梅尔（Berthold Furtmeyer）临摹，原图见于1481年萨尔斯堡大主教的弥撒书。“回到伊甸园里，你会意识到万物归一，明白吗？”

一切发生得太快，达尔文的理论根本不适用。但这并不意味着进化论被推翻了，而是意味着机械的解释方法被推翻了。我们要回归到拉马克的观点上。拉马克相当于早期的达尔文。

“灵魂树”，威廉·劳（*William Law*）为《雅各·贝曼作品集》（The Works of Jacob Behmen）绘制的插图

歌德在《植物变形记》（*The Metamorphosis of Plants*）中谈到了生命的进化。歌德比达尔文早出生半个世纪，他的解释不是达尔文式的机械互动解释，而认为有机体内在的动力带来了进化。这种动力是原生质所固有的，有机体会发生分化和进化。他谈到了两条重要的进化方式，动物的进化和植物的进化。动物进化的顶点是人类，植物进化的顶点是树。

因此树和植物世界代表未被破坏的自然产物的简单性和直接性。你会说树是家园的象征。人回归到自然世界中，树显然代表了自然世界。伊甸园是长满植物的自然世界，人作为自然的存在体被放置在伊甸园中。人的问题在于保持自然性的同时向着高层意识和差异化意识的阶段发展。他有可能在意识中迷失自己，但树会把他拉回来。

《圣经》中存在的两种树，对应着你的两种存在方式，一种是在永恒生命的花园里，一种让你进入时间的领域。在时间领域中一切都是双重的，既属于过去，又属于未来；那里有你，也有我。当你进入存在对立物的领域中，伊甸园中的树便有了善与恶之分，它就是离开伊甸园的大门。因此，还没等上帝把人赶出伊甸园，人已经把自己赶了出去。意识到男性与女性的差别让他们感到羞耻，并穿上了衣服。为了重回伊甸园，你必须意识到万物归一，明白吗？

19世纪早期,《拥抱树的女人》(*Woman Embracing a Tree*),微型画,居莱尔,旁遮普区

一个看守代表对死亡的恐惧,另一个看守代表对生命的渴望——这些诱惑并不能打动佛陀……佛陀说:“不要害怕那些看守大门的人,进来,吃树上的果实。”

约瑟夫·坎贝尔,《坎贝尔生活美学》(*A Joseph Campbell Companion*)

第二种树,即永生之树,是回归之树。但是在《创世记》中,上帝不想让人类回到伊甸园。他是独一无二的上帝,不想让你意识到你是不朽的。他说:

“为了不让人类吃永生之树的果实，变得像我们一样，所以不许他进来。”

坎贝尔：第二次世界大战期间，我们和日本打仗的时候，我明白了这些道理，那很有趣。当时纽约的一份报纸登出了日本奈良一个门神的照片。

在我们这里，看守伊甸园的是小天使。在日本，佛陀坐在永生之树的树下，门神站在进入佛陀之地的大门口。照片下面的文字写着：“日本崇拜像这样的神！”

他们不崇拜这样的神。那是你自己的恐惧的象征，它紧抓住你的自我，不让你进入伊甸园，也就是佛陀在树下所坐的地方。佛陀右手表示的意思是：“不要害怕那个家伙，进来。”

我突然领悟到，我们的上帝就是日本的门神，他在伊甸园门口设置看守并告诉我们不许进来。我的整个观念都改变了。

我们的宗教本质上是放逐的宗教。

在基督教中，耶稣像以往一样，经过大门，吃树上的果实，变成那棵树，也就是被钉在十字架上。那就是钉死在十字架上的意义。顺从，放下，让你的心灵进入神圣的不朽，神圣的不朽存在于你和所有事物中。

耶稣被钉在十字架上就相当于佛陀坐在永生之树菩提树下，十字架是伊甸园中的第二种树。菩提的意思是“人醒悟到他就是他所寻求的真谛”，也就是永恒的存在。有趣的是，我们的宗教告诉我们，耶稣和我们不是一体的，他是我们的典范，我们应该追随他。但是在《多马福音》中，耶稣说：“凡从我嘴里得饮的人会变成我，而我会变成他。”

这就是佛教教义与正统基督教教义的不同。我们再一次被流放。你不可能成为耶稣，但在佛教中你已经是佛陀了，只是你自己不知道。

金刚力士像，东大寺，日本奈良

我记得在瑞士的阿斯科纳听过铃木大拙的一场精彩演讲。我想那是他第一次在爱诺思基金会做演讲，这位日本禅宗哲学家（当时他大约 91 岁）对着一群欧洲人做演讲。他的手放在身体两侧，站在那里看着听众说："自然反对上帝，上帝反对自然。自然反对人类，人类反对自然。人类反对上帝，上帝反对人类。非常可笑的宗教。"

约瑟夫·坎贝尔，《神话》

在做有关这个主题的演讲时，我说基督徒应该按照基督在你身体中的方式来生活。几周之后一位女士对我说，我演讲时坐在她旁边的一位牧师说："那是亵渎上帝。"

好吧，如果那是亵渎上帝，那么看在上帝的分上，我们究竟在谈论什么？

坎贝尔：我还记得小时候上学时我背诵的《教理问答手册》中的句子。

“上帝为什么创造了你？”

“上帝创造我是为了让我在人世中爱他、侍奉他、崇敬他，然后可以和他一起永远快乐地生活在天国里。”

上帝创造我的目的一定与上帝有关。上帝不会为了让我实现我的神性而创造我。

曾经有一个可爱的年轻修女，现在她已经不是修女了，因为她听了一次我的演讲。那次演讲后，她走过来说：“你相信耶稣基督是上帝之子吗？”

我说：“不信，除非我们都是上帝之子。”

那就是差别。你明白我是什么意思了吗？如果你把天启特殊化，那么其中的人性就被你去掉。只要发生了特殊化，你便把自己从人类中开除了。我个人认为坚持天启的特殊性是很可怕的事情。这是一个反动保守的体系。它与时间的动态相对立，是很糟糕的东西。

尤其在当下，全世界各种特殊的宗教传统互相碰撞，正发生着改变。整个地球都是我们的家园。

坎贝尔：救世主神圣的一生象征着救世主的教诲的意义。它不同于卡尔·桑德堡（Carl Sandburg）所写的《林肯全传》（*Life of Lincoln*），这本书记录了林肯真实的生活细节。但《圣经》中的描述并不是为了展示耶稣一生中发生的事情，而是为了揭示生命的含义。

佛陀生活于公元前 563 年到公元前 483 年间。佛陀最早的生平写于公元前

80 年的锡兰。我们对佛陀、对基督、对琐罗亚斯德都一无所知，我们所知道的是这些传说告诉你，他们的生命意义是什么。

佛陀说过什么，基督说过什么，我的意思是阅读四本福音书，然后读第五本《多马福音》。他在说什么？

有谁希望通过弟子的笔记来被后人了解呢？

> 菩萨就是领悟到超越性的真谛并愿意参与到人世中的人。所谓效仿基督就是欢喜地参与到人世的悲苦中。
>
> 约瑟夫·坎贝尔，《神话》

THE HERO'S

JOURNEY

JOSEPH
CAMPBELL ON
HIS LIFE
AND WORK

07

归来的阈限

THE HERO'S
JOURNEY
JOSEPH
CAMPBELL ON
HIS LIFE
AND WORK

纵观几千年来人类精明的愚蠢行为，该如何再次传授这些曾经被正确教授但被错误地学习了无数次的教义呢？这就是英雄所面临的终极难题。如何把黑暗世界中藐视言语的见解转化为光明世界的语言？许多失败证明了这个肯定生命的阈限是很难跨越的。

约瑟夫·坎贝尔，《千面英雄》

20世纪70年到80年代，约瑟夫·坎贝尔成了大学校园和人类潜能研究组织中炙手可热的演讲人。很多有造诣的艺术家和学者公开表达了他们对坎贝尔作品的钦佩。为了庆祝他的80岁寿辰，人们在纽约和旧金山举办了以英雄之旅为主题的座谈会。座谈会上，雕塑家野口勇、舞蹈编导玛莎·葛兰姆、作家理查德·亚当斯、诗人罗伯特·布莱、人类学家芭芭拉·迈耶霍夫（Barbara Myerhoff）和马丽加·金芭塔丝（Marija Gimbutas）等众人表达了对他的感谢，感谢他从神话学的维度唤醒了他们，使他们在工作和生活中受益。不过坎贝尔对文化的影响最声名远扬的领域是电影领域。

“没有哪本书对当代电影的影响能像约瑟夫·坎贝尔的《千面英雄》那样普遍。”电影评论人迈克尔·文图拉（Michael Ventura）写道。诸如史蒂文·斯皮尔伯格（Steven Spielberg）、乔治·米勒和乔治·卢卡斯这样的电影制作人都表示，他们的电影受到了坎贝尔神话基础的启发。1985年2月，当坎贝尔在纽约的国家艺术俱乐部接受文学荣誉奖章时，卢卡斯、亚当斯、作家南希·威拉德（Nancy Willard）和心理学家詹姆斯·希尔曼都出席了颁奖礼。第二年，82岁的坎贝尔受感恩而死乐队邀请，第一次参加摇滚音乐会。1986年他对记者说：“想到我的作品影响了像乔治·卢卡斯和感恩而死乐队这样的人，我感到非常高兴！”

坎贝尔： 我认为这是我人生的一次重大时刻（获得文学荣誉奖章）。在开始写作《千面英雄》时，我知道自己发现了一些重要的东西。写作过程非常缓慢，用了大概五六年的时间。书的内容源自我在莎拉·劳伦斯学院教授的比较神话学课程。

欧里庇得斯（Euripides）曾说："神话不是我自己的，是我从妈妈那儿得来的。"我想我可以说："神话不是我自己的，是我从学生那儿得来的。"我的学生都是年轻的女性，她们对神话的创作者是谁，写于什么年代完全不感兴趣。她们想知道这些神话对她们，对她们未来的孩子会有什么意义。

1985年，约瑟夫·坎贝尔在国家艺术俱乐部，和他在一起的是妻子珍、电影制作人乔治·卢卡斯和歌手琳达·朗丝黛（Linda Ronstadt）（从左至右）

那晚我非常荣幸地听到这些杰出艺术家的讲话，听到他们把我的名字和他们的作品联系在一起，这让我激动得几乎无法站起来发言。这对我来说意义重大，因为那正是我在写作时希望达到的目的，也就是给予人们进入缪斯之境的钥匙，而那正是神话所在的地方。

1985年，约瑟夫·坎贝尔摄于美国国家艺术俱乐部授予其文学荣誉奖章之后。“那是我发现的一首壮丽的歌。”

尤其令我高兴的是，奖项来自国家艺术俱乐部，而不是来自科学协会或学术团体，而且是文学奖，因为对我来说，对文学的有所贡献比对学术的有所贡献更高一层。

我记得有一天艾伦·瓦特问我："乔，你进行哪种冥想？"

我说："我在句子下面画线。"

在诺瓦利斯（Novalis）的诗里，我读到过一句很美的诗句："灵魂的中心就在内外世界的交汇处。"外部世界是你从学术中获得的东西，内部世界是你对它的反映。神话正是在两者交汇的地方产生的。外部世界会随时间而改变，内部世界是人类共有的世界。神话系统恒定不变，你所意识到的是你自己的内在生活，同时也是历史的反映。今天艺术家的作用就是让内部世界与外部世界交汇。一想到我的作品对正在这么做的人产生了影响，我便感到非常骄傲，此刻我也非常骄傲……

女士们，先生们，今晚我们在这里对约瑟夫·坎贝尔表示敬意。我说的是向他表示敬意，而不是授予他荣誉。因为他的作品、作品中厚重而丰富的学识、坚定的信念与令人愉快的吸引力，以及他对文化的毕生奉献都使他满载荣誉。这份献给我们文化的礼物以及它所蕴含的精神会在整个美国继续带给他荣誉，在书店里，在课堂上，在电影院里，在治疗师的办公室里，在作家和梦想家的想象中。在这个世纪，没有人，包括弗洛伊德、托马斯·曼和列维－斯特劳斯能像坎贝尔一样，将世界的神话意义和它永恒的形态带回到我们日常的意识中。用他的话说就是："今天下午在第五大道和第42街的交叉口等红绿灯时，看到美女与野兽的浪漫故事在被续写。"神话就在我们的日常生活中。你所缺少的是成就背后的激情。这种体现为愿望的激情

和勤勉地实现愿望可以被视为约瑟夫·坎贝尔的座右铭，即关于如何在这个世界上生活的座右铭。这条座右铭可以追溯到男神、女神、英雄、动物、小精灵和恶魔的生活，它会永远帮助你追随你内心的极乐。

詹姆斯·希尔曼，国家艺术俱乐部，1985 年

他的发现所引发的连锁反应回荡在小说写作、精神病学、人类学、神话学、电影制作、创意活动等领域中。此外，他是一个非常和蔼可敬的人……真是难以相信莎士比亚会没有读过约瑟夫·坎贝尔的作品。

理查德·亚当斯，国家艺术俱乐部，1985 年

我的另一个美好的经历当然要数与珍结婚，观察这位艺术家操控那些精彩的素材，把它们变成舞蹈，然后转成戏剧《六座位的四轮马车》。1962 年这出戏首映，它以《芬尼根的守灵夜》为蓝本。在接下来的三四年里，我们在意大利和巴黎演出这出戏，观众反应强烈。后来她还创作了其他戏剧。我对她的戏剧的参与甚微，但我是第一个观看这些戏剧的人，我的回应是：“哦，他们说话太快了，我听不清他们说什么。”那大概就是我对这些戏剧的评论和贡献了。不过这有助于我保持神话世界与创意生活的联系。

对于那晚的颁奖活动，我怀有言之不尽的谢意。它让我知道尽管我的事业是非学院派的，但我一定做了一些恰当的事情，它们对我那晚见到的这群人产生了影响。听到这些杰出的人提及我的名字令我无比感动。这是我人生中的巅峰时刻。

科克雷尔：我想做的是进行一次奥义书式的对话。在文艺复兴时期，艺术

家会做很多事情来巩固和解释基督教。你是否认为当代的艺术家能够通过他们的影响力，重新解释当下的象征？

坎贝尔：文艺复兴时期发生的事情非常令人着迷。科西莫·德·美第奇（Cosimo de Medici）收到了一份一个希腊僧侣从马其顿带来的手稿。那是《秘文集》（*Corpus hermeticum*）的手稿，其中包括很多有关古典世界的象征意义的经典文本，恰好与基督教的形成期属于同一时期，也就是公元 1 世纪和 2 世纪。

马尔西利奥·费奇诺（Marsilio Ficino）对文本进行了翻译，人们马上意识到基督教信仰的象征体系和近代古典神话的象征体系说的是一码事。这为文艺复兴时期的艺术注入了灵感，比如波提切利（Botticelli）、米开朗琪罗等许多艺术家都受到了启发。这给基督教意象本身带来了新的活力。因为文艺复兴时期的艺术家从灵性意义上理解宗教，而不是把它作为历史参考。你明白了吗？宗教所映射的并不是曾经将我们从罪行中解脱出来的事情。它没有解脱我们的罪行。耶稣被钉死在十字架上的故事为你提供了一个榜样，这样你能把自己从罪行中解脱出来。这就是全部区别，也是文艺复兴时期艺术灵感的来源。

在纽约第五大道和第 42 街的交叉路口处的一个荒唐剧院里，我看到了为来自外太空的火女（Fire Women）做的广告。那是一个神话概念。在藏传佛教中，她们被称为道赫勒（dochele）。她们可以运用自己的灵性力量让你稍加兴奋。于是我想，好吧，我们正在以一种非常有趣的方式回归过去。每当人类开始发挥想象时，它的作用范围一定已经被神话囊括进去了。人类的想象只是用新的方式呈现它们，仅此而已。

约瑟夫·坎贝尔，伊莎兰，1982 年

当代艺术家的问题是透过当代生活的状况，认识到在这种状况下有可能实现对超越者透明化。艺术家的任务就是以某种形式表现我们所生活的世界，我们所参与的社会行为，使它们变得对超越者透明。

科克雷尔：正如乔伊斯所说：“只要以恰当的方式看待，任何事物都是通往诸神的通道。”所以当你看塞尚画的苹果时，你不会想吃那个苹果，因为它们带给了你乔伊斯所说的“审美吸引”。

坎贝尔：正是如此。你引用的那句话出自《尤利西斯》，在讲产科医院的那章。

科克雷尔：如果你有机会为世界上的艺术家指出正确的方向，告诉他们如何利用我们所拥有的大量神话，你会对他们说什么？

坎贝尔：我会说（大笑）：“买一本《千面英雄》！”我还会说：“不要把事物当成它们本身来看待，而应该看成是秘密的表现形式：秘密就是它的全部意义。这些食物的秘密就是你的秘密。”

有人曾对我说，把某个事物想成“你”，而不是“它”，我们的感受就会大不一样。

布朗：让我们这些认识你的人感兴趣的是，最近几年你对乔治·卢卡斯工作的参与以及人类与机器对抗的主题。

坎贝尔：对我来说最大的喜悦也是最大的惊喜之一，就是发现我的书帮助了其他人，例如在艺术领域、在舞蹈界，对玛莎·葛兰姆的作品、对珍的作品、对摩斯·肯宁汉（Merce Cunningham）的早期作品都产生了影响。这些神话主题都是缪斯之境。

我没有告诉人们做什么，而是我的作品指出了灵感所在之处。作为艺术家，你自己进入那灵感所在之处，从中汲取灵感。最近理查德·亚当斯带着他写的《沃特希普荒原》（*Watership Down*）来拜访我，感谢我通过《千面英雄》

给予他的灵感。乔治·卢卡斯也说我的书为他拍摄《星球大战》提供了灵感。

我已经有些年没看过电影了，我的意思是，当你不停地阅读时，确实没有时间做你想做的所有事情。很久很久之前，电影退出了我的生活。此外，我在欧洲时，电影界发生了巨大的改变。我离开美国的时候，电影还是黑白默片，表现的是哑剧这类艺术形式。我从欧洲回到美国时，出现了有声电影。我从来没有把有声电影看成是一种有趣的艺术。你知道，它们太写实了。写实主义是艺术之死。我认为那是美国艺术的主要问题之一，他们不理解隐喻，全都是写实主义。

大约10年前我开始着手写儿童电影剧本，我想写一部现代童话。周围的朋友们说："你在做什么？你疯了。你应该写点有分量的东西，应该写点具有社会重要性的作品。你应该创作真正的艺术，像我们那样。"我当时在写一本有关越南的书，但放弃了，把它交给我的一位朋友（弗朗西斯·科波拉［Francis Coppola］），告诉他我打算写部儿童电影剧本。

我不清楚自己想做出什么，就那样匆匆开始了，做研究，写作，一下子过了一年。在我写了很多版草稿后，无意中看到了《千面英雄》。我第一次有了写作的焦点。读到这本书时我对自己说，这是我要做的事情，就是它。我还读过其他大师的作品，比如弗洛伊德的作品，还研究过唐老鸭和他的史高治舅舅等我们那个时代的神话主人公，但《千面英雄》第一次让我的书开始聚焦于我一直想做的事情。我看到了大量类似的主题，对整个过程变得很痴迷，所以一边继续写作，一边读了其他几本书，包括《野鹅的飞翔》（*The Flight of the Wild Gander*）、《众神的面具》。

这个剧本的写作持续了几年。就像我说的，长时间以来我一直在兜圈子，一直想写出故事。信手写的手稿散落各处，有几百页之多。而在大约读了500页《千面英雄》之后，我对自己说，这里有我要写的故事，这里就是我寻觅的终点，这里就是我的故事的焦点，这里有设置好的道路。它就在那儿，正如坎贝尔先生指出的，它已经存在了成千上万年。我说："就是它。"在阅读了坎贝尔更多的作品后，我终于知道该怎么创作我的剧本了。这时我才意识到坎贝尔对我的贡献是多么重要。我阅读了这些书并感叹道，这是毕生的学识，它们被浓缩在几本书中，这样我才能在几个月里读完它们，使我推进我想做的事情，给予我工作的焦点。这是伟大的功绩，而且非常重要。如果不是偶然读到他的作品，可能时至今日我还在写《星球大战》呢。

我认为对于某些作家，你可以说他们的作品比他们本人更重要。但是对于坎贝尔，尽管他的作品很伟大，但在我的认识中，他的作品不及他本人杰出。他是个令人惊叹的人，他已经成了我的尤达大师。

乔治·卢卡斯，国家艺术俱乐部，1985年

当乔治·卢卡斯来拜访我，和我交流，告诉我我的作品对他的意义多么大时，我对电影行业还一无所知。他邀请我和珍去他在旧金山郊外的住处小住几天，看看他拍的电影。

我的天哪，我们一连看了三部影片，早上我们看了《星球大战》，下午是《星球大战V：帝国反击战》，晚上看了《星球大战VI：绝地归来》。这让我相当激动。

1977 年，乔治·卢卡斯拍摄的《星球大战》中的一幕：机器人 C-3PO（安东尼·丹尼尔斯饰演）、卢克·天行者（马克·哈米尔饰演）和欧比旺·肯诺比（亚历克·吉尼斯爵士饰演）

他理解什么是隐喻。我所看到的是我书中的内容，但以现代问题的形式表现出来的，是人类与机器的问题。机器将成为人类的仆人吗？还是会成为人类的主宰者？机器包括极权主体，比如法西斯主义，也包括美国发生的情况，比如官僚主义、机器人。

机器为我们提供了非常强大的力量，但它会主宰我们吗？那是歌德在《浮士德》中提出的问题。它出现在《浮士德》第二部分的最后两幕中。浮士德与梅菲斯特（Mephistopheles）[①] 签署了契约，梅菲斯特可以赋予你实现任何愿望的力量。他是机器制造者。他能够制造炸弹，但是他能给予你人类灵魂需要和想要的东西吗？不能。

关于需要和想要什么的想法一定要来自你，不是来自机器，不是来自教育你的政府，甚至不是来自牧师。它必须来自某人自己的内心，当你听从时

①《浮士德》中的魔鬼，浮士德与他约定，把灵魂押给梅菲斯特，而梅菲斯特要满足他的一切要求。——编者注

间的命令，而不是听从永恒的支配时，你就成了魔鬼的俘虏，进入了地狱。

我认为那就是乔治·卢卡斯带给我们的领悟。我非常钦佩他所做的事情。这个年轻人打开了一种视野，知道如何追随它，它完全是独创性的。在我看来，他做得非常成功。

大约1960年，坎贝尔在格林威治村公寓的书房里

柯西诺：神话、梦与电影似乎存在着不可思议的相似之处，比如神奇的转变、梦幻时光、英雄之旅、追求幻境等。你是否认为电影制作人就是他们所说的好莱坞“梦工厂”里的现代神话创造者？

坎贝尔：如果他们创造神话，他们就是现代的神话创造者。他们所做的就是把人们带入梦境，然后再带出来。艺术世界中的写实主义全是直截了当的散文。在这种散文中，只有两类有趣的事情：暴力和性。一切都发自于并导向暴力和性。

柯西诺：由于《千面英雄》和与之类似的书的出现，作家，包括编剧和作家似乎在回归经典的结构，他们用神话和童话故事赋予传播媒介某种结构，多年来这些传播媒介的结构是自由任意的。你是否认为这会导致作为娱乐的电影向着神话发展？

坎贝尔：世界没有哪种传播媒介比电影更好。我的意思是，你可以用电影表现任何东西。唯一要做的是找到值得被拍成电影的题材。

通俗电影很赚钱，所以拍通俗电影的诱惑很难抗拒。美国电影存在的问题之一是金钱的诱惑。在小说领域，这也是非常显著的问题。多年以前，当我还是个学生时，我对我年轻时代的，也就是20世纪20年代的美国小说感兴趣。我可以说出一些小说家的名字，比如德莱塞（Dreiser）、辛克莱·刘易斯（Sinclair Lewis）、海明威。在事业的早期，他们一个接一个地致力于探索。随着不断努力，他们的作品会变得越来越令人兴奋。

> 成功可能会变成一种陷阱，在美国尤其如此，我不认为其他地方是这样的……我的意思是，如果只是重复以前的画，何必费劲再画一张呢？画作的意义不在于画中的物体，而在于对形式的探索。如果紧抓住一种形式，你会变得僵化，画作会失去生命力。
>
> 约瑟夫·坎贝尔，《追随直觉之路》

后来他们会取得成功，突然间财源滚滚。下一部作品就会重复上一部作品，一直这样下去。

这时，谁还会根据自己的发现和领悟去创作呢？

你也许会感到奇怪。下决心创作实验性、创新性的作品，采取前所未有的形式有多么困难。

我在写作中发现了这种情况。你可以按照你去年创作的方式写，也可以以体现你思想中细微差异的方式来写。但是那很费时间，你要等着传神的词出现。

然后你把写好的作品寄给出版人和文字编辑校正。

我们的艺术家必须要有这样做的勇气。我刚才提到了乔治·卢卡斯。我认为这个年轻人打开了一种视野，知道如何追随它，它完全是独创性的。

柯西诺：你曾提到日本的发展超过西方的原因在于日本人懂得“形式”。

我觉得阅读你的作品的乐趣之一是获得领悟的兴奋感。你的书有助于人们考察现代文化中的偶像，比如超人、迈克尔·杰克逊和《星球大战》里的黑武士，见证原型被表现出来。在最初写作的时候，你是否有这样的计划？你是否想要复兴古老的故事，这样我们就能在生活中恢复它们的活力？

坎贝尔：不是。我只是想把古老故事中有关原型在哪里的信息呈现出来。我所做的一切是为了通过传统展示缪斯之境究竟在哪里，当真正的艺术家获得缪斯的灵感时会发生什么。正如我说过的，我在珍、玛莎·葛兰姆和摩斯·肯宁汉的舞蹈中，在雕塑家和画家的作品中看到了这种情况。他们没有试图复制已有的形式，而是从已有形式的角度来观察自己生活中的体验，认识到原型是什么，然后忘记原型，用新的方式表达出来。我记得在 20 世纪 40 年代和 50 年代，几位非常重要的艺术家总是老调重弹，他们完全是在复制原型。原型的价值不仅在于此，我们还可以看到、体验到生活时刻的原型。艺术家所做的就是以某种方式呈现生活时刻，即存在于行为或内心体验中的生活时刻。

柯西诺：这些原型难道没有令人激动的力量吗？比如当观众看到《绿野仙踪》里的女巫飞过天空时，他们会感觉好像有电流通过他们的身体。这说明艺术家对他们所使用的原型负有责任。

坎贝尔：这一点毫无疑问。这些事物具有非常深层的力量。一个人对它们的理解越多，它们就会变得越深奥。我的意思是它直接进入了生物学的范围。它关系到我们赖以生活的能量。这一点毫无疑问。

柯西诺：看到你的作品对艺术产生的影响后，我想知道你是否发现了这种影响的过渡。首先它影响你的学生，然后影响艺术家，再然后影响整个社会。

坎贝尔：我的作品产生了很大影响，包括之前提到的许多艺术家。虽然我看不出它会怎样影响保险代理人或其他类似职业的人，但是它确实产生了作用，只是我不知道是怎么发生的。我的作品与艺术的关系密切，因为我认为神话是缪斯的家园。当你接触到那个领域，缪斯就会用你自己的语言对你说话。不是我的语言，而是你自己的语言。我看到了它在艺术领域中发挥的作用，正如我已经说过的，我知道它对艺术家有什么影响。

柯西诺：这么多年来，你是否发现有些神话比其他神话更有影响力？

坎贝尔：最重要的是阅读这种了不起的文学，这是一个辉煌壮丽的领域。我所能说的就是进入这个领域，享受它，这里有广泛的阅读内容。如果你不打算进入这个领域，享受它，阅读它，那么你就无法获得神话的力量。如果只是每天早晨读报纸，周末读一读《新闻周刊》或其他类似的东西，那么你得不到神话的力量。你要么读神话，要么通过其他媒介接触神话，然后你会发现一种能听到它在对你说话的神话，你知道这就是能让你激动兴奋的事物。如果它不能让你激动兴奋，那么它就不是你的。

1982年，约瑟夫·坎贝尔和诗人罗伯特·布莱，这对老朋友在拍摄《英雄之旅》期间享受着私人时光，加州大苏尔

所以，我想说最重要的是阅读这种了不起的文学，它是一个巨大的领域。如果你能读除了英语之外的其他两三种语言的神话，那么你的阅读范围会更大，这是一个辉煌壮丽的领域。

布莱：听了乔在旧金山举办的一个有关“美”的会议上的演讲后，我获得了一些感触。一开始他提到了乔伊斯在《一个青年艺术家的画像》中关于恰当的艺术与不恰当的艺术之间的区别的描写。不恰当艺术的特点是当你完成它时，你会渴望某些东西，或者厌恶你创作的艺术。

乔说，如果广告里的美女宣传道，“买这种冰箱吧”，你就对自己说，我想要那种冰箱。那么这是像色情一样的艺术。因为它想要你、渴望你，它让你产生拥有那种东西的欲望。政治艺术是说教性质的，因为这种艺术虽然打动人，但它让你想要逃避政客。

然后乔说，过去几百年的小说、小说家都是说教性的色情文学作家。我是听众中唯一鼓掌的人。他看着我笑了笑。其他听众对这种大范围的概括感到震惊。

科克雷尔：他告诉我，他最后读的一本小说是《芬尼根的守灵夜》，从那之后他再也没有读过小说。

布莱：是的。恰当的艺术与不恰当的艺术之间的差别在于恰当的艺术具有一个中心，一条线索默默地将你引入它的中心位置。当你看完它时，你就会位于自己的中心，不会移向“渴望”和“厌恶”这两个方向。

最有意思的是，在他说到恰当艺术与不恰当艺术的观点且我表示赞同时，一位女士站起来说：“今天晚上在妇女中心罗伯特·布莱朗读反核武器的作品。”

科克雷尔：你那样做是为了实现政治上的目的。

布莱：是的。我在越战期间的很多作品是不恰当的艺术……

科克雷尔：嗯，但有时它们是适宜的。

布莱：不。我想说的是，在战争时期不恰当的艺术是适宜的，但没有人曾为我做过这样的区分。因此坎贝尔提出的这个观念对我来说非常重要。它是最早从阿奎那开始，由诗人一代代传下来的观念。它源于阿奎那，乔伊斯从他那里继承而来，但没有被传承到我这一代。约瑟夫传播了这个观念。当从他那里获得这个观念时，我立即意识到它对年轻诗人来说是多么重要。

因此我打算把它传播给一些更年轻的诗人。

科克雷尔：这是关于如何实现美学静态平衡的知识吗？

布莱：是的。恰当的艺术和不恰当的艺术之间存在着差别。这种差别不尽相同。政治性的艺术虽然在某种程度上是不恰当的，但你依然尊重它，而且你能更清楚地认识它。这两种艺术作品我都写过，但不知道两者的差别。约瑟夫对神话的作用的解释真的很重要。他有一些很了不起的方面，因为他就像传统的老者，领会了有关文明的最高深观点，将它们传承下去。

科克雷尔：一个智慧老人成了智慧的化身。他就是原型，那就是他的原型。

布莱：没错。

科克雷尔：他就是守护者。

布莱：在某种程度上，艾略特和庞德（Pound）对文化并不是真的尊重，尽管庞德被称为伟大的文化英雄。

> 总的思想是再次发挥出你自己内在的潜能，那是你要努力重新获得的、不为人所知的、未被利用的潜能。
>
> 约瑟夫·坎贝尔，《追随直觉之路》

科克雷尔：我记得他说，在阿奎那给艺术下的定义中，艺术应该是完整、和谐、光芒四射的。

布莱：是的。这个观点太妙了，令人难以置信，完全正确。

科克雷尔：当作品具备完整、和谐、光芒四射的特点时，你就达到了艺术状态。

布莱：约瑟夫，艺术中的仪式是什么，对我来说就是诗中的仪式是什么？我已经有很多年没写自由诗了，对此不太有把握。

坎贝尔：从纯粹学术的角度来看，仪式就是一种行为，它不仅使个体接触到一种完全不是出于本意的力量，而且使他们处于这种力量的领域中，成了它的媒介。他不得不臣服于这种比他自己的生命形式更伟大的力量。例如动物的仪式主要与求偶有关，有的也和雄性之间的对抗有关。

布莱：什么是更伟大的力量？

坎贝尔：根据物种的冲动而发挥作用的力量就是更伟大的力量，然后整件事就会变得不可思议的仪式化。谁创作了鸟类的舞蹈？它们不是个体的发明，它们突然出现在物种的关系中。

艺术中的仪式将个体释放到物种关系中，使个体摆脱他的欲望和意图系统，连入其他事物，这样他就变成了一种独特的表达，所表达的不是他自己，而是自然。当这种表达落入诗中，你就得到了由此产生的艺术。从别人的诗中你也可以获得艺术的感受。

布莱：你的意思是，如果诗人理解了仪式，那么就不会出现自白诗，因为自白诗……

坎贝尔：诗不应该是告解性质的！除了神父，谁想听你告解。神父那样做是为了让你给他的教堂付会费。

布莱：这非常有趣，这让我想到另外一个问题：在读帕斯捷尔纳克（Pasternak）、阿赫玛托娃（Akhmatova）和某些俄罗斯诗人的作品时，我发现他们会严格地遵循传统形式，对音感非常尊重，为什么会这样？难道俄罗斯诗人的诗没有你所说的那种比诗人更伟大的力量吗？

另外，你不认为城市超越自然环境的一个优势在于，它能够滋养人类、滋养艺术家身体中富有力量的事物吗？

坎贝尔：我认为纽约是个很适合工作的地方，但人们在谈到城市时，会把它看作“它”，而不是“你”。这样你会处在斗争的状况中，或者处在和相当另类的事物的关系中。你知道，我从纽约来到像大苏尔海岸这样的地方，它唤醒了另一种意识。这种意识更深沉，身体能够感觉到，是的，那就是我的世界，我一直迷失了它。在我看来，神话的想象正是来自身体，来自它与这种体验的关系。而城市的体验与之不同，它更理性、更具有伦理性……

布莱：嗯，举例来说，你的意思是不是说在城市里没有太多生物，因此不能和足够多的事物产生“我和你”的关系，而在乡村这种关系会比较多？那是你所表达的意思吗？

坎贝尔：在城市里“我和你”的关系是人与人的关系。

布莱：嗯。

坎贝尔：城市里的环境是长方形的，具有几何性质，没有曲线，它是人为设计的，是人造的环境。在原始的存在体验中，人和自然展现出他们自己，但在城市中，你得不到这样的体验。

布莱：这让我感到震惊，因为我从小到大接触的诗歌涉及的都是人与人的“我和你”的关系。然而看一看古代诗歌、荷马写的诗歌等，你会发现它们表现很多与岩石等自然存在的关系，而且充满了敬畏。

坎贝尔：还有像葡萄酒一样深暗的大海、玫瑰般的黎明。我们就身处这样的环境中。

布莱：你知道我来自明尼苏达州，我和植物之间有“我和你”的关系。那我该怎么办？

坎贝尔：我不知道。这里的环境和日本、亚洲东海岸的环境相同。那里存在着与大海的关系，而且这是长期以来的传统。在中国的诗歌和艺术中，水和山是不可或缺的。水是本源，一切源自水。很多神话表达了这个观点。从水中产生了形式，然后诞生了生命。

多年以前，我和艾德·里基茨从加州的卡梅尔一路向南来到阿拉斯加的锡特卡，沿着海岸收集潮间带生物。你会感到海洋是生命的起源，是诞生生命的地方。

布莱：当你看到这些时，你会如何从神话角度来理解？

坎贝尔：从神话角度来看，当鲸鱼游过时，我立即看到了世界。世界是潜意识中的幽深秘密，是产生一切的黑暗。在这里我看到了永恒的平安（岩石是它的象征），看到了树木的灿烂生命。

在谈到进化原则时，歌德有一句精彩的表述，植物和动物进化的终极秘密是树木和人类。在它们的进化中，你会发现自然的高贵与力量，也就是恐怖而迷人的奥秘。

布莱：我可以再回到刚才的话题吗？我想从你和你对诗歌的认识中学到一些东西。我受到的教育让我认为，诗歌的音感、节奏和形式很重要，但没有被提及的是诗歌中的神话和故事。

然而在古代诗歌中，诗总是在讲述一个故事，它将人类的心灵远远地带入超然的世界中。

所以令我吃惊的是，诗歌的形式中不仅应该包含人类的内容，而且应该包含这个神话世界。说来奇怪，神话给许多普通人赋予了一些令人难以置信的东西。

坎贝尔：神话要说的就是，让人类和自然环境对杜尔克海姆所说的超越性开放。神话的意义在于它承载着我们，我们就是神话的表现形式，无论是自然世界还是人类世界，它们不是各自孤立的。

布莱：具体来说神话是如何实现这个目的的？

坎贝尔：它的做法是提供超越个体的参照。现在神学领域的情况是上帝变得具体化，他是封闭的，他成了一个障碍。当上帝被神话化了，用歌德的话说就是，当"一切无常事物，无非参照，无非譬喻一场"时，他就开放了，成了终极超越性的秘密的参照，那是你和一切事物所固有的秘密。因此需要参与，对参与的深层领悟，那就是艺术发散出来的光芒。

布莱：可以说在某种意义上，耶和华阻碍我们感受到这些。

坎贝尔：绝对是这样。他让我们进入与他的关系中，也就是涉及罪与赎罪的关系。

布莱：这是否意味着如果你长期敬拜耶和华，你的神话意识就会瓦解？

坎贝尔：已经瓦解了。在犹太教和基督教共有的传统中不存在神话意义。那完全是历史性的事实。因此我们想要摆脱自然，而我们的仪式都与参与到社会中有关。犹太教的传统以及基督教的很多传统将你引导向社会。我们是基督中的一员，而不是自然中的一员。

然而当你转向道教，会看到启示，关于秘密的启示。秘密存在两个方面：一方面是恐怖的，另一方面是迷人的。

艺术的作用就是展现这些东西，正如乔伊斯所说，艺术成了光芒的突然显现。

布莱：我是个新教徒，在新教徒的教会中，我们对恐怖的铲除做得更彻底。我们没有圣母的雕像。我去过加州的一座教堂，那里没有任何有生命的东西，我们朗读着经文，谈论着神圣性。

坎贝尔：我在日本伊势参加过一个宗教研究会议，会议在美丽的皇家神社里举行。那里供奉着天照大神等神像。它们都很华美。神社建在树木繁茂的环境中，因此你参与到了整个自然世界中。而且天照大神本身就是太阳女神。

除了我之外，还有一位高大的瑞典学者。我看着周围的一切，试图体验跟周围一切相适应的感受。他对我说："难道这不是很糟糕吗？我是个新教徒，不懂得欣赏这些。"

这样就无法参与到你所看到的精彩世界中了。我们的传统中存在堕落，认为自然是不好的，自然应该受到批评。我们的传统中还有这样的观念，那就是我们应该代表善，对抗恶。为什么善的上帝创造了这种世界？这算什么问题！

布莱：嗯……我可以给你背诵歌德的一首小诗吗？

坎贝尔：好啊，我很乐意听。

布莱：歌德站在山顶上写了这首诗："在群山之巅，一片寂静。在树的顶端，你感觉不到一丝风。小鸟静静地停在树上，等待着。很快，你也会静下来。"

你会觉得他把另一种自然世界写入了诗中。

坎贝尔：他引用了神话的体验。

布莱：他是如何领悟到的？

坎贝尔：首先他是德国人。德国人的生活贴近大自然。你知道，荣格就有这样的体验，因为他在乡村长大，那里的一切对他来说都是理所当然的。这是从德国古老的神话时代延续下来的。不知什么原因，在德国城市没有成为主流。在巴黎读书时我也感受到了这一点。巴黎是一个奇妙的城市。

布莱：约瑟夫，我想告诉你，你的教诲对美国诗歌界是多么重要。诗人看到的是几代人之前留下的作品，当诗歌经过艾略特、庞德传承到我们时，有两样东西没有被传承下来。

一个是恰当艺术与不恰当艺术之间的区别，乔伊斯从阿奎那那里继承了这个知识，而乔伊斯之后你是唯一一个说出这种区别的人。我很感激你让我们认识到它。

坎贝尔：谢谢你这么说，罗伯特。

布莱：另一个没有被传承下来的是诗歌中神话与故事的力量。你是唯一一个传播这个观念的人。艾略特在《荒原》中展示了一些，但太破碎，对于象征手法来说太陈旧。从某种意义上说，他不尊重他在《荒原》中使用的真实故事。在《诗章》（*Cantos*）中，庞德把故事分解成各个部分，这也是对故事的不尊重。

你是将神话和故事是神圣事物的古老观点传承下来的唯一一个人。神话和故事是艺术自然的一部分，不应该被打碎、被当作象征或被合理化。

我很感谢你为我们带来了你毕生研究的成果。

坎贝尔：听你这样说真的很开心，罗伯特。而且作为诗人的你说出这话对我来说很有意义。我真心表示感谢。

布莱：在与你交往的近三四年里，你的第二条教诲大大改变了我的诗作。

坎贝尔：那就是我一开始的想法，我认为这些神话素材应该是诗人和艺术家的素材。我的妻子珍是位舞蹈家，她也从中获得了素材。不过有机会亲耳听你这样说让我很激动，谢谢你。

THE HERO'S JOURNEY

JOSEPH CAMPBELL ON HIS LIFE AND WORK

08

两个世界的主宰

现代的英雄，也就是敢于听从召唤并寻找存在的宅邸的现代人，我们的整体命运将与他们息息相关。他们不能也一定不要等着社会摆脱傲慢、恐惧、被合理化的贪婪和被神圣化的误解。尼采说："抓紧生活，就像期限已到。"不是社会引导并拯救了具有创造性的英雄，而是正相反。因此我们每个人都要经受最重要的考验——在救世主陷入绝望的沉默时，而不是在他的宗族获得巨大胜利的荣耀时刻，背负起救世主的十字架。

约瑟夫·坎贝尔，《千面英雄》

在职业生涯的夕阳阶段，约瑟夫·坎贝尔享受着特立独行的学者身份。他为蜂拥而至的听众演讲，在电台节目中频频出现，不懈地为最后一个雄心勃勃的任务而努力工作，这个任务就是完成四卷本《世界神话的历史地图集》，这套书的主题源自他在读研究生时就开始着手，但没写完的《万物纲要》（*An Outline of Everything*）。《世界神话的历史地图集》第一卷于1983年出版。

在1983年特别折磨人的巡回宣传活动之后，坎贝尔受到激励，系统阐释了他对神话的意义和根源的深刻认识。由此撰写了1986年出版的《心灵的宇宙：进入神话想象的无限时空》。这本书是他对外太空法则和内在空间法则的观点的融合。内在空间就是人类的想象。他认为两种法则是一体的，是相同的。全球化的新神话来自如今富有创造力的艺术家，是科学与灵性的综合。

1987年2月《英雄之旅》在纽约现代艺术博物馆举办的新导演/新电影节上首映。三个月后，也就是1987年5月，这部纪录片在西海岸的好莱坞导演协会剧院首映，约瑟夫·坎贝尔和妻子珍第一次在公开场合观看了这部影片。放映之后的专题讨论会是约瑟夫此生倒数第二次公开露面。

1987年10月30日约瑟夫·坎贝尔在火奴鲁鲁去世。直到临死那天，他还在写《世界神话的历史地图集》。坎贝尔长期合作的编辑罗伯特·沃尔特在坎贝尔去世后完成了第二卷的编辑工作。第二年春天，比尔·莫耶斯与约瑟夫·坎贝尔的访谈节目同名书《神话的力量》向数百万读者介绍了坎贝尔和他的观点。

布朗：如果你有一台计算机，可以加快检索信息的速度，你认为它会给你的生活带来什么不同？

1954年，约瑟夫·坎贝尔、珍·厄尔德曼与R.F.C.赫尔（R. F. C. Hull）、赫尔的儿子杰里米在瑞士阿斯科纳的露天市场里

坎贝尔：如果当初我开始写作、阅读、记笔记时，我就有一台电脑，让我想想。我的公文柜加起来足足有13个，里面塞满了手写的笔记，都与常规事务有关。如果是用电脑记的笔记，那么我可以立即找到我自己记录的信息。现在我不能这样做，而是不得不回想它在哪儿，到处翻找。所有信息都被埋没在公文柜里，我觉得这是没有用计算机造成的唯一损失。

至于信息以及我获得信息的方式，重要的不是信息，而是信息的体验。这是一场恋爱，它涉及与思考、体验的世界发生联系，而你无法从单纯的信息提供中获得这种联系。当然在写作时我需要已知的信息，但我想确切地知道它源自哪本书、在哪一页。

直到五周之前，我一直在用笔写作。我看着电脑，心想，好昂贵的东西，它取代了笔，真了不起。它能做什么？我变得对它着迷了。这是一个魔法世界，很多小人在这个小东西里，他们在替你做事。

布朗：我记得有一次我给你讲过一个关于艾森豪威尔和计算机的故事，故事发生在20世纪50年代。

坎贝尔：哦，是的，我记得那个故事。正是从他那个时代起，我们开始意识到电脑是多么重要。据说他走进一间装满电脑的房间，提出了这样的问题："有上帝吗？"

电脑开始运转，信号灯闪烁着，各种部件忙碌起来。最后一个声音说道："现在有。"

所以我的房间里有了一个神。我对神知道得很多，通过它的行为，我搞明白了它是什么神。它是《旧约全书》中的上帝：规则很多，毫无怜悯。如果他发现你在星期六捡柴火[①]，你就完蛋了。

柯西诺：你给你的电脑取名字了吗？

坎贝尔：哈！IBM公司帮我装软件的年轻人读过一些我写的书，她知道我需要什么，给我安装了很好用的程序。当她把一切都装好后，提出了一个令我吃惊的问题："嗯，你的电脑叫什么名字？"

我不得不马上想出一个名字，于是我把它叫作帕西法尔。他是西方一位了不起的英雄，出自亚瑟王传奇中寻找圣杯的传奇故事。寻找圣杯就是超越自我系统，对慈悲敞开心扉。这就是帕西法尔的全部意义。

---

① 每个星期五日落到星期六日落是犹太教的安息日，犹太人谨守安息日为圣日，这一天不允许工作。——编者注

不过它没有慈悲。(指着电脑)

柯西诺：关于这个帕西法尔，有什么故事？

坎贝尔：这个帕西法尔在寻找圣杯城堡，他来来回回地搜寻，但圣杯城堡不在那儿。有时候它在那里，有时候又不在了。

这就是电脑可恨的地方。我试图让它为我做些事情，我认为我做的是我想做的，但出现了错误的结果。然后我做了相同的事情，这次却对了。我就好像处在魔法王国里，这是圣杯秘密的一部分，我在逐渐了解规则。另外电脑对我来说还像《一千零一夜》和瓶子里的神灵。他们从瓶子里出来，为你工作、工作、再工作，但他们非常狡猾，可能会要你的命。

科克雷尔：在这个时候，你对自己的人生有什么感触，你想要实现什么？

坎贝尔：我想做的就是享受人生。它就像一条驶进港湾的船。我们曾乘着船驶进海港，看着周围的环境……停靠在那里。在我的记忆中，那是非常美好的事情。那就是我现在的状态。

我越来越觉得，印度人关于年老时应该舍离的想法非常好。你应该放弃任何承诺和牵连，只是活在当下，做此刻必须做的事情。因为你已经付出了所有应该付出的，到那个时候你的人生已经有了结论。在此基础上添加的任何东西都只是脚注。

对我而言，此刻还没有到写脚注的时候，现在应该享受实现和成就感，这是实现的时刻，它丰富而美好。

有人问我："你想不想变年轻？"

我说："想啊，我想回到 71 岁！"

我不想回到更早之前。

科克雷尔： 回首往事，你认为谁给予了你巨大的启发？我知道斯宾格勒对你的影响很大……

坎贝尔： 哦，我认为阅读斯宾格勒的作品是我人生中启迪智慧的关键时刻。

科克雷尔： 斯宾格勒为你开启了什么？它产生了什么影响？

坎贝尔： 他让我领悟到社会的成长、繁荣和衰落是有机的过程，是不可避免的。社会发展的某个阶段就像人的发展，有青年期，然后走向成熟，再之后是年老、瓦解的时期，各个时期的注重点也随之改变。发生改变的是所谓的精神能量。

1976年，约瑟夫·坎贝尔骄傲地接受普瑞特艺术学院（Pratt Institute）授予他的荣誉博士学位，纽约布鲁克林区

在我这个年纪，我能够感受到一些以前只能谈论但感受不到的东西。这体现了人生中能量与质量的比例问题。你可以看到孩子们充满能量，到处奔跑，而我现在和一些更年老的人住在火奴鲁鲁，这里有质量，但没有能量。这种情况也发生在社会中。它的质量非常巨大，但缺少使它活跃起来的能量。

斯宾格勒的另一个特点是他具有强大的直觉。他预见了我们的精神生活和文化生活会发生的事情，而且预见到了发生的日期。1932 年我阅读了斯宾格勒的作品，因此我有 50 年的时间来验证他的预见，而他的预见得到了证实。

科克雷尔：年老有好处吗？

坎贝尔：哦，好处是巨大的。

科克雷尔：重在当下的体验，未来不再那么重要。当下充满了活力，这是在年轻时不曾有的情况。

坎贝尔：年轻时做的每个决策对人生都具有决定性的意义。真的是这样。看似一个小问题其实都是重大的，无论水是这样落下六英寸，还是那样落下六英寸，都会影响人生。人在年轻时所做的每一件事都关系到人生轨迹。接下来是没有未来的老年阶段，这时人们不需要为了什么目标而活着，因为已经活过了。心灵停留在曾经丰富的经历中，你活在具有可塑性的当下，没有为其他什么而活着，而是为活着而活着。

这是非常棒的体验。

我认为在年轻的时候，人应该活得诚信正直，因为以我为例，之前哪怕一点小错误也会一直停留在我的脑海里，认为那是应受谴责的行为。别人可能不这样认为，但从你自己诚信正直的观念来看，这是一种质疑。带着这样的负担生活可不是什么好事。我认为这就是宗教中炼狱和地狱的作用：记住你本不应该做什么。

科克雷尔：对于如今这个遇到麻烦的世界，神话帮得上忙吗？

坎贝尔：以前你问过报纸对今天的世界能做些什么，我认为我们需要报纸保持一点诚实的态度，不要为了把报纸卖出去，一味追求耸人听闻。

如今我们在报纸上读到南非消除种族隔离的新闻，但没有想到我们国家的印第安土著，没有想一想我们曾对他们做了什么，我们正在对他们做着什么。我们指出邻居的小错误，而自己却犯着大错。美国的土著依然生活在被强加给他们的亚文明条件中。我没有看到哪个雄心勃勃的年轻人示威抗议，要求给予印第安人他们应得的待遇。

科克雷尔：当乔伊斯说“历史是我们努力从中醒来的梦魇”时，他是什么意思？

坎贝尔：他说的就是那个意思。梦魇被不受理性控制的力量所推动，它们代表恐惧和恐怖，那就是历史。如果根据七大脉轮系统来评判历史，历史是三号脉轮，即侵略性轮环，想要攻击旁边的人。这就是历史的开端，这也是历史发展的方式。

科克雷尔：在你看来，对于追求自我实现的人来说，神话真正的珍宝在哪里？

坎贝尔：神话通过仪式被整合在生活中。必须被仪式化的东西就是对当今生活至关重要的东西。如果你想把神话视角引入现代世界的行为中，你就必须搞明白正在做的事情与生活本质的关系，而不是搞明白它与生活表象的关系。生活的本质会保持不变，从旧石器时代起，它们一直没有变，无非是吃饭、繁衍、做个孩子、成熟、衰老。你所做的这些事情不是你主动发起的行为，而是你内在生物世界的因变量，与那些认为自己是每件事的主动发起者的人相比，你过着不同的生活。

例如就像对待变老，如果你试图紧紧抓住青春，试图紧紧抓住 20 年前非常棒的事物，你就会陷入彻底的困窘。你应该顺其自然，在新事物中寻找丰富和充足。如果你紧紧抓住旧事物，便无法体会新事物。在传统的社会中，比如在印度的社会中，几乎一切都被仪式化了，人生不同的阶段被明确地划分出来。随着从一个人生阶段进入另一个人生阶段，有的人会改掉名字。

此外，当你介绍某人在政府里担任职务，或者从事监督管理工作时，这个人必须知道他并不是代表自己而是作为公务人员在采取行动。法官走进法庭，人们起身站立，他们不是因为这个人而起立，而是因为他代表着法官之职。人们不是对他表示尊敬，而是对他的社会角色表示尊敬。以神话为基础的生活使你能够根据你的重要社会角色来行动和生活。

如果个体意识到他的显赫与崇高源自他所代表的事物，那么个人主义完全可行。即使他代表的是世界上、环境中不存在的理想和象征系统，他依然是某事物的代理人，他是一种存在。但是当个体代表自己或者代表他的家庭、团队做出行动时，那么除了造成混乱，个人主义不会有其他结果。

1978年，约瑟夫·坎贝尔和珍·厄尔德曼在一个座谈会中间休息时拍摄，蒙大拿费泽德·派普农场

当神话被转化为仪式时，它们能够组织领域。现在你应该明白当今世界为什么会陷入麻烦了。如今的社会领域是什么？社会领域就是全世界，我们没有着眼于全世界的单一行动系统。所有行动都关系到某个利益群体。我们应该在报纸或其他媒介上宣传人性意识，我们是整体中的一个成员，属于部落，而不是属于社会阶层。我认为这是绝对必要的。

我知道教育的力量是什么，因为我成长在一个具有民主观念的时代。当很多人把社会看成是一切的塑造者时，民主理想就会在学校的教育中消失。当我在莎拉·劳伦斯学院教书时，正如我说过的，最大的快乐就是发现学生需要什么，想要什么，然后尽力提供能够满足这些需要的信息。

后来我发现 50% 以上的同事没有在进行我们所说的教育，也就是引导，他们在灌输。某个社会学视角的学科成了学校的教条。这就是美国每所学校里正在发生的情况。这会彻底破坏在我小的时候被人们认为理所当然的整体观点。

以前我们在学校里从来不阅读现代小说，不读日报，我们被密封起来，隔绝了当时的报章杂志，隔绝了当时正在发生的事情。我们不会讨论“这个怎么样，那个怎么样？这儿有人示威抗议，那儿有人示威抗议……”。我们接触到的是一些永恒的主题。

这是可以做到的。我知道教育的力量有多大，教育将做到这一点，它曾经就是这样做的。

柯西诺：刚才你深入探讨了神话研究对个人的作用。我们已经谈了阅读神话对艺术家、学者和科学家的影响。那么它对儿童和年轻的学生有什么影响？我知道几年前你和罗伯特·布莱去北达科他参加有关新千年教育的会议，你提出神话应该成为一门必修课。你认为孩子接受神话教育对社会将产生什么影响？对社会整体有什么影响？

坎贝尔：它当然会对孩子们有影响。神话教育会改变他们的人生，还会改变他们对人生的态度。社会是由孩子们构成的，因此从某种意义上说，构成社会的人不仅追求表面性的东西（也就是被欲念认为值得追求的东西），而且追求比这些表面性的东西更深层、更有内在价值的事物。

反战运动中就出现了这样的事物，反战其实已经变成了一个社会学事实。

我经历了一个世纪的战争。每场战争结束后，你所得到的只有失望，政客会宣传一套战争的意义，但事实并不是这样。敌人像我们一样也有一套站得住的理由。人们开始思考，与通过这些疯狂、病态的社会行为而获得的价值相比，是否存在更深层的价值。

这种情况同样出现在如今的生态运动中。我们应该与自然和谐相处，而不是征服它，就像《圣经》告诉我们的那样。

> 一天晚上，当我结束了在西雅图的演讲时，一位年轻的女士走过来，非常严肃地对我说："哦，坎贝尔先生，你不了解现在这代人。我们会从幼稚直接变为智者。"我说："那太棒了。可惜你错过了生命。"

约瑟夫·坎贝尔，《追随直觉之路》

柯西诺：你提出了什么样的课程建议？

坎贝尔：在莎拉·劳伦斯学院教书时，我开了一门神话学课程，这门课与学校其他每一门课程都相关，因为它是核心课程。神话学课是学校里最受欢迎的。我可以看出来它如何丰富了学生们对学业的理解。

每个老师都认为自己教授的课程是最重要的。我认为神话学就是这样的课程，应该为大一新生教授有关神话原型的课程，那将会非常棒。

柯西诺：如果文化中造成纷争的原因之一是我们不再有共同的故事、共同的神话，那么通过现代媒体的力量能够改善这种情况吗？既然《星球大战》可以在泰国的丛林或菲律宾的村庄中放映，那么知识和传统的传承方式是否会因为讲述故事的直接性而发生改变？

坎贝尔： 我对当下的思考是一种社会学的思考。创作每个神话的目的是为了服务于特定的社会。每个人都是在特定的范围内发展的。在那个范围中的社会体验就是神话中充满活力的要素，它牢牢抓住人们，使他们不脱离他们所生活的社会。

几年前约瑟夫和我受北达科他州一所大学的邀请，为他们提供有关新千年应该开设什么课程的建议。约瑟夫说他认为神话学应该是所有课程的中心，因为它是唯一能够联合科学与人文的课程，在古代神话学就发挥着这样的作用。

后来我们形成了一个想法，那就是每个学生在大学里应该阅读30到40篇神话。然后他们可以从中选出一篇，因为这则神话可能在指导他们的生活。由于我们太愚蠢，研究不透神话，因此神话对我们的指导常是无意识的。有意识地生活与无意识地依赖某件事物生活有很大差别。

学生选择了一个吸引他的神话之后，需要在大学里花些时间搞明白他在多大程度上实践着神话，神话在多大程度上体现了他。这对科学家也会很有价值。他可能在无意识地实践着神话，而自己不知道。

罗伯特·布莱，伊莎兰，1982年

你不能输出神话，无论是通过空间还是时间。这是整个《圣经》传统存在的问题之一。源自过去社会背景的神话与我们目前的社会相去甚远，不能再服务于我们的心灵，所以必须有人把它解释给我们听。需要有人给你讲解的艺术作品不会对你起作用。让人产生“啊哈”体验的艺术作品在告诉你，它就是你。对你起作用的神话也必须是这样的。

如果我们认为自己赖以生活的神话其实对我们不起作用，那么我们就会感到困惑、紧张、焦虑，你所做的每一件事，你的生活本质被那个神话否定了。正如我所说，每一个自然的行为都是有罪的行为，除非它被施了洗礼或者割礼。这种对人生的诋毁对于我们的理想来说是非常可怕的，因为这些理想并非来自我们的生活。尼采在《权力意志》中写道，所有这种理想都应该被抵制，因为它们诋毁生命。你们明白吗？理想必须从体验中产生。

那就是艺术家的使命：呈现体验。再来看看社会学的问题，想想你属于什么社会？如今唯一有效的社会是全球社会。然而我们看到的情况是，每个人退回到内群体、阶级，甚至学校中，只对内群体、阶级或学校忠诚。没有人有足够的勇气从全人类的角度来进行思考。100 年后神话的基本主题与 4000 年前的主题是一样的。神话正在为之服务的一个团体是不断发展变化的环境，另一个就是自然与科学的体验领域。符合公元前 4 000 年的情况，而不符合现在的情况的神话毫无用处。

法夫罗： 你不认为个体能够创造出群体的神话吗？比如像佛陀那样的人是否有可能通过自己的力量和内在感知，描绘出适合整个群体的神话？

坎贝尔： 神话的起源，神话与预言、教义有怎样的关系是非常微妙的问题。我所说的话不应该被当成最终结论。我认为在原始层面上，神话源自非常小的群体，他们的体验就是整个族群的体验。他们本质上具有相同的体验，具有相同的内在生活。

最后的问题涉及什么是群体。早期的神话源自非常小的群体。每个神话在有限的范围内诞生，范围内的人具有或多或少相同的体验。因此这种神话会引发群体中每个人相同的反应。如果你做不到这一点，那么你的神话是不起作用的。能够成为群体的老师和代言人的都是能够进入恍惚状态的人，他体验到了群体中其他人的无意识系统。他们都具有相同的心理状况。这样，他成了代言人。除非有这种能接触到群体需求的人，否则便不会有真正的群体神话。

法夫罗：你的意思是，除非一个神话被投射到肥沃的土壤上（肥沃的土壤指的是具有相同体验的群体），否则它不会发展为群体的神话吗？

坎贝尔：通过有灵视能力的萨满，也就是能够灵魂出窍再回来的人，神话从这样的沃土中产生。然后它落在同样的沃土上，神话就具有了群体性。

思考一下任何一种神话的起源。以犹太教中摩西在西奈山上领受十诫的神话为例。听他传授上帝教诲的人都处于相同的状态。这是新的、不同于以往的状态。带着金牛犊的可怜的亚伦代表了另一种状态，那种状态中的人通常崇拜神圣的月亮神力。

摩西从西奈山上下来，脸上的皮肤放射出光芒，他带着上帝的启示。事实上他不得不把这些启示强加于族人，现在这种情况有时也会发生，所谓的精英带来某种主义，把它强加于人。

甚至在佛陀出现之前（公元前563年至公元前483年），体现在《奥义书》中的佛教思想就已经得到了发展。《奥义书》的全部主题是，终极奥秘就在你的身体里：你就是终极奥秘。你本身就是奥秘。

如何发现这个奥秘？佛教中有寻找它的方法。而且在相同的意识领域中，佛教徒有五六种其他的修炼方法。因此佛陀教诲的是一群能够理解并接纳佛教教义的精英。由此佛教被发扬光大。

布朗：但是如果你不知道指引你的生命的神话是什么，怎么办？你是怎么知道的？

坎贝尔：如果你对自己的神话拿不准，你可以问自己，你属于什么群体。

你认同什么群体？这个问题的答案会变得越来越明显。世界变得非常小，紧密地互相连接着，真正的群体就是世界群体。没有哪个神话包含了世界群体。因此我们需要总体性的社会，我们有很多内群体，人们退缩到自己的“上帝选民”群体中，或黑人权力群体、资本家群体、蓝领工人群体中。我们将神话的群体指向了整体的一些部分，因此这样的神话不会持久。

法夫罗：你能看出有正在形成的现代神话吗，或者你是否能看到我们正在依据旧时代的神话生活？

坎贝尔：你必须依靠旧时代的神话来生活。神话的基本观念永恒不变，它们会一直保持下去。

问题在于形式的变化。神话如何被表征出来？艺术家的任务就是根据当代生活背景来呈现这些永恒的神话。显然没有很多艺术家在这样做。但是诸如乔伊斯、托马斯·曼、普鲁斯特、艾略特和叶芝等艺术家与文学家这样做了。我认为对现代人来说，这些有预见能力者的作品、这些诗人的作品，比如乔伊斯的作品，就像是印度《往世书》那样的神圣经典。

但是广受欢迎的神话不仅要被知识分子所接受，还要被基层的大众所接受。好的神话对上层和下层都能起作用。基督教在发展最繁荣的时期做到了这一点，佛教传统依然如此。对于神灵的解释，既可以是非常简单的自然主义风格，也可以是极其复杂的，从简单到复杂的变化可以毫无间断。为了获得复杂的形式，你不必放弃童年时的神话。但是在我们的传统中，这种连续性已经丧失了。

阿里恩：你认为我们处在文化历史的什么位置？

坎贝尔：思考文明的历史是很有趣的事情。在欧洲早期文明或哥特文明中，当你来到一个城镇，最先看到的是宗教中心，高高的大教堂。

20世纪60年代末，坎贝尔教授与学生

后来，在16或17世纪时，你所看到的最重要的建筑是宫殿。

现在当来到一座城市，你会看到什么？你会看到大厦、写字楼和居民楼，盐湖城就是非常好的例子。杨百翰（Brigham Young）当初想把它建成宗教中心，在城市中心建一座教堂。这是一座设计得非常漂亮的城市。没多久州议会大厦被建了起来，它建在比教堂所在的地方稍微高一些的山上。

现在最高的建筑是写字楼，它处决了所有教堂的囚徒。整个文明就在那里，当然那是文明的终结。

问题在于自生自灭的文明是否能被重新激活。歌德写过一篇精彩的文章，题目是“精神的时代”。这个时代开始于诗歌般的神话阶段，然后是宗教阶段，再然后是哲学阶段，接下来是“写实主义的散文”阶段。正如他在文章结尾中所说，“就连上帝自己也无法从中创造出另一个世界”。

这是一个相当悲观的观点，但我确实认为我们处在文明的终点，位于全球时代的开端。也就是说，现在我们再一次进入了全球时代。在有边界的范围中，你不再会看到不同的文化，不再会彼此不了解，彼此漠不关心。所有的范围都被打破了。

黑麋鹿还带给我们另外一个洞见。你知道下面这段话吗？“我站在全世界最高的山上，我知道的比我看到的多，我明白的比我知道的多，因为我在用神圣的方式看。我看到的是所有民族的圆环互相连接，组成了一个巨大的圆。”他看到了。

这就是新的时代。

德雷森：这是一个使心灵获得重生的时代。

坎贝尔：我认为它确实会使人产生这样的想法。

谁知道诞生所有生命的乳汁大海接下来会产生什么，在这片大海中，总有鲸鱼游来游去。

坎贝尔：当生命成了唯一的问题，就像在婚姻中，或者像哈姆雷特那个傻家伙——生存还是毁灭，那么你就处于文明的最后阶段，走在向下的道路上。

生命一定是自发的，它来自印度人所说的极乐文化，即极乐鞘。生命是极乐的一种表达。

科克雷尔：令我一直疑惑的是，你在什么地方第一次受到“追随你的极乐”这个观点的启发。

坎贝尔：在印度的极乐文化中有一个非常棒的主题，那就是生命萌芽的奥秘被包裹在五层鞘中。最外层被称为食物鞘，食物造就身体，身体会成为蠕虫、秃鹫或火焰的食物。这一层属于外部事物。

第二层被称为呼吸鞘。你在这里吸收氧气，它对简单的食物层进行氧化，把它转化为有活力的东西。

第三层是心灵鞘。我在这里谈到的心灵与外界发生的事物有联系。它能感受到痛苦、快乐，与所有这些情感相联系。第四层与第三层之间的间隔很大，它被称为智慧鞘，在母亲子宫中形成。它使我们活着，保持往常的状态，它使树木花草生长。它比感受痛苦快乐的心灵鞘更深。

这是自发智慧的层次，比如消化早餐，没有人会给身体提供消化食物的化学公式。但我们每个人都会自然而然地完成这件事，靠的就是这个智慧鞘。

心灵鞘的思维方式与智慧鞘的体验方式之间的差异是由神话象征来填补的。神话是智慧鞘对心灵鞘的诉说，心灵鞘有可能偏离中心，智慧鞘把它拉回来，使它符合自然秩序。

比智慧鞘更深的就是最里面一层——极乐鞘。所有生命受到极乐的驱动。心灵认为它遇到了麻烦，处于痛苦之中，但身体说：“不，先生，你在极乐中，只是你不知道。”

神话的作用就是让你联系到你的极乐，找到极乐真正所在的地方。当你偏离了轨道，或者你接受了某种道德原则，而这种道德原则完全是荒唐而且不自然的。摒弃这种原则并追随内心的极乐。

坎贝尔：我不知道你是否了解柬埔寨的那些神像。那里有非常宏伟的庙宇，供奉着很多头像，其中有四个巨大的头像，都是极乐的表情。每个头像的顶部有一朵莲花，它代表已知世界。我们的心灵鞘就在最顶部。冥想的目的是使你来到莲花花瓣的下面，进入莲花的根部，找到极乐。意识到无论何处发生了什么，你都在极乐中，那么即使一个人处于极度痛苦中，也可以在人生的危机中获得拯救。你可以把这些事件看成是意外和强烈的欲望。你永远停歇在极乐中。

例如，美洲印第安部落的某些成人仪式简直是非常痛苦的折磨。年轻人被痛打得疼晕过去。他们进入了极乐。痛苦与极乐的关系是基本的逻辑主题。在我们的文化中，我们总在思考伦理道德和痛苦，思考大多数人的最大福祉这类事情。

都是胡说八道！我们忘了生活根本不在乎大多数人的最大福祉，它在乎的是所有人都应该在极乐中。

布朗：乔，你是否认为你为了获得你所说的极乐而不得不放弃认知，放弃思考？

坎贝尔：不，但是你要改变它。这就是《浮士德》提出的观点。歌德说梅菲斯特不能控制浮士德所做的事情。他所能做的就是为浮士德实现目标提供手段。他不能控制浮士德想实现什么。当心灵鞘成为发号施令者时，我们的生活就会变成恶魔的生活。主宰生活的是观念和思想，而不是生活的动力。

德雷森：那就是说，当你制造了自己的灾难时，你就获得了极乐的重生。

坎贝尔：你没有将自己与衰败的事物联系起来，而是与超越所有这一切的动力联系起来。

布朗：不过你不必自己找灾难。

德雷森：哦，不用，它已经在那儿了。（笑声）

坎贝尔：是的。我认为那五个层次非常有用，它属于印度的吠檀多派。想一想将你与身体连接起来的心灵鞘和表达真正能量动力的食物层之间的对话，你会看出神话所要求的重点的改变。

我在享受生活，这就是我传授给其他人的我的做法。对于正努力找寻自己道路的人，我的一个小建议是追随你的极乐。我追随了我的极乐。这是一条很好的道路。不过对于写自传，我实在做不来，因为每次回首人生中的任何阶段时，我都会感到很难过、很怀旧。

约瑟夫·坎贝尔，大开眼界剧场，1983年

最近我刚看到发生了这样的事情。我的朋友，其实是我的亲戚在几个小时内突然因中风过世。死者的健康状况非常好，主动脉却突然破裂，两三个小时就离开了人世。

你可能会认为这个人的妻子和姐妹一定伤心欲绝，但是她们没有，她们已经有了心理准备，能够接受这件事情。

在人生中她们对这些事情进行过长期的思考，之前已经遭受过痛苦，知道如何安置自己的中心。当你知道如何安置自己的中心时，便可以承受任何事情。真的可以。

布朗：他们不会被困在某种心理模式中，不会认为为了获得自由，必须有充满爱心的母亲和父亲，必须在合适的学校读书，必须从事合适的职业。

坎贝尔：那不会有任何损害。

阿里恩：如何将那五个层次运用到人际关系上？

坎贝尔：有些关系仅仅建立在心灵鞘上，另外存在两种更深层的关系。一种是家庭关系，你与他们真正是一体的，关系非常深厚。这是智慧鞘上的关系。

另一种关系来自对共同生活、共同目标的认可，类似于恋爱关系，那是智慧鞘的东西。

阿里恩：智慧鞘的东西？

坎贝尔：你认识到这种关系非常令人满意，相处也具有足够的深度。为了增进这段关系，你需要的唯一建议就是两人在一起。那就是智慧鞘的关系。

阿里恩：其中有极乐吗?

坎贝尔：你感觉不到它吗?

阿里恩：感觉得到，或者我不该问这个问题。

科克雷尔：你能不能把如何追随内心的极乐扩展地讲一讲?

坎贝尔：我认为除此之外没有其他的生活方式。在辛克莱·刘易斯（Sinclair Lewis）的小说《巴比特》（*Babbitt*）的结尾，巴比特先生说："我一生从来没有做过自己想做的事情。"他是个枯燥乏味的人（直译：他是根干柴棍）。

一天晚上我听到有人使用这种表达方式。当时我在纽约布朗士区教书，并且住在那里，那时我还没结婚。那里有一家我们常去的希腊餐馆。星期四晚上是女佣休息日，所以餐馆里来了一家又一家的客人。一天晚上坐在我旁边的一家人是父母和一个十二三岁的男孩，那个男孩骨瘦如柴。

我听到那个爸爸对男孩说："把你的番茄汁喝了。"男孩说："我不想喝。"爸爸提高嗓门说："把你的番茄汁喝了。"这时那位妈妈发话了："不要让他做他不想做的事情。"

爸爸说："他不可能一辈子只做他想做的事。他会完蛋的！"他继续说："看看我，我一辈子从来没有做过一件自己想做的事情。"

我简直不敢相信，这和刘易斯小说里的话一模一样。

我在男子预科学校教了一年，我自己也曾上过预科学校。当他们渐渐明白事情时，便会提出这样的问题："那可以赚到钱吗？"

所有人都这样问我，我会回答说："听着，做你想做的事情，不要担心钱的问题。"

现在我的这个信念更加坚定，不仅因为我自己的经历，而且因为我了解到了其他一些人的经历。当你追随内心的极乐时，我所说的极乐就是指沉浸其中的深入感，以及做你自己的存在驱动你做的事情，这可能并不轻松有趣，但它是你的极乐，即使在痛苦的背后也有极乐。

那么最好的修行是什么？最好的修行就是享受和朋友相处的乐趣，享受你的食物。认识到什么是游戏。参与到游戏中，参与到生活的游戏中。这被称为极乐。

约瑟夫 · 坎贝尔，《神话》

如果你追随内心的极乐，原来没有门的地方也会出现敞开的门。你从来没有想过那里会有门，对其他任何人来说，那里都没有门。

这与生活的真诚性有关。如果你的生活是真诚的，世界就会来帮你，真的会这样。

我认为我所能提供的最好建议就是追随你内心的极乐。如果对你来说，极乐就是好玩、刺激，那么你没有走对路。我的意思是你需要指导，了解你的极乐在哪里。这个过程包括深入到你自己的内心。

理查德 · 贝班：在我们今晚坐在这里时，我想到了《综艺》杂志（*Variety*）的报道：十部最卖座的电影中有七八部在某种程度上基于你的书提供的素材，这真了不起。你的书深深地影响了乔治 · 卢卡斯、乔治 · 米勒、史蒂文 · 斯皮尔伯格这些重要的电影制作者。

理查德 · 贝班

常以洛杉矶为创作与报道题材的剧作家兼记者，他的电台采访已在全世界播出。

我听说过一个关于你的精彩故事。你有 30 多年没看电影了，但在纽约，

几年前一个下雨的夜晚，你对珍说：“嗨，让我们出去看场电影吧。”

坎贝尔：嗯，那天晚上珍看起来有点闷闷不乐，我想，我们是否能做点对她情绪有帮助的事情。于是我说：“珍，一起去看电影吧！”她说：“看电影？你有很多年没有说过这样的话了。”我说：“走吧。”

我们看的第一部电影是《2001 太空漫游》。我走进电影院，我首先看到的内容源自我的书《原始神话的诞生》的第一章。一群南方古猿四处蹦跳，其中一只对三明治以外的其他事物产生了兴趣，它具有敬畏感，认识到了奥秘。电影的主题就是敬畏感和生活的奥秘。它对人类精神的发展比对经济的发展更有意义。我认为人类可以被分为两大类：一类依然是南方古猿，主要对经济感兴趣。另一类愿意进行冒险活动。冒险活动把他带到了月球，进入太空。电影中猿人留下的巨石在震动着，我认为这个场景非常精彩。

另一个源自《原始神话的诞生》第一章的情节是瞪羚的大腿骨，猿人用它来打别人。这个想法来自南非的一位人类学家，他叫雷蒙德·达特（Raymond Dart）。他研究了早期原始人类的颅骨，发现有些颅骨被某种两头有球状突出物的东西打出了凹痕。后来他发现凹痕和瞪羚的大腿骨很符合。他意识到世界上有两种生物：使用武器的生物和不使用武器的生物。用武器猎杀的生物是肉食者，被猎杀的是素食者。这给了我很大的启示。（笑声）

你会说，这产生自更高级的意识，能够用材料制造工具。动物也使用工具，但它们使用时不会怀有日后再用的意图。它们就是现在使用。它们会捡起一块石头，朝别人扔。但是通过使用一种工具学会使用其他工具，以及所有这类工具则是另外一种意识。这是人类的开始、文化的开始。

在电影中，瞪羚的大腿骨被抛到空中，然后画面变成一艘宇宙飞船，那真是非常精彩的情节。我认为电影中有很多这样令人振奋的场景，其中蕴含的重要观点深深地打动了我。

1987年，约瑟夫·坎贝尔与创作小组在纽约导演协会剧院，参加《英雄之旅》的西海岸首映，在他左边的是约翰·登斯莫尔，在他右边的是主持人理查德·贝班、斯图尔特·布朗和菲尔·柯西诺

又过了10年，乔治·卢卡斯联系我，邀请我和珍观看《星球大战》。自从看过《2001太空漫游》，我再没有看电影。乔治邀请我们去他在圣拉斐尔的住处（天行者农场）看电影。我在一天之中补上了全部电影行业的课。早上我看了《星球大战》，和乔治交流这部电影。下午我看了《帝国反击战》，晚上看了《绝地归来》。那真是个大日子。（笑声）

第二天早上他给我们放了两部他在拍摄《星球大战》系列之前的作品。最好看的是《美国风情画》（*American Graffiti*）。

贝班：那是一部精彩的电影。

坎贝尔：我教了38年这些孩子，整整一代人啊！电影很棒，开头对这代人的描绘就很得体。那个年轻人（查尔斯·马丁·史密斯饰演）从摩托车上下来，把什么东西打翻了。他无法应付他当下的状况。这是一部好电影。

然后乔治放映了他更早期拍摄的电影。我的天啊，我大吃一惊。很多年前，玛雅·黛伦（Maya Deren）、我和其他一些人成立了拍摄小电影的电影创作基金会，用手持摄像机拍电影。每年我们都会评出最佳影片。我们会收到来

自这些年轻人的各种影片。乔治给我放映的他的作品之一讲述了一个被误解的人，他在城市里到处游荡，没有人知道他有多棒。电影创作基金会每年都会收到十几部这类影片。这个年轻人的起点和其他人的起点都一样，但接下来他完成了两次巨大的飞跃，拍出了杰出的作品。这是令人无比激动的经历。我认为拍电影是了不起的事业。这是一个有着非凡头脑的年轻人。我的作品帮助他确定了他自己的真理，我感到非常骄傲。

当感恩而死乐队的米奇·哈特和鲍勃·威尔（Bob Weir）告诉我，我对他们有帮助时，我再一次感到非常骄傲。摇滚乐从来不是吸引我的音乐类型。在我看来，它很多都是千篇一律的。（笑声）他们邀请珍和我参加在奥克兰举行的演唱会，这成了一次新发现。我在那里看到的事情让我认识到摇滚是有魔力的，它是指引未来的魔法。

贝班：为什么这么说？

坎贝尔：他们触及了人性的层面，使每个人都产生了一体感。它无关乎人种、年龄，其他一切事物都是无关紧要的。与出于政治目的的希特勒的集会相比，摇滚音乐会的绝妙之处在于，每个人与其他人都能产生共鸣。

我陶醉在狂喜中。现在我也是“感恩而死”的摇滚乐迷了。（笑声）

领导加州大学伯克利分校推广项目的林恩·考夫曼（Lynn Kauffman）想到了一个绝妙的主意，他把约瑟夫·坎贝尔、心理学家约翰·佩里和感恩而死乐队聚集在一起组织了一场研讨会。我做了一个题目为“仪式与狂喜：从狄俄尼索斯到感恩而死乐队”的演讲。

约翰·佩里做了关于精神分裂症的意象，以及患者如何追随这些意象，从而病情立即获得缓解的演讲。他在旧金山有一家研究所，在那里他让病人追随他们内在生活的神话之旅，他不去抑制精神病，而是让它继续存在下去，直到把它赶出去。

米奇·哈特创作了一首被称为《非洲女王遇到圣灵》(The African Queen Meets the Holy Ghost)的乐曲。他告诉我他在舞台上使用的乐曲大约价值50万美元。天啊，这太可观了。我无法形容它有多么了不起。为此观众站起来鼓掌喝彩。和杰里·加西亚和米奇·哈特坐在这样的舞台上，是我人生中最骄傲的时刻之一，仅次于此刻。

贝班：事实上，那是我从旧金山搬到洛杉矶之前的最后一天。看到那天舞台上的情景是人生难得一次的机会。我认为在巡回演出时，你们应该搞一个“杰里与乔秀”。

1986年，在题目为“从仪式到狂喜”的研讨会上，约瑟夫·坎贝尔与杰里·加西亚、米奇·哈特同台，旧金山艺术宫

坎贝尔：你知道，那是个无与伦比的时刻。即使重复那个时刻，你也达不到相同的效果。那好像有魔法。神话也是如此，抓住了有魔法的时刻。有时那是一个时刻，有时那是一个冲动。抓住它，向前发展。

贝班：之前你谈到过在1925年宾州接力赛中冲刺撞线时的照片，谈到了那个周末你是怎样做到的零失误的。因为你联系到了自己内在某种超越性的东西，使你能够破纪录，或者能够做成一生中任何想做的事情。

坎贝尔：我真希望在参加田径比赛的那些年，我对体育的心理和灵性方面有目前这种了解程度。我的意思是体育运动是一个冥想系统。一流运动员所体现出来的精神和身体的控制力是人类卓越的成就。在我短短三年的田径运动员职业生涯中，那个周末是我达到那种成就的时刻。我处于完美的状态，宾州接力赛是一项重大的体育赛事。照片拍自那次比赛，那是一场非常精彩的比赛。我用与当时世界纪录的五分之一秒之差的时间跑完了 800 米（我在接力中跑最后一棒）。

当我回到家，我父亲收集了所有通栏标题中有“约瑟夫·坎贝尔”这几个字的报纸。他问我：“你做了什么？”

不过我后来再也没有破过纪录。

在精神生活中会有像我打破纪录那样的时刻，在这种时候你处于完美的状态，才思敏捷。如果你恰巧在那种时候想写书，一定会进展顺利。

贝班：在我看来，与大多数人比，你至少在智力和精神上拥有更多那种巅峰体验。让我羡慕嫉妒的，还有你利用大萧条时期来阅读，你说：“好吧，我将潜心读五年书。”

坎贝尔：我没想到我会读了五年。我五年没有工作。没有人知道大萧条会持续多长时间。不过那时候人与人之间很友好。

正是在那个时候，我在欧洲发现了詹姆斯·乔伊斯、卡尔·荣格、托马斯·曼、弗洛伊德和艺术的世界，我还开始研究梵文。在那里经济一样很萧条。

因此，我回到哥伦比亚大学，发现我不想继续做我的博士论文，它就像个小瓶子一样狭隘。我对他们说：“世界上在发生重大的事情。”但他们说：“不要，不要，不要。”

我爸爸破产了，我破产了，每个人都破产了。我跑到树林的小木屋里，只是阅读、阅读、阅读。不过为了阅读，你不得不买书。当时纽约有一家进口图书公司斯特克特—哈夫纳公司（Steckett-Haffner），我写信给他们，请他们寄来列奥·弗洛贝尼乌斯（Leo Frobenius）、卡尔·荣格等人写的昂贵的书。他们把书寄给我，但直到几年后我找到工作，有能力支付时才让我付钱。这就是那时候人们的行为方式。

你知道，当真正的麻烦出现时，你的人性就会被唤醒。人类最基本的体验就是同情。

贝班：正如你所说，这是一个生命吃生命的世界，在这样的世界里，同情来自哪儿？

坎贝尔：来自人类，来自人心。其他动物没有同情。动物对自己的幼崽，对儿童会有同情，例如狗可以容忍一个孩子追打它，而同情是人类最基本的体验。政治不希望你有同情心。政治的基础是斗争，真正的丛林斗争，非常严酷。体育运动则完全不同。运动员之间的伙伴关系对比赛至关重要。它是第一位的。但是在政治竞技场上根本没有伙伴关系。我在生活中遇到的年轻人永远无法与我在运动场上遇到的年轻人相比。运动场上的年轻人才是真正的人类。

贝班：在外界的人看来，运动场几乎就是古罗马的竞技场，体育运动已经被政治化了。

坎贝尔：哦，那是另外一回事。观看比赛是一回事，身在其中是另一回事，它们是不同的体验。你知道观看体育比赛时，虽然你不能参与其中，但你也非常想痛击对方选手。这是另外一种体验。

贝班：不过有时候人们把体育运动看成是政治传统的隐喻。看一看世界各地发生的可怕的足球骚乱。人们从政治意义上来看竞争，我的团队……

坎贝尔：体育比赛的内涵不仅限于此。其中真正吸引人的地方是观看其他人在发挥能力。体育运动是真正的精英体验。在比赛中不可能人人都获胜。但是如今很多人认为任何人都不应该打败别人，让我们纠正想打败他人的想法，这样他们就不能这样做了。然后在接下来的生活中我们寄希望于在电影里看到真正的精英表现。生命真正应该追求的是高等级，而非低等级。

听众：我只想说谢谢你对山姆·基恩的纪录片《敌人的脸》做出的明晰的评论。

坎贝尔：哦，是的。我认为那是一本重要的作品。它表现了影响20世纪历史的夸大宣传。我经历过整个20世纪，那真是一团糟。（笑声）20世纪的历史大部分基于诋毁地球另一端的其他人，然后再去摧毁他们。唤醒人类灵性的事物主要存在于同情之中，而宣传工具的主要作用是压制同情、破坏同情。这始终是公共新闻业的主要功能。漫画家把一个人画成非人的样子，让他看起来像一种昆虫。这是很重要的宣传方法，山姆·基恩提出了这个要点。

贝班：你认为出路是什么？

坎贝尔：我认为出路在于旅游业。（笑声）去别的地方看看，认识其他人，甚至可以学习另一种语言。

听众：世界神话对此会有帮助吗？你是否熟悉盖亚女神，是否了解詹姆斯·洛夫洛克（James Lovelock）书中有关盖亚的假设？

坎贝尔：哦，是的，他把地球比作一个有生命的实体。那是一个基本的神话理念，在《创世记》中它被抹杀了。《创世记》告诉你："你是由尘土制成的，终将归于尘土。"地球不是尘土，地球是我们的母亲。在这里有一位神想要接管地球母亲的职责。他的做法就是诋毁其他人。

听众：有人能否解释一下，当你认为音乐对生存没有实际的作用时，那么人类对音乐的能力和情感来自哪里？

坎贝尔： 音乐具有唤醒的作用。生活就是韵律。艺术是对韵律的组织。音乐是触及我们意志系统的基本艺术形式。在《作为意志和表象的世界》中，叔本华把音乐说成是唤醒意志的声音。音乐的韵律唤醒了某种生活韵律，某种生活和体验生命的方式。因此它是生命的唤醒者。这就是为什么人类对音乐具有感受力和情感。

对于真正活着的人来说，拥有被唤醒的生命比得到三明治更重要。我的意思是这又是南方古猿的问题。当其他古猿还在争夺三明治时，有一个古猿却被音乐的魔法迷住了。前者是对他人没有爱的斗士，他们只想着“我要三明治”。

贝班： 人类学家爱德华·霍尔（Edward T. Hall）在《生命的脉动》（*The Pulse of Life*）中写道，有一个关于音乐的神话，那就是音乐是不朽的。音乐的真正作用是唤起我们内在的韵律。

坎贝尔： 哦，就是这样。正如塞尚所说：“艺术是与大自然相和谐的对应物。”自然的另一个特点是，你的本质与自然的本质是相同的。

最近我逐渐意识到两种相反的神话类型之间的差异。其中一类关注的是将你与某种社会联系起来，指出这种社会不同于另一种社会。这类神话中最有影响力的代表是《圣经》。它将上帝的选民与其他人区分开，这使他们享有特权，可以对其他人采取恶劣的做法。

另一种神话涉及唤醒你的本质，那是酒神式的神话，也是你创作艺术的基础（转向登斯莫尔）。这种神话唤醒共同的人性，它与“前进的基督教士兵”的行军号的韵律迥然不同。这两种神话在各个方面都是相反的。

约翰·登斯莫尔

大门乐队鼓手，著有自传《暴风雨中的骑士》。

我做过一个题目为“仪式与狂喜”的有趣演讲（顺便提一句，林恩·考夫曼说这是“狂喜”这个词第一次出现在学术中）。在演讲中我说过：“我认为感恩而死乐队是今天解决原子弹问题的最好答案。”因为原子弹将人与人分开，而这种音乐在唤起共同的人性。

柯西诺：乔，我记得在奥克兰举行的感恩而死乐队的音乐会舞台上，我站在你旁边，身后是震耳欲聋的共鸣板。你用胳膊肘捅捅我说："菲尔，这是一场惊人的酒神仪式！你知道两者的区别吗？今晚沉浸在酒神式狂喜中的人像居住在古雅典城的居民一样多！这就好像古代雅典的仪式被压缩进了今晚的音乐会中。"

坎贝尔：当鲍勃·威尔走到舞台前部时，天啊，8 000 多人像这样在空中挥舞着双臂！我在想，哦，这就是酒神的仪式。（笑声）

听众：如果英雄的旅程是寻找真我的旅程，那么什么是自我，什么是真我？两者之间的关系是什么？

坎贝尔：自我是你想到你自己时的你。这个你关系到你人生中的所有承诺与投入。真我是所有可能性，甚至你都没有想到过的可能性。当你紧抓住自我不放时，你便在紧抓住过去。因为你对自己的所有了解都来自已经发生了的事情。而真我是可能性的整个范围。

听众：《西藏度亡经》谈到放弃自我，超越自己，进入一个更大的整体。你对这个理论有什么看法，或者你对人类逐渐进入全球化群体有什么看法，人类自我的下一步进化是从自我意识发展为全球意识吗？

坎贝尔：那就是我所说的"自我帝国主义"，试图将你的观点强加给宇宙。这是应该抛弃的东西。东方转世概念的意义在于必须放弃自我，那些可能性会以更开悟的化身体现出来。你的自我就是你的化身，你的真我是你的可能性。当你倾听灵感的声音，倾听"我为什么活着？我有可能把自己塑造成什么"的声音时，那就是真我的声音。

在某种程度上，你已经形成了自我，试图抓住自我不放就是自我主义。自我主义会使人变得紧绷。因此，《西藏度亡经》不断提到我执（Ahankara），就是心中总想着“我”，它是阻碍你的事物。

现在这个观点中存在着某种危险。弗洛伊德对自我的定义非常好，自我具有他所说的“现实功能”。正是这种功能使你可以感知到你与时间空间、与此时此地的关系。那就是自我，即你对事情的判断，对当下的评价。这些都是自我的材料。问题不是消除自我，而是把自我和评价当下的系统转化为真我的仆人。它不再对真我发号施令，而成了真我实现自己的工具。这是非常微妙的平衡。非常多所谓的“属灵人”强烈反对自我，他们把自己变成了……

正如尼采所说，接受精神分析的问题之一在于，“当心赶走内心的魔鬼的同时，也赶走了最美好的东西”。很多接受过深层精神分析的人看起来就好像被切成了片——没有骨头！没有内在本质！如何消除作为独裁者的自我，把它转化为信使、仆人和侦察兵，为你服务，是很需要技巧的。

听众：你认为主导美国职场的神话是什么？实行什么样的神话可以使美国职场成为更好的工作场所？

坎贝尔：美国职场建立在金钱神话的基础上。如今金钱就是本质。任何价值都无法超越金钱的价值。如果你想解释自己在做的事情，最后的结果都是金钱或其他值钱的东西。你不能创造出你想创造的东西，那样做的代价太大。英雄就是愿意牺牲金钱做自己想做的事情的人。你代表的价值就是你的人生。如果金钱是你的最终目的，那么这恐怕就是对你起作用的神话了。

贝班：是不是关于个人能力的神话能够替代金钱神话？

坎贝尔：不，《英雄之旅》的影片中有我对当今世界的思考，它必然与这个问题有关。你属于什么社会？你是否属于这个内群体？你是否属于美国？你是否属于地球，属于人类？从经济角度看，现在世界是一体的，这一点毫无疑问。

几个星期前，参议员理查德·戈普哈特（Richard A. Gephardt）说如果因为日本生产出非常好的汽车，人人都想买日本车，造成日本车的销售超过了美国汽车，那么我们一定要惩罚他们。他的言论立即引起了债券市场下跌，因为日本货币在支撑美国市场。我认为这是一个了不起的时刻。此时你意识到我们不是竞争对手，而是共同行动中的合作者，也就是建立全球社会的行动。我认为日本比我们更善于认识到这种合作关系。他们在管理中便采用了这种方式。例如日本工会具有合作性，它们不会把自己所控制的组织榨干，而是会帮助它们生存。它们会问:“怎样分钱比较公平？”而不是说“我要这个，我要那个”。

分离必须让步于同情，否则我们就会受到丛林法则的支配。

贝班：我认为对于你所谈到的多民族、多国家，公平以及成为一体化经济系统的理念是关键。但是无论在哪个国家，依然是 2% 的人控制着财富。

坎贝尔：不，我不认为这跟我所说的有什么关系。

贝班：没有吗?

坎贝尔：没有。（笑声）在公平的分配体系中，你永远无法把人们提高到同一水平，而是降低到同一水平。文明源自位于最上层的人。我本不应该这样说，但……

贝班：我想再回到对同情的探讨上。当人们因为贫穷而受苦时，怎么会产生同情?

坎贝尔：哦，那是另外一回事。经济上的体面不是靠剥削人。现在我们的经济状况应该是世界上没有人挨饿。这是我们要去实现的目标。顺便说一下，分配问题是个大问题。做到公平，把所有东西都分发出去是一回事；做到公平，背弃你自己是另外一回事。如果那样，你就不可能真正帮助任何人，不是吗？这个问题有点像自我—真我的问题。在真实的经济环境中，环境的特殊性会让这个问题变得很复杂。我现在没法谈论它。

现在最基本的事情是从社会的现实来思考社会，即全球社会。当你从月球上看地球时，你看不到国家之间的划分，不存在分界线。分界线是人为设定的。山姆·基恩的书和电影《敌人的脸》主要探讨了这种划分的人为性。你把伙伴变成敌人，由此产生了战争。

贝班：我们能从月球看到地球，这是否就是现在主导的神话象征？我们拍摄了一些美丽的地球盘旋在外太空中的照片。

坎贝尔：是的，但只是在照片中，它并不起作用。神话不是来自头脑，而是来自心灵。

贝班：不过照片中的地球看起来是那么美丽……

坎贝尔：是的，但是看到照片后你对地球上的人有什么情感？我不是问你如何思考地球上的人。你对地球上的人的情感系统是怎样的？神话来自情感和体验，而非来自思考。意识形态与神话的区别在于自我与真我的区别：意识形态来自思维系统，神话来自存在。

贝班：我想我们剩下的时间还够再提一个问题。

登斯莫尔：我提出的问题可能会让你比较难堪。

坎贝尔：我知道会有这样的时候。

登斯莫尔：世界的本质是悲苦，窍门在于"欢喜地参与到人世的悲苦中"。接受悲苦，看着它发生并不断加剧。世界还好，一切有上帝来安排。

是这样吗？

坎贝尔：那是非常好的训诫。我始终赞同这种态度。

登斯莫尔：好吧。对我来说，那能给予我平和。但是，我觉得直到临死那一刻，我才能完全接受这个主张，否则我认为这有造成自鸣得意的危险。你知道，我想与希特勒那样的法西斯或核武器作斗争。我担心这种处世态度会削弱我的斗志。

坎贝尔：今天晚上这个问题被提到了两三次，它其实还是自我与真我的问题。在深层根基上，在永恒的中心，这就是世界存在的方式。怎么能够让我的道德观念等诸如此类的想法与它一致呢？我们看到一边是巨大的财富，同时另一边是穷苦的人们。我会为人类的价值而付出努力，不做本质的我，而做可能的我。

在心里我会说，无论发生了什么，一切都没事。假设世界被核武器炸毁了，那又怎样？但是从人类价值的角度来看，那真是一场灾难！从我的人类本性出发，我会竭尽所能地阻止世界被核武器毁掉。我的书一直致力于这个方向。

另一方面，如果地球真的被炸毁了，那么也没什么。到那时地球上不再有人类，谁还会悲伤？

贝班：到那时谁还会买你的书！

坎贝尔：是啊，没人会买我的书。佛教中有一句绝妙的话："生命就是欢喜地参与世间的苦难。"众生皆苦。你改变不了这种情况，只能参与其中。对我来说，那就是耶稣被钉死在十字架上的意义。在《腓立比书》（*Philippians*）的保罗书信中有一段美好的话："基督没有执着于当上帝，而是放弃上帝的身份，来到人世，参与世间的苦难，甚至被钉死在十字架上。"

这就是欢喜地参与世间的苦难。你明白我的意思了吗？你领会了一个观点，我们可以把它称为非自我中心的、非评判性的观点。你参与到戏剧中，在里面扮演角色。同时你知道这是幻影的映像。

最近我在读一本梵文原著。我亲爱的朋友，当你上了年纪，在闲暇时你会回归在童年和青年时给予你最多滋养的东西。因此我再一次研读《薄伽梵歌》和《往世书》，精进我的梵文。我从之前读过的文字中获得了一些新的感悟，它们从来没有这样触动过我。

永恒的东西不会改变，时间改变不了它。一旦你采取某个历史行动，你便进入了时间中。时间的世界是永恒事物的能量的映像。但是，时间世界的一切不会改变永恒。因此，有关罪孽的教义完全是错误的，它与时间有关，你永恒的本质并没有被触及。

你得到了救赎。

1984 年，80 岁高龄的约瑟夫·坎贝尔再次来到小时候让他对美洲印第安人着迷的纽约自然历史博物馆，他站在夸扣特尔人（Kwakiutl）图腾柱旁拍下了这张照片

老虎与山羊

坎贝尔：我想讲一个故事。故事中母老虎怀孕了，正饿得要命。她走向一小群山羊，猛扑过去。因为耗尽了力气，她娩出小老虎，自己死了。山羊四散逃开，最后他们回到刚才吃草的地方，发现刚刚出生的小老虎和他死去的妈妈。在强烈的母性本能的驱使下，他们收养了这只小老虎，他以为自己是只山羊。他学会了咩咩叫，学会了吃草，但是草不适合他的消化系统，他消化不了纤维素。到青春期时，他是一只可怜兮兮的老虎。

有一次，一只公老虎扑向这群山羊，他们再一次四散奔逃。但那个小家伙是老虎，不是山羊，因此他站在那里。大老虎看着他说："什么！你和这些山羊一起生活？"

小老虎发出咩咩的叫声，难为情地啃着青草。大老虎感到很羞愧，就好像一位父亲回到家，发现自己的儿子留着长发或其他诸如此类的事情。他重重地拍打了几下小家伙的后背，小家伙依旧咩咩地叫，啃着青草。于是大老虎揪着他的脖子，把他带到池塘边。天上没有风，池水一平如镜。

印度人说，瑜伽是让心灵平静的艺术，有意识地停止头脑的自发活动。这就好像一平如镜的池塘。当有风吹过，池水泛起涟漪，破碎的细碎倒影来回荡漾。那就是我们存在于生活中的方式。我们将自己认同为来回荡漾的倒影中的一个，我们想，哎呀，我来到这里，我去往那里。如果你让内心的池水一平如镜，那么映像就会静止不动，你将看到自己永恒的存在，认同它，相对来说，这个世界与你无关。

因此大老虎在告诉小老虎瑜伽的原理。大老虎说："现在看一看池塘里。"小老虎把头伸向池塘，他有生以来第一次看到了自己的脸。大老虎也把头伸到池塘上，他说："你看到没有？你长着老虎的脸，你就像我。你应该过得像一只老虎。"

小老虎总算开始开窍了。接下来大老虎把小家伙带到了他的洞穴里，那里还有最近被咬死的瞪羚。大老虎抓起一大块血淋淋的肉，他对小老虎说："张开嘴。"

小老虎向后倒退，他说："我是素食主义者。"

大老虎说："真是胡说八道。"他把肉塞进了小老虎的喉咙。小老虎一阵窒息，就像典籍中所说："所有人在刚刚接受真正的教义时都会这样。"

虽然对真正的教义感到窒息，但对小老虎来说，那是恰当的食物。食物进入他的消化系统，激活了他的神经系统。在适合他的食物的促动下，他发出了老虎的吼叫。大老虎说："这就对了，我们已经找回了真正的你，现在我们来吃老虎的食物吧。"

这个故事当然是有寓意的。我们都是像山羊一样生活的老虎。社会学以及大多数宗教教育的作用是教我们做山羊。而神话象征的恰当解释以及冥想修炼的作用，就是让你认识到自己的老虎面孔。然后，就出现问题了。你发现了自己的老虎面孔，但你依然和山羊住在一起。你该怎么办？

你会发现，永恒的光芒透过世界的各种形式展现自己。你应该尊重以各种形式表现出来的生命奇迹，但不要让他们知道你是老虎。

当哈拉智或耶稣让东正教社会知道他们是老虎后，他们便被钉死在十字架上。因此，苏菲教派从大约公元前 900 年哈拉智的死中吸取了教训。这个教训就是，你披着律法的外衣，行为举止和其他人没什么两样。

因此，我希望你们都在这个世界上做老虎，但是不要让任何人知道。

致谢

我想对所有帮助我完成本书的人表示最诚挚的感谢。特别感谢最早把我引荐给约瑟夫・坎贝尔的罗伯特・科克雷尔，永远感谢斯图尔特・布朗，感谢他慷慨地允许我使用他的纪录片《英雄之旅》，鼓励我实现他的愿望——出一本与影片配套的书。

衷心感谢珍・厄尔德曼，感谢她对初稿提出意见和建议，感谢她在火奴鲁鲁的热情款待，给我看坎贝尔一家的照片。感谢她对我的信任，所有这些让我勇气倍增。

感谢我的编辑汤姆・格雷迪，尽管变动很多，但他对出版本书的热情从未动摇过。感谢他提出的明智建议。非常感谢凯文・本特利、阿拉・厄茨以及旧金山哈珀与罗出版公司（Harper & Row）所有参与本项目的人，感谢他们在整个过程中的耐心与指导。还要特别感谢艺术研究员琳妮・波杰托，所有希望在这本书中追随学术脚步的人都会记住并感谢她的贡献。我很感谢在书中发表见解的其他人，他们的问题和洞见为丰富的素材提供了新视角。感谢各位摄影师、艺术家和作家，他们的贡献大大地充实了这本书。

我还要感谢我的朋友汤姆・施莱辛格。在他的陪伴下，我第一次尝试教授和写作有关《英雄之旅》的内容。感谢另一位好朋友基思・汤普森，与他就神话进行的交谈以及他对手稿提出的重要建议让这本书更上一层楼。

最后，我想把所有的努力都献给约瑟夫·坎贝尔，他的作品给予我们打开缪斯之境的钥匙，改变了很多人的生活。

菲尔·柯西诺

约瑟夫·坎贝尔基金会简介

约瑟夫·坎贝尔基金会是一个延续约瑟夫·坎贝尔作品的非营利性企业，探索神话学和比较宗教学领域。基金会的三个主要目标是：

第一，基金会保存、保护坎贝尔开创性的作品。这包括为他的作品创建目录，进行存档，基于他的作品开发新的出版物，管理他已出版作品的销售和发行，保护他的著作权，在基金会的网站上提供坎贝尔作品的数字形式，以扩大人们对他作品的了解。

第二，基金会促进神话学和比较宗教学的研究，包括实施和/或支持各种神话学教育项目，支持和/或赞助那些旨在增加公众了解的活动，捐赠坎贝尔的存档著作（主要捐给约瑟夫·坎贝尔和马丽加·金芭塔丝档案与图书馆），将基金会的网站作为论坛进行跨文化相关交流。

第三，约瑟夫·坎贝尔基金会通过各种项目和活动丰富人们的生活，包括基于网络的全球性准会员项目，地区性的神话学圆桌讨论国际网络，以及定期举办的与约瑟夫·坎贝尔有关的各项活动。

罗伯特·沃尔特，执行编辑

戴维·库德勒，主编

若想了解更多关于约瑟夫·坎贝尔和

约瑟夫·坎贝尔基金的信息请联系：

Joseph Campbell Foundation

www.jcf.org

Post office Box 36

San Anselmo, CA 94979-0036

E-mail: info@jcf.org

译者后记

这又是一本很难啃的书，坎贝尔的每一部作品都蕴藏着深意，在翻译过程中要不断揣摩，我始终不敢说自己真正读懂了他的书。

这是一本半传记性质的作品，内容源于 1987 年的纪录片《英雄之旅》、约瑟夫・坎贝尔在伊莎兰学院与很多人进行对话的录像，以及他在全国各地讲学的录像。通过这本书，我们对约瑟夫・坎贝尔的人生经历和研究发展会有更多的了解，对他在《千面英雄》中提出的观点也会有更深入的认识。

根据坎贝尔的观点，世界上只存在单一神话，无论世界各地的风土人情、文化习俗如何不同，神话的原型只有一个，而神话中的英雄都会经历由 17 个阶段构成的旅程。这 17 个阶段分别是历险的召唤、拒绝召唤、得到协助、出发、鲸鱼之腹、考验、遇到女神、妖妇的诱惑、与天父重新和好、奉若神明、取得宝物、拒绝回归、借助魔法逃脱、来自外界的解救、跨越归来的阈限、两个世界的主宰、生活的自由。这是一个循环。不要认为这只是英雄的历程，其实每个人都是英雄。想一想：你的考验、你的危机是什么？你取得过怎样的宝物？正如坎贝尔所说："在你不敢进入的洞穴里埋藏着珍宝。"也许你不敢面对的是当众演讲，也许你害怕亲密的关系，或者也许你不敢违抗长辈的意愿……

此外，坎贝尔一直在强调的是，神话是隐喻，是对人生的隐喻。这解除了很多人对神话存在意义的困惑。有些人认为它只适合心智未开的小孩子，有些人认为神话是骗人的，让人对生活抱有不切实际的幻想。但正如坎贝尔所说，神话是在用隐喻的方式讲述美丽的人生真理。所有神祇都是心理力量的投射，他们就存在于你的内心，而不是以某种神秘的方式存在于外部。你就是神，神就是你。我们的人生目的是追求内心的极乐，与内在的神合二为一。

在坎贝尔与众人的对话中处处闪耀着智慧的光芒，就像黑暗洞穴的岩壁上闪闪发光的宝石，例如，“我们靠杀戮生存，即使在吃葡萄时你也在杀戮。生命以其他生命为生。这就像有很多嘴的生物在吃它自己”。哦，人类是不是就像贪吃蛇，咬住自己的尾巴，最后把自己吞噬。这些智慧值得你去细细体味。

最后，感谢冯征、王璐、赵丹、徐晓娜、卫学智、张宝君、郑悠然和王彩霞在翻译过程中给予我的帮助和支持。

未来，属于终身学习者

我这辈子遇到的聪明人（来自各行各业的聪明人）没有不每天阅读的——没有，一个都没有。巴菲特读书之多，我读书之多，可能会让你感到吃惊。孩子们都笑话我。他们觉得我是一本长了两条腿的书。

———查理·芒格

互联网改变了信息连接的方式；指数型技术在迅速颠覆着现有的商业世界；人工智能已经开始抢占人类的工作岗位……

未来，到底需要什么样的人才？

改变命运唯一的策略是你要变成终身学习者。未来世界将不再需要单一的技能型人才，而是需要具备完善的知识结构、极强逻辑思考力和高感知力的复合型人才。优秀的人往往通过阅读建立足够强大的抽象思维能力，获得异于众人的思考和整合能力。未来，将属于终身学习者！而阅读必定和终身学习形影不离。

很多人读书，追求的是干货，寻求的是立刻行之有效的解决方案。其实这是一种留在舒适区的阅读方法。在这个充满不确定性的年代，答案不会简单地出现在书里，因为生活根本就没有标准确切的答案，你也不能期望过去的经验能解决未来的问题。

而真正的阅读，应该在书中与智者同行思考，借他们的视角看到世界的多元性，提出比答案更重要的好问题，在不确定的时代中领先起跑。

湛庐阅读 App：与最聪明的人共同进化

有人常常把成本支出的焦点放在书价上，把读完一本书当作阅读的终结。其实不然。

时间是读者付出的最大阅读成本

怎么读是读者面临的最大阅读障碍

“读书破万卷”不仅仅在“万”，更重要的是在“破”！

现在，我们构建了全新的“湛庐阅读”App。它将成为你“破万卷”的新居所。在这里：

- 不用考虑读什么，你可以便捷找到纸书、电子书、有声书和各种声音产品；
- 你可以学会怎么读，你将发现集泛读、通读、精读于一体的阅读解决方案；
- 你会与作者、译者、专家、推荐人和阅读教练相遇，他们是优质思想的发源地；
- 你会与优秀的读者和终身学习者为伍，他们对阅读和学习有着持久的热情和源源不绝的内驱力。

下载湛庐阅读 App，
坚持亲自阅读，
有声书、电子书、阅读服务，
一站获得。

图书在版编目（CIP）数据

英雄之旅：约瑟夫·坎贝尔亲述他的生活与工作 /（美）坎贝尔著；黄珏苹译 .—杭州：浙江人民出版社，2017.1（2022.9 重印）
ISBN 978-7-213-07689-3

Ⅰ.①英…　Ⅱ.①坎…　②黄…　Ⅲ.①神话－研究　Ⅳ.① B932

中国版本图书馆 CIP 数据核字（2016）第 275971 号

浙江省版权局
著作权合同登记章
图字：11–2016–442 号

上架指导：神话学 / 哲学 / 心理学

英雄之旅：约瑟夫·坎贝尔亲述他的生活与工作

［美］约瑟夫·坎贝尔　著
黄珏苹　译

出版发行：浙江人民出版社（杭州体育场路 347 号　邮编　310006）
市场部电话：（0571）85061682　85176516
集团网址：浙江出版联合集团　http://www.zjcb.com
责任编辑：方　程
责任校对：徐永明　张志疆
印　　刷：唐山富达印务有限公司
开　　本：710mm × 965mm 1/16　　印　　张：19.5
字　　数：276 千字　　插　　页：1
版　　次：2017 年 1 月第 1 版　　印　　次：2022 年 9 月第 8 次印刷
书　　号：ISBN 978-7-213-07689-3
定　　价：99.90 元

如发现印装质量问题，影响阅读，请与市场部联系调换。